长期护理保险失能等级评估的理论与实践

主　编　蒋玉宇
副主编　刘　仪　王姗姗　黄　薇
编　者　（按姓氏笔画排序）
　　　　丁兆生　刘凤兰　孙平平
　　　　陈忠意　郭建兰

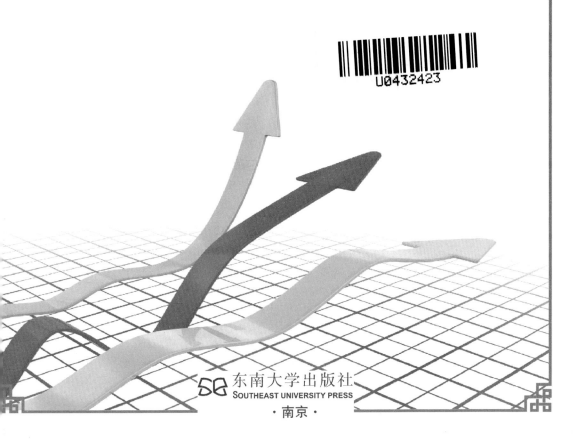

东南大学出版社
·南京·

图书在版编目(CIP)数据

长期护理保险失能等级评估的理论与实践 / 蒋玉宇主编. — 南京：东南大学出版社，2020.1
 ISBN 978-7-5641-8831-3

Ⅰ.①长… Ⅱ.①蒋… Ⅲ.①护理-医疗保险-保险制度-研究-中国 Ⅳ.①F842.625

中国版本图书馆 CIP 数据核字(2020)第 017212 号

长期护理保险失能等级评估的理论与实践

主　　编	蒋玉宇
出版发行	东南大学出版社
出 版 人	江建中
责任编辑	胡中正
社　　址	南京市四牌楼 2 号
邮　　编	210096
经　　销	新华书店
印　　刷	南京京新印刷有限公司
开　　本	700 mm×1000 mm　1/16
印　　张	15.25
字　　数	300 千字
版　　次	2020 年 1 月第 1 版
印　　次	2020 年 1 月第 1 次印刷
书　　号	ISBN 978-7-5641-8831-3
定　　价	50.00 元

(本社图书若有印装质量问题，请直接与营销部联系，电话：025－83791830)

前　言

随着全球人口老龄化的加剧，老年人口的增加必将导致失能率的上升，给个人、家庭和社会造成了巨大的经济和照护负担。为积极应对人口老龄化，保障失能人员的基本生活权益，实现改革成果共享，2016年6月，人社部出台《关于开展长期护理保险制度试点的指导意见》，正式开展长期护理保险政策试点。在探索建立长期护理保险制度的过程中，首要任务是确定纳入保障的失能人群，故失能等级评估是其顺利实施的关键环节。目前，国内还未形成统一客观的失能人员等级评估工具。其他国家和地区多采用interRAI照护评估系统进行失能人员等级评估，但该系统过于精细化，需耗费大量的人力物力，而我国长期护理保险制度还处于起步阶段，无法正常实施。故编委会参考了国内外长期护理保险制度中有关失能等级评估的理论和实践成果，结合中国国情和研究室国际合作伙伴、编委会的实践经验编写了这本书。

本书共三章，涵盖了长期护理保险失能等级评估的主要内容。第一章不仅展示了长期护理保险失能等级评估的理论与评估工具，而且详细介绍了长期护理保险失能等级的评估内容及评估要点，以便于评估人员以及评估机构全面、系统、深入地理解长期护理保险失能等级评估，同时也有利于相关专业人员依据书中提及的理论和工具，构建新的评估标准。第二章和第三章是从长期护理保险的角度，对失能等级评估实践和管理体系进行详细的介绍，具有创新性。实践体系中评估流程和评估操作指南介绍的文字通俗易懂，并附有专业、有价值的与评估相关的申请表、评定表、量表等，不仅便于评估人员、评估机构将理论转化成实践，也能够让民众全面了解评估的流程及相关知识；同时本书展示了多维度、精细化、有创新性的评估人员、机构管理体系，实用性和可操作性强，便于企业进行管理。因此本书内容丰富，理论性和实用性兼备，并具有很强的可操作性。

本书既可作为护理学、社会学、保险学等与长期护理保险工作相关的人员的工具书或培训教材，还可作为本科及大专院校相关专业师生的参考用书及民众的长期护理保险科普阅读材料。

本书在编写过程中得到了编者所在单位（江南大学无锡医学院和江苏省荣军医院）的大力支持，同时也得到了无锡市医疗保障局以及国联人寿保险股份有限公司的鼎力相助。

由于编写时间仓促，水平和能力有限，不足之处在所难免，敬请广大读者和专家批评指正，以期不断修订完善。

本书出版得到江苏省荣军医院——老年慢性病适宜技术的研究基金的支持。

编 者
2019年9月30日

目 录

第一章 长期护理保险失能等级评估的理论与工具

第一节 长期护理 …………………………………………… 1

第二节 长期护理保险 ……………………………………… 9

第三节 国内外长期护理失能等级评估工具 …………… 18

第四节 常见失能人群——老年人 ……………………… 30

第五节 基本生活活动能力 ……………………………… 51

第六节 认知、行为能力和情绪 ………………………… 75

第七节 视听觉和交流能力 ……………………………… 91

第八节 特殊情况 ………………………………………… 103

第九节 医疗护理项目 …………………………………… 114

第十节 背景参数 ………………………………………… 127

第二章 长期护理保险失能等级评估的实践体系

第一节 长期护理保险失能等级评估工作的目标和意义 ………… 136

第二节 长期护理保险失能等级评估流程管理 ………… 137

第三节 长期护理保险失能等级评估操作指南 ………… 154

第三章 长期护理保险失能等级评估的管理体系

第一节 长期护理保险失能等级评估机构的遴选方案 ………… 196

第二节 失能评定工作的创新性、多维度、精细化管理体系 …… 200

第三节 失能评定工作的评估质量控制体系 …………… 209

附录 《无锡市长期护理保险失能等级评估》 ………… 211

参考文献 ………………………………………………… 237

第一章
长期护理保险失能等级评估的理论与工具

第一节 长期护理

一、长期护理的概述

(一) 长期护理的名称来源

长期护理(Long-Term Care,LTC),是一种单独存在的社会服务体系。该体系建立的初期是为了救济贫困和低收入的人群。随着社会的发展及人口结构的变化,长期护理服务体系的受益对象也发生了改变,目前该体系是以缺乏自我照护能力的人为服务对象,如失能、失智人群。由于社会制度、经济条件、文化制度、语言表达等方面的原因,加之各国学者的翻译问题,各国对LTC的称呼存在差异。日本将其称为介护,新加坡称之为乐龄健保,台湾最早称之为长期护理,后改称长期照护,另外也有地方称之为老年护理。在我国护理学科中称LTC为长期照护,但在我国长期护理保险中,采用的名称为长期护理。我国新版《老年人权益保障法》和2016年中华人民共和国人力资源和社会保障部发布的《关于开展长期护理保险制度试点的指导意见》(人社厅发〔2016〕80号)中,采用的名称也是长期护理。长期护理提供的服务具有一定的专业性要求,更偏向于医疗护理。

尽管目前LTC的称呼不同,但本质是相同的。国际上统一将其本质归为一种情感、一种关系、一种劳动力。从护理供给形式方面来分析,可分为正式护理与非正式护理两类。长期护理与长期照护两者之间的关系可大致分为五类:①一份工作;②一种分层补偿的关系;③一种替代关系;④一种互补关系;⑤一份具体的任务。因为本书主要介绍的是长期护理保险失能等级评估标准的理论与实践,故本书中统一采用"长期护理"这一学术用语,与英文中的Long-Term Care(LTC)相对应。

(二) 长期护理的基本概念

目前,长期护理的概念尚未统一。1963年,美国的医疗救助福利部(DHEW)首次提出长期护理的概念,即为具有身心疾病、功能障碍的人提供长时间的医疗、护理或支持性的健康照护。1978年,Kane认为长期护理是为先天或后天失能者提供医疗护理、个人照护和社会性服务。2005年雷克思福特·E.桑特勒、史蒂芬·P.纽恩提出:"长期护理是为丧失活动能力或从未有过某种程度上活动能力的人,在持续一段时期内提供一系列健康护理、个人照料和社会服务项目。"WHO指出,"长期护理是由非正规照护提供者(家人、朋友或邻居)、正规照护提供者(卫生、社会及其他专业人士)以及志愿者进行的护理照料活动体系,以保证那些不具备完全自我照料能力的人,能继续得到个人喜欢或较高的生活质量,获得最大可能的独立程度、自主、参与、个人满足及人格尊严"。经济合作与发展组织(OECD)将长期护理定义为"围绕日常活动(Activities of daily living, ADL)提供的协助性服务,包括洗浴、穿衣、行走等活动项目。"美国健康保险协会(HIAA)将长期护理定义为"在一个较长时期内,持续地为患有慢性疾病(包括痴呆等认知障碍)或处于伤残状态下(出现功能性损伤)的人提供的护理服务,可以包括健康医疗服务(例如住院护理、愈后的医疗护理以及康复护理和康复训练)、社会服务、居家服务、运送服务、心理护理及临终关怀等其他支持性服务"。可见长期护理主要针对的是活动能力下降、功能损伤等不具备自我照护能力的人,并为其提供医疗护理、生活照料及社会支持等服务。其目的是提高被照护者的生活质量,尽可能地维护被照护者的身体健康、心理健康及正常的社会功能。我国是一个失能人口众多的国家,其中老年人居多。2017年我国60周岁及以上老年人口的数量已超过2.4亿,约占全国总人口数量的17.3%,其中失能老年人超过4060万。这部分老年人需要24小时的专业照料,家庭关怀虽充满亲情,但无法满足失能老年人的医疗需求。在此情况下,我国急需构建完善的长期护理体系,以满足失能老年人的身心需求。

(三) 长期护理的特点、区别、风险因素

1. 长期护理的特点

根据长期护理的概念,从长期护理的服务对象、服务提供者、服务内容三个方面阐述长期护理的特点。

(1) 服务对象：长期护理主要是针对失能、半失能等不具备完全自我照护能力的人，通过提供至少 3 个月以上的长期护理服务，提高其生活质量。

(2) 服务提供者：由于长期护理服务对象中主要以老年人居多，而大部分老年人居住在家中，当其需要长期护理时，老年人的家庭成员承担了照护者角色。这部分服务提供者属于非专业人员，未经过医疗护理技能的培训，势必会出现对医疗护理知识与技能掌握不熟练的情况。

(3) 服务内容：长期护理是一项综合性的服务。长期护理包含了基础的日常生活照料、社会服务及医疗护理等多项支持性服务，日常的生活照料是服务的核心。长期护理的目的是满足被照护者的基本需求维持其基本的功能，并尽可能提高其生活质量。

2. 医养结合、养老服务与长期护理的区别

我国是一个老龄化比较严重的国家，面临着"未富先老"的难题。为了平衡医疗资源，减轻医疗机构为长期护理对象提供照护服务的负担，我国政府先后颁布了多项文件。2016 年国家卫生计生委联合民政部发布《关于确定第一批国家级医养结合试点单位的通知》，2019 年国家发展改革委会同民政部、国家卫生健康委印发《城企联动普惠养老专项行动实施方案》等提倡发展医养结合与养老服务。其与长期护理的区别主要见表 1.1.1。

表 1.1.1　医养结合、养老服务与长期护理的区别

名称	服务对象年龄	服务对象	服务形式
养老服务	60 周岁以上	老年人	生活照料、家政服务、康复护理、医疗保健、精神慰藉、紧急救援和社会参与等
医养结合	60 周岁以上	有健康风险的老年人	定期体检、医疗巡视、家庭病房、社区护理、健康管理、保健咨询、预约就诊、急诊就诊、中医养生保健等
长期护理	60 周岁以上	需要他人协助完成既定日常生活活动的失能与半失能的老年人（失能时限至少 6 个月）	家政服务或者协助日常生活活动相关的低层次照料服务，如洗衣、穿衣、喂食、助浴、排泄护理、助行、陪同就医等；医疗护理；社会支持等

3. 长期护理的风险

长期护理在实施过程中可能会面临着一定的风险，其主要为：

（1）服务对象居住的环境。如果长期护理是在家庭中实施，当服务对象出现病情恶化，需要进行紧急救助时，居家环境中不齐全的医疗设施、交通障碍等都将影响到服务对象的安危。

（2）服务提供者。我国大部分的长期护理服务是由护工或家属提供，这些服务提供者大部分都没有经过严格的护理技能培训，如医疗垃圾分类、无菌操作、常用物品的消毒处理等，专业素质相对薄弱。服务提供者任何一个不规范的操作都可能会影响到服务对象的健康和安全。

（3）服务对象的个人疾病特征。接受长期护理服务的人主要是失能、半失能者，其中老年人占多数。在长期护理实施过程中老年人容易受护理操作、居住环境等诱发因素的刺激而出现病情加重。

二、长期护理的发展史

长期护理最早起源于 12 世纪，英国开始建立接收老年人的庇护所。12 世纪到 15 世纪期间，英国共建立了 700 家庇护所。1546 年，当地市民自发组建委员会对庇护所实施管理。1991 年英国发布《社区照护白皮书》，指出应以"促进选择与独立"为总的目标，形成分工明确，运行完善的老年照护体系。美国紧随英国之后开始为老年人建立类似的照护机构。美国的长期护理共经历了 3 个阶段：起步阶段（1965 年之前），扩张阶段（1965 年—1990 年），全面发展阶段（1990 年—至今）。到 19 世纪，美国养老机构开始变得普及。1963 年日本颁布《社会福利法》提出对长期护理服务有需求者可以通过护理机构享受到护理服务，这开创了日本护理服务的新模式。到 2000 年日本又开始实施长期护理保险制度，为需求者提供医疗和照护服务。

我国在 20 世纪 80 年代已开始发展养老福利事业，党的十八届五中全会、"十三五"规划以及十九大报告都强调要"老有所养""弱有所扶"以及"积极应对人口老龄化，构建养老、孝老、敬老政策体系和社会环境，推进医养结合，加快老龄化事业和产业的发展"。2012 年，党的十八大做出重要战略部署，提出要积极地应对日益严峻的人口老龄化形势；《老年人权益保障法》进行新的修订，站在法律的角度上进一步提出了要应对好老龄化的问题。《中国老龄事业发展"十二五"规划》提出，"十二五"期间，我国将会更快地构建由居家型养老、社区型养老、机构型养老三者共同组成的多层次的社会养老服务体系。2016 年 6 月，《关于开展长期护理保险制度试点的指导意见》（人社厅发〔2016〕80 号）的发布标志着我国养老服务发展的清晰定位,一是长期护理理念取代了传统的养老服务概念,二是社会保险的筹资取代了财政专项拨款及福彩基金支持。

三、国内外长期护理的实施状况

美国长期护理服务体系主要包含了三个体系:公共长期护理服务体系(Medicare 和 Medicaid)、商业长期护理服务体系及州政府和私人保险公司合作的长期护理保险服务体系。公共卫生长期护理体系是由政府主导,向 65 岁以上的老年人及部分重症的失能者提供医疗保险,若收入低于贫困线则接受医疗救助(Medicaid);商业长期护理服务体系主要面向的是高收入群体;州政府和私人保险公司合作的长期护理服务体系则主要针对的是中低收入群体。

21 世纪初日本针对 40 岁以上的全国公民实施了长期护理保险制度,采取强制参保措施将国民纳入长期护理保险体系中。在为参保国民提供长期、稳定照护服务的同时,改善了失能、失智人群的身体状况及生活质量,帮助他们实现了独立自主、维护尊严的意愿。这项制度施行至今,服务效果明显。另外该制度在实施过程中不断完善,目前已得到日本国民的支持与认可。

1994 年德国出台了《长期护理保险法案》,这标志着德国长期护理保险制度的正式建立。德国是以政府主导的社会长期护理服务体系为主体、以商业长期护理服务体系为补充的长期护理服务体系,实现了全国公民的基本覆盖。后期服务制度不断完善,服务内容不断增加,服务标准及服务水平也有明显的提升,满足了大多数公民基本的长期护理服务需求。

我国发布《中国老龄化事业发展规划》《关于全民推进居家养老服务工作的意见》《中国护理事业发展规划纲要》等文件,其中《中国护理事业发展规划纲要(2011—2015)》中明确指出,"'十二五'期间要逐步建立和完善以机构为支撑、居家为基础、社区为依托的长期护理服务体系,提高医疗机构、社区卫生服务机构、乡镇卫生院及养老机构在长期护理方面的作用。"目前,我国正逐步形成以专业机构为核心的机构照护服务、以家庭(组织)为核心的居家照护服务及以社区组织为核心的社区照护服务。

四、长期护理的理论基础

理论是实践的先驱。长期护理服务对象的主体是失能老年人,以满足老年人的身心需求为出发点,应用老年护理的理论与方法来解决老年人的健康问题,同样也适用于长期护理。

(一)马斯洛需求理论

1943年美国心理学家亚伯拉罕·马斯洛在心理学理论杂志中提到需求层次理论(图1.1.1)。该理论将人类的需求与人类成长阶段相结合,按照由低到高的顺序分为生理需求、安全需求、社会需求、尊重需求及自我超越需求。马斯洛认为五个层次之间的关系应该是由低到高逐层递进的关系。生理需求是级别最低的需求,如食物、空气等;如果生理需求得不到满足,人们会表现出什么都不去想,只为生存。安全需求主要是指人身安全、财产安全、身体健康及免遭痛苦、威胁等;如果安全需求得不到满足,人们会表现出精神紧张,对周围事物敏感,认为一切都会伤害到自己。社会需求属于较高层次的需求,如友情、爱情等;如果社会需求得不到满足,人们会认为自己活在这个世界上没有价值,甚至为了追求社会需求的满足做出一些偏激的行为。尊重需求主要指自我成就的感觉,别人对自己的认可及尊重,如社会地位、名声等。如果尊严的需求得不到满足,人们会表现出采取积极的行为以得到别人的认可,甚至有的人会采取偏激行为。自我超越需求是人生最高层次的需求,是实现人生至高境界的需求,一般情况下该层次比较难达到,如自我潜能的发挥等。如果自我超越需求得不到满足,人们会表现出一种空虚感。

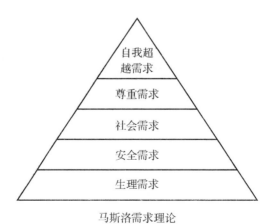

图1.1.1 马斯洛需求理论

对有长期护理服务需求的失能老年人来说,面临着自理能力下降或缺失、安全感缺失、社会参与度降低等一系列问题。长期护理服务中所包含的日常照护、专业护理与心理护理等能满足失能老年人的多层次需求,帮助失能老年人解决上述问题,从而有效提高他们的生活质量。

(二)积极老龄化理论

20世纪末世界卫生组织首次提出积极老龄化理论。积极老龄化是指通过各种正向激励与引导方式激发老年人多方面潜能,保证老年人按照自身意愿重新参与到社会生活中,从而达到保障老年人的身心健康、提高社会参与度、维护自身各项权利的目的,并确保在老龄化的进程中可以持续地提高老年人的生活质量。

生活自理能力下降、遭受意外伤害及失智的老年人,往往面临生理方面的困扰及遭遇疾病折磨的痛苦,这些很容易导致老年人产生消极的生活态度。通过长期护理服务,帮助他们减轻疾病的痛苦,维持身体健康的同时也会帮助老年人重新回归社会,发挥自己的特长,实现自己服务社会的价值。

(三)福利多元化理论

20世纪80年代,罗斯提出福利多元化理论,又称为混合福利经济,是欧洲为应对福利国家危机而提出的一种新的理论研究范式。社会福利提供主体强调不仅是政府、家庭、社区以及其他社会机构和组织等都应该参与并共同负担福利供给的责任。政府的角色和职能主要体现在分权和参与两方面,政府需要通过购买的方式促进从事福利供给服务的社会机构及组织发挥优势,同时也要加强对福利供给服务机构及组织的监管。之后德诺贝格提出福利五边形的观点,即福利获取的来源应该是由公权、市场、家庭、会员组织及社会网络共同提供。这一观点增加了社会网络维度,使得一个人或一个家庭的福利不仅来源于家庭、市场,还有可能来源于非金钱、非血缘关系的人群,这更符合现实社会。

根据福利多元化理论的理解,应鼓励社会上的各种营利服务机构、非营利服务机构、志愿者等共同作为长期护理的提供主体。尤其是营利服务机构、非营利服务机构更应该要积极参与其中,通过同行业间的良性竞争不断提升长期护理服务的质量及效率。同时政府应该充分发挥自身对长期护理服务市场的监管职能,对各长期护理服务机构组织定期检查,消除服务机构中存在的道德风险问题,促进长期护理服务市场的稳定发展。

（四）理性选择理论

理性选择理论最早出现在传统经济学中,后逐渐扩展到其他学科。美国的社会学教授加里·贝克尔提出在社会学中应用的理性选择理论,用于分析政治、法律、犯罪、惩罚、婚姻及家庭等社会现象。其定义为"每个人都追求自身效益的最大化,人们通过理性思考与比较各种选择所带来的利弊,做出高效益的选择,使自己实现利益最大化。"但现实生活中的某些客观因素制约着人们的"理性"选择,使人们无法做到绝对的"理性"。也就是说,在特定环境中,在有足够选择的条件下,人们会受自己主观因素的影响,趋向于以最低成本换取最大效应的理性选择。科尔曼则以理性选择理论为出发点,提出了新的社会行动理论,成为后期理性选择理论的代表人物。

理性选择理论可以理解为以下几点：一是个人追求利益最大化,二是人在特定情节中有不同的行为策略可以选择,三是不同的选择会导致不同的结果,四是个体在做出选择之前会受主观偏好的影响。其可以概括为最优化或最大化,即个体倾向于采取最优化的策略,以最小的代价取得最大的收益。

通过这一理论,我们可假设每位老年人及家属都具有理性的选择,他们清楚知道每一种长期护理模式所带来的影响,并会考虑每一种护理模式对自身所带来的收益及自身为此所要付出的代价。

（五）全人理论

1962年莫提梅艾德勒博士在演说中提到"全人",指出人们要重视生活的各个层面,重视生活中的每一个时刻。后"全人"委员会提出"全人"定义："人的一生应该是一个完整的过程,不可割裂来看,应尽力推动个人生活各个层面趋于平衡与和谐的持续发展的潜力。"即老年时期是人们一生中的一个不可或缺的部分,如何协调各方面资源,为居住在养老机构中的失能老年人完成和谐与平衡的发展,显得尤为重要。

以满足老年人的基本生活照料需求为主的传统机构养老模式,忽略了失能老年人需求的多样化。根据对全人理论的理解,长期护理服务应该是要为老年人提供一个包含生活护理、医疗护理、精神护理等的优质、长效而全面的护理服务,以满足老年人的多方面需求。

第二节　长期护理保险

一、长期护理保险的概述

（一）长期护理保险的基本概念

长期护理保险(Long-Term Care Insurance)又称为老年护理健康保险或长期看护保险。美国健康保险协会则将长期护理保险定义为"为消费者设计的，在消费者需要接受长期护理服务时，由消费者支付巨额护理费用转为由保险公司提供经济补偿的一种保险。"美国金融管理协会将其定义为"长期护理保险是以老年、患者以及受到意外伤害的群体为保险对象，为满足被保险人居家或机构照护需求而为其提供医疗及其他服务费用补偿的一种保险。"通用科隆再保险集团(General Cologne Re.)将其定义为："当被保险人身体衰弱导致在无人帮助的情况下生活不能自理，甚至不能使用辅助设备时给付保险金的保险形式。"经济合作与发展组织认为："长期护理保险是指以日常生活不能自理的人为保险对象，为其提供长期的照护服务或照护费用补偿的一种保险。"我国荆涛将长期护理保险定义为："被保险人因意外伤残、年老等导致生活不能自理，需住院或在家中接受长期康复护理的情况下，就其所涉及费用进行补偿的保险制度。当该保险制度的保障对象是老年人时，称为老年人长期护理保险。"这些定义是以实施护理保险制度为出发点，忽略了长期护理服务的重要性。

日本厚生劳动省将长期护理保险定义为："长期护理保险是指将以社会保险的方式，为因年老出现身体机能衰退、身体瘫痪以及患有认知困难的老人提供医疗与看护照护的服务，帮助其过上自立的、有尊严的生活。"也有日本学者提出长期护理保险的定义应为："针对瘫痪在床、痴呆等高龄者，以全社会相互扶持为目的，提供访问护理、定期护理、短期护理等服务的保险制度。"

（二）长期护理保险的类型

长期护理保险目前主要有两种：长期护理社会保险(Long-Term Care Social Insurance)和长期护理商业保险(Long-Term Care Commercial Insurance)。它们为解除老年人的长期护理风险提供服务，两者都是生活风险的保障机制，但是其风险分散机制的性质并不相同,任何一种都做不到为社会提供全面而完整的风险保障。长期护理社会保险是提供基本服务保障,可以保障的范围十分有限,而长期护理商业保险的保障水平相对较高。收入较高的居民可以依据自身情况选择购买长期护理商业保险,以满足其对较高生活质量的需求。另外因某些原因没有享受长期护理社会保险,但有长期护理服务方面需求者,也可以选择购买长期护理商业保险。

长期护理社会保险与长期护理商业保险间的区别在于:

(1)两者的责任主体不同。长期护理社会保险通过法律的颁布来强制实施,其责任主体是政府;长期护理商业保险则是通过推出相关的产品和服务来实施,是一种市场化的行为,其责任主体是保险公司,不过长期护理商业保险需要接受政府相关部门的监督与管理。

(2)两者的筹资主体不同。长期护理社会保险是由雇主、雇员及政府三方筹资;长期护理商业保险是由购买者单方面付费,比如美国的雇主会选择为雇员购买长期护理商业保险,作为其人力资源计划中的一部分。

(三)长期护理保险的功能

长期护理保险除了具有保险的基本功能以外,同时也具有提高老年人生活质量、减轻失能老年人所在家庭的经济负担、促进家庭成员间良性互动等其他独特的功能。

1. 提高老年人的生活质量

长期护理保险实施后,随之发展的长期护理服务体系为老年人的生活提供了安全保障。老年人开始接受专业的服务。除单纯的护理服务外,有的国家还会向老年人提供包含心理疏导、心理咨询等方面的护理服务。这些都有效地提高了老年人的生活质量。

2. 减轻老年人所在家庭的经济负担

目前,长期护理服务正逐渐成为老年人生活中的一项必需品,生活照料与基础保健服务是大多数老年人的照护需求。无论是家庭成员提供护理服务,还是专业照护人员来提供护理服务,都需要花费一定的人力资源成本,这对老年人所在的家庭造成了一定的经济负担。在此情况下,经济合作与发展组织成员国家开始推行长期护理保险制度。因为其具有"风险共担,资金互济"的作用,能够为老年人及所在的家庭分担部分长期护理服务的费用,从而降低老年人及家庭的经济负担。

3. 促进家庭成员间的良性互动

在工作负担上,照护老年人是一个长期的过程。有研究指出大多数的照料者难以承受这项照护的工作,容易在照护过程中出现厌烦、急躁的情绪。在个人情感上,熟悉的家人出现失能或健康状况急剧下降的情况,照护者的心里会感受到痛苦,情绪上也会比较压抑。在家庭经济上,家庭成员因为承担起照料老年人的任务,会与自己目前的工作角色产生冲突,可能会面临离开工作岗位或是收入减少的风险。长期护理保险制度引入后,有劳动意愿或工作比较繁忙的家庭成员可以选择将照护老年人的工作交给长期护理服务体系的专业人员,这样不仅可以使老年人得到专业的照护,也可以降低家庭成员内心的负担,有利于促进家庭成员间的亲情交流,形成相互体恤的家庭氛围,实现家庭成员间的良性互动和家庭和睦。

4. 维系老年人的社交网络

人是群居、社会化的动物。退休后的老年人仍然会有社会关系及人际交流方面的需求。在社交网络中,老年人可以找到与自己有着共同语言及共同兴趣爱好的友人。在相处过程中,老年人会体验到成就感、愉悦感等,精神需求得到满足。但是,如果老年人出现失能,就会面临长期卧床不起,生活不能自理,与外界交流隔断的情况。这会导致老年人的心情郁闷压抑,极不利于老年人的身心康复。专业的长期护理服务人员介入后,不仅可以为老年人提供长期护理服务,同时还可以为老年人进行一系列专业的心理疏导,让老年人能够重新回归到自己所熟悉的社区环境中,从而极大程度维系与老年人的社交网络。

5. 促进社会经济发展

长期护理保险本身是为解决老年人的服务保障缺失而诞生,但同时也具有促进经济增长的作用。通过长期护理服务体系的实施,带动了长期护理服务相关工作岗位的增加,推动了老年服务产业的发展。与此同时,伴随着长期护理商业保险的发展,既丰富了保险市场,也活跃了保险经济。

(四) 长期护理保险的意义

1. 长期护理保险是老年人权益保障的成果

随着世界人口老龄化问题的加重,一些国家的老年人因为缺乏照护服务或照料不佳而发生自杀或是死亡无人知悉的情况也在逐渐增多。在西方国家,这成为党派竞争或是对当权者及政府攻击的"靶子"。为解决这一日益严重的老龄化问题,在联合国的倡导下,世界卫生组织先后采取一系列的行动。1995年世界卫生组织提出的主题是"老龄化与健康",主要目标是希望通过制定政策来保证"让尽可能多的人尽可能长时间地保持尽可能好的生命质量"。2013年6月在韩国首尔举办"第20届世界老年学暨老年医学大会",专门探讨长期护理的保险制度建设。我国习近平总书记在中央全面深化改革领导小组第十次会议上讲话中提道:民众要共享改革成果。目前中国的经济改革取得一定成果,在此背景下,我们更需要关注一些弱势群体的权益保障问题,实现真正的民众共享改革成果。因此长期护理保险的制订与实施既是积极老龄化的体现,也是老年人权益保障的重要成果。

2. 减轻照护者的负担,增加就业机会

在建立长期护理保险制度之前,主要由老年人的配偶或其他的家庭妇女提供长期护理服务,这不利于家庭妇女充分发挥其自身的价值。实施长期护理保险制度后,一方面将会由专业的社会化服务机构为失能老年人提供专业的长期护理服务,另一方面也使得有劳动意愿的妇女能够从长期的家庭照护中脱离出来,参与到社会的劳动力市场中。长期护理保险制度带动了长期护理服务行业的发展,向社会提供了更多的工作岗位,从而创造出大量的社会财富。同时一些接受过高等教育的人可以充分发挥自己的专业优势,在劳动岗位上创造出更多的价值。

3. 推动老年健康产业的规范化、有序化发展

长期护理保险的实施减轻了照护者的负担,强化了被照护者的支持系统。支持系统包含了多项资源,如家庭资源、社会资源、组织与非组织资源等。长期护理保险作为一种政府提供的保障体系,使得社会支持系统的保障资源更加丰富。在长期护理保险实施过程中,我国提出的评估标准与质量保障体系,也将会促进老年服务质量的提高。同时在长期护理服务方面也可以促进人才的培养,提升长期护理服务人员的技术及服务质量,提高行业的服务水平。上述种种均有助于推动我国老年健康产业的规范化、有序化发展。

二、长期护理保险的发展史

荷兰是国际上最早提出建立长期护理保险制度的国家。1968年,荷兰实施

了社会保险形式的长期护理保险制度。1986年,以色列国会通过《社区长期护理保险法》的提案,两年后正式实施。1995年德国,1999年卢森堡,2000年日本及2008年韩国相继出台了长期护理保险制度的相关公文。美国在20世纪70年代开始推行长期护理商业保险,但起初并没有得到消费者的认可。80年代为减轻因为医疗救助计划而产生的巨额财政负担,美国政府开始相继采取一些措施来推动长期护理保险的发展,但结果并不是很理想,长期护理保险的购买率依然较低。90年代后,随着美国政府对医疗保障体系的改革及相关政策法规的出台,长期护理保险开始迅速发展。

我国政府在"十二五"期间中明确指出目前是解决我国老龄化人口问题的最佳时期。党的十八届五中全会对解决人口老龄化问题做出了重要工作部署,要求"十三五"期间要积极地应对人口老龄化所带来的一系列问题,加快构建符合本国国情的长期护理保险制度。2016年国家人力资源和社会保障部发布《关于开展长期护理保险制度试点的指导意见》文件,提出我们要通过初期长期护理保险制度的探索试点,逐渐积累经验,最终构建出符合我们中国国情与体制的制度体系。目前,我国已经有15个城市启动了长期护理保险制度试点,这为最终制定出一套体现中国特色的长期护理服务体系开拓了先锋。

三、国内外长期护理保险的实施状况

(一) 日本

日本实施强制性社会长期护理保险,为机构或者社区的老年人提供照护,覆盖面和受益面都较广。照护资格的认定是由客观化的测验结果所决定。该评估的门槛相对较低,大多数申请的人都能通过认定。受益人群自40岁起,40~64岁之间的由于疾病导致需要照护者,可以享受长期护理保险。原则上,65岁以上的老年人不管是出于什么原因导致的有长期照护需求的,均可以享受长期护理保险。在这种情况下,不会去考虑老年人的收入及家庭中是否有其他的照护者。有研究显示,在日本65岁以上的人群中约有17%老年人可以获得受益的资格,德国有11%老年人获益,很明显日本的获益人群要高于德国。日本受益的水平取决于老年人的失能程度,对于社区型照护,该制度允许每月支付500~3 500美元(其中需照护的老年人或其所在的家庭要自付10%)。

(二) 德国

德国长期护理保险分为法定长期护理保险及私人长期护理保险两类,其目的是为了减轻慢性病或残疾所带来的经济风险。法定长期护理保险是按照工资的一定比例进行筹集,用来支付在日常生活中所需要的护理费用。一般情况下雇员和雇主各需承担一半的保险费,但德州的萨克森邦,雇主需要承担 0.475%,雇员需要承担 1.475%。随着经济社会的发展,缴费率也会逐渐调整,已经由 1996 年的 1.7% 增加到 2008 年的 1.95%。

私人长期护理保险作为补偿型的保险,是由投保人根据自己的个人意愿自主选择是否需要缴纳保险费。相关法律条文规定私人长期护理的保险费不能高于法定长期护理保险费的最高保险金额。在德国,长期护理保险的受益人群十分广泛,不局限于老年人,而是覆盖了几乎所有的德国居民。到 2009 年,德国已经有将近 160 万的人选择购买私人护理保险,约占 40 岁以上人口的 3.5%。针对需要连续接受 6 个月以上日常护理服务的被保险人,其所需要的长期护理服务(居家型长期护理服务或医疗机构型长期护理服务)均由长期护理保险支付。这不仅有效降低了医疗保险对老年人残疾或疾病等医疗服务方面的支付费用,同时也有效降低了被保人所在家庭的护理负担及经济负担。

(三) 美国

从美国的长期护理服务体系供给来看,主要是由家庭成员或朋友来提供长期护理服务。美国长期护理保险出现于 20 世纪 70 年代,由于目前 60% 的美国老人(65 岁以上)需要得到不同程度的长期护理服务,美国的长期护理保险制度一般包括三种护理类型:专业家庭护理、日常家庭护理和中级家庭护理。但由于美国的长期护理费用较为昂贵,有限的个人资产及保险覆盖面不能承担起长期的护理费用。有研究结果显示,大多数的医疗照护受益者在入住护理院一年内就会消耗尽个人资产。而购买了商业长期护理保险的老年人可以在个人资产消耗尽后,享受医疗救助(Medicaid)。因此 Medicaid 成为美国长期护理服务中最主要的支付方。2014 年美国的卫生政策论坛发布数据显示,2013 年美国的长期护理总支出费用为 2199 亿美元,Medicaid 占 61% 成为最主要的支付方,个人支付占 22.4%,而商业保险则占 11.9%,其他的公共支出占 4.7%。

表 1.2.1　不同国家长期护理保险制度的比较

地区	国家	保险制度颁布时间	保险制度名称	保险制度覆盖人群	保险制度内容
欧洲	德国	1995 年	法定长期护理保险	失能者	提供专业护理和日常生活援助
			私人长期护理保险	失能者	提供现金补偿
			护理津贴	65 岁以上的失能老人	提供护理津贴
	英国	1990 年	持续护理津贴	享受福利和抚恤金的工伤残疾或战争伤残	提供护理津贴
	卢森堡	1999 年	私人长期护理保险	失能者	提供现金补偿
			长期护理保险	失能者	提供专业护理和日常生活援助
	法国	2001 年	公共健康保险	全体国民	提供长期护理支付费用
			个人津贴	60 岁以上失能老人	提供护理津贴
	奥地利	1994 年	私人护理保险	失能者	提供现金补偿
			长期护理津贴	居住在奥地利的失能公民	提供护理津贴
北美洲	加拿大	1984 年	老年照顾制度	失能者	提供护理服务
			私人长期护理保险	失能者	提供现金补偿
	美国	1970 年	私人长期护理保险	失能者	提供现金补偿
澳洲	澳大利亚	1997 年	老年照顾制度	65 岁以上的失能者	提供护理服务
			私人长期护理保险	失能者	提供现金补偿

续表 1.2.1

地区	国家	保险制度颁布时间	保险制度名称	保险制度覆盖人群	保险制度内容
亚洲	以色列	1998年	社区长期护理保险	到退休年龄的失能者	提供护理服务
			私人长期护理保险	失能者	提供现金补偿
	日本	1997年	介护保险	40岁以上的失能者	提供护理服务补偿
			私人长期护理保险	失能者	提供现金补偿
	韩国	2008年	老年长期护理保险	65岁以上的失能者	提供专业护理和日常生活援助
	新加坡	2002年	乐龄健保	40岁以上的新加坡公民或保健储蓄账户的失能者	提供定额的现金补偿
			私人长期护理保险	失能者	提供现金补偿

(表格摘自：张洁.长期护理保险制度的国际比较[D].唐山：华北理工大学,2018.)

(四) 中国

自 2012 年以来,我国的部分地区已经在借鉴国外经验的基础上结合地方的实际情况,对长期护理保险的实施进行了初步的探索。2012 年,山东省青岛市颁布了《关于建立长期医疗护理保险制度的意见(试行)》,是我国第一个建立起长期护理保险制度的城市。除山东省以外,上海市在 2013 年出台了《关于本市开展高龄老人医疗护理计划试点工作意见的通知》,将浦东、杨浦、长宁这三个区作为老年人长期护理保险的试点区。2015 年,吉林省长春市开始启动失能人员的医疗照护保险制度。同时江苏省南通市的崇川区与港闸区两区也陆续开展了基本的照护保险试点工作。2016 年 6 月 27 日,人力资源和社会保障部印发《关于开展长期护理保险制度试点的指导意见》(以下简称《指导意见》),这开始标志着我国的长期护理保险试点已经从局部少数地区应用转变为全国推广。《指导意见》公开声明的试点地区包括了河北省的承德市、浙江省的宁波市、新疆生产建设兵团石河子市等 15 个城市,截止到 2017 年 12 月,15 个试点城市陆续出台了有关长期护理保险试点的相关文件,主要分为四类:《意见》《办法》《方案》《细则》。目前《指导意见》的应用情况见下列表1.2.2。

表1.2.2　我国长期护理保险试点地区

进展情况	省/区/市	相关城市/区
《关于开展长期护理保险制度试点的指导意见》公布前的试点地区	山东省	青岛市、东营市、潍坊市、日照市、聊城市
	上海市	浦东区、杨浦区、长宁区、徐汇区、普陀区
	吉林省	长春市
	江苏省	南通市
《关于开展长期护理保险制度试点的指导意见》公布的15个试点城市	安徽省	安庆市
	吉林省	长春市
	重庆市	
	山东省	青岛市
	江苏省	苏州市
	新疆维吾尔自治区	新疆生产建设兵团石河子市
	上海市	
	广东省	广州市
	湖北省	荆门市
	四川省	成都市
	河北省	承德市
	江西省	上饶市
	黑龙江省	齐齐哈尔市
	浙江省	宁波市
	江苏省	南通市
目前已实现全省(市)试行的地区	吉林省、山东省、上海市、重庆市	
除《关于开展长期护理保险制度试点的指导意见》公布外的试点地区	河北省	邢台市巨鹿县
	北京市	海淀区与石景山区
	浙江省	嘉兴市

(表格摘自:石磊.我国长期护理保险制度模式研究[D].北京:首都经济贸易大学,2018.)

第三节　国内外长期护理失能等级评估工具

一、老年综合评估工具

(一) 老年综合评估工具的概述

20世纪30年代英国老年病学专家提出老年综合评估(CGA),具体包括了一般医学的评估、躯体功能的评估、精神心理的评估、社会经济的评估、环境评估及生活质量的评估等。CGA又称老年人健康综合功能评估(Comprehensive Functional Assessment,CFA)或老年人综合健康的多维评价(Multidimensional Functional Assessment,MFA),是指医疗卫生人员应用一系列量表对老年人的状况进行全面而详细的评估(主要指健康综合功能评估)。量表可分为单项测量工具和综合测量工具两类,常见的评估人员有老年科医生、护士、心理咨询师、药师等多学科的医疗人员;常见的评估对象有慢性病患者、老年人综合征伴有功能损害的衰弱老年人。需要注意的是患有严重疾病的患者(如重病晚期、重度阿尔茨海默病)、健康或相对健康的老年人则不适合应用CGA进行评估。

CGA作为一种多维度的跨学科诊断评估工具,应用CGA评估可以明确老年人在心理学、社会学、医学、功能状态等方面存在的问题,为老年人制订出更加完善的、可预防、可保健的治疗方案及康复护理措施。除此之外,还可为老年人提供更加优质与高效长期护理服务。

(二) 老年综合评估工具的内容和维度

1. 一般医学评估

一般医学评估是为了判断老年人是否患有某种疾病,通常采用的方法有问诊、体格检查、实验室辅助检查及影像学检查等。老年患者常有多病共存的情况,严重时会出现身体多个脏器系统的功能障碍或衰竭,这些为老年疾病的诊治带来了较大的困难。对需要接受手术治疗的患者,更需要在术前对老年人的情况做出详细的围术期评估。在病史采集过程中,如果是有认知功能障碍或语言障碍的患者,就需要患者的家属、朋友或其他照护者共同完成。

2. 躯体功能评估

躯体功能评估是 CGA 评估的核心部分,包括了老年人的日常生活能力(ADL)、平衡与步态、营养状况、感觉功能(如视听力、疼痛)、运动功能(如上下肢的功能、关节的活动度及肌力)、吞咽功能等的评估。ADL 的评估分为基本生活活动能力的评估及工具性生活活动能力的评估。基本生活活动能力评估包括老年人的个人修饰、穿(脱)衣、如厕、移位和平地行走等能力的评估;工具性生活活动能力的评估是指老年人利用工具完成日常生活中的活动,如使用电话和乘坐公交车,服药和管理钱财,外出购物和处理家务等。ADL 评估是老年综合评估中最重要的部分,精神心理评估及社会与经济评估等影响老年人的日常生活能力,因此在 ADL 评估过程中同样也需要对精神心理状况及社会与经济状况等进行评价。

3. 精神心理评估

精神心理评估包括老年认知方面的功能、言语方面的功能、情绪情感、压力、人格、自我概念及心理障碍等方面的评估。认知方面的功能评估是老年人精神心理评估的重要部分。痴呆、谵妄、合作不佳、抑郁、语言障碍、精神不集中和受教育水平低等都可能会影响到老年人认知功能方面的评估。能够快速筛查老年人认知功能障碍的工具包括了画钟试验(CDT)和简易的智能评估量表(MMSE)等。CDT 要求测试者画一个包括所有时点的钟面,然后要求测试者在上面用箭头标画出一个具体时间,如 3:30 或 11:45 等。MMSE 包括对时间定向、计算力、注意力、地点定向、记忆力及语言能力等测试,虽然测试的时间相对较长,但可以通过得分计算出特定的分数,而分数所对应的数字段即可以代表认知功能的受损情况。这是一个使用较为普遍的筛查认知功能的工具。

4. 社会与经济评估

社会与经济评估包括老年人的社会支持系统、角色及角色适应、社会服务利用、文化、特殊需要、医疗保险、人际关系、经济状况、照顾人员、虐待老年人及社会心理问题等方面的评估。对虚弱的老年人来说,尤其是完全需要他人照护的严重失能老年人,详细的评估将会为发现一些受虐情况或潜在的健康问题和风险。在适当时机下还需要对老年人个人的价值观、精神的寄托和临终护理的愿望(如遗嘱)等问题展开评估;在任何一种情况下,老年人文化及宗教信仰的问题都应该得到尊重。

5. 环境健康评估

环境健康评估包括对老年人居住的环境(即目前躯体所处的环境,如楼梯、走廊、噪音、门宽、窗户、桌椅、地板等)、社会的环境(如人际间的互动、隐私、社会的隔绝、交通、购物等)、精神的环境(心理的环境,如喜好、反应、记忆等)和文化的环境(如传统、标准、价值、图腾象征)等评估。在这项评估中,最重要的是老年人的居家安全评估,因为这对预防老年人跌倒和降低其他意外事件的发生具有非常重要的意义。

6. 生活质量评估

生活质量评估在CGA中的地位是不可忽视的,有部分研究表明CGA评估可以改善老年人的生活质量。在开展生活质量评估时,评估者通常采用观察法、访谈法、症状定式检查法、主观报告法和标准化量表评定法等。

7. 老年常见综合征评估

老年常见综合征评估如谵妄、营养不良、跌倒、衰弱及老年失能等。对上述综合征的评估,主要是为老年人患病的危险因素及疾病的严重程度进行评估,为其制定相适应的预防方案或干预措施提供依据,尽可能地维护老年人独立生活的能力及提高他们的生活质量。

8. 其他评估

其他评估主要包括老年人的物质(如烟草、药物、酒精和保健品)使用及滥用药物的评估等。

(三) 老年综合评估工具的应用

由于评估内容涉及多个领域,所以广义的评估是由多学科团队完成的,涉及的人员多。狭义的评估是由医师分步进行的,第一次评估时处理关键问题,然后完善其他评估,根据需要请专科医师以会诊的形式参与评估和干预,这种方式比较灵活,在实际工作中可行性强。目前国外已经建立了多种老年健康综合功能评估量表,不足是涉及的评估维度多,条目烦琐;难和基层卫生体系对接、推广困难;缺少主观健康状况评估;我国老年人健康综合评估量表的研究较少,评估上缺乏社会资源、社会环境等影响老年健康、康复、护理的支持系统条目。

正确地应用老年综合评估工具,对老年人、老年人所在家庭、医护人员、医疗服务机构及社会保障部门均有益。

1. 对老年人

通过应用 CGA 评估,将有助于维持或恢复老年人机体的健康功能及自理能力,改善老年人的残疾程度,减轻老年人的疾病伤痛,提高老年人的日常生活活动能力及生活质量。

2. 对家庭成员

通过应用 CGA 评估,对老年人的居住环境提出改善意见。这可以帮助其家庭成员正确获悉家人的身体状况,指导家庭成员为老年人提供最佳帮助。

3. 对医护人员

通过应用 CGA 评估可以帮助医护人员对老年人进行更加精确、全面的多方面评估,充分了解老年人的护理服务需求,提高临床的护理服务质量,并通过评估预测老年人的预后,对其进行有效的老年健康管理。

4. 对医疗服务机构

可以对患者的病情进行准确的定位,依据患者的自身情况为其制定适宜的医疗服务。另外通过 CGA 评估后,可以根据评估后的结果加快患者的转诊流程,有效地减少患者对医疗资源的使用。

5. 对社会保障部门

向老年人提供更加合理的服务内容,比如针对一个贫困且失能的老年人,可通过老年综合评估来确定老年人所需要的服务项目及服务数量,减少不必要的医疗服务项目,降低医疗成本的支出,使成本效益与医疗护理尽可能地协调一致。

二、老年人资源与服务评估量表

(一)老年人资源与服务评估量表的概述

1975 年,Duke 老年与人类发展研究(the Study of Aging and Human Development)中心开发了国际上首项能够综合评估老年人健康功能的技术,称为 OARS(The Older Americans Resources and Services),即老年人资源与服务评估量表。

(二)老年人资源与服务评估量表的内容和维度

老年人资源与服务评估量表包含了五个维度:老年人的躯体及精神健康、日常生活的功能、经济状况及社会资源。每个维度评分应用6分制,所有维度评分之和为综合评分,来评估老年人的综合健康状况。综合评分的分数越低代表着被评估者的健康水平越低。OARS量表包括了两个量表。其中多维功能评价量表(Multidimensional Functional Assessment Questionnaire,MFAQ)主要包括了五个部分,即躯体健康、精神健康、日常生活能力、社会资源状况及经济状况。躯体健康包括是否按照规定用药,是否患有慢性疾病及疾病对日常生活的影响情况,还有患者对自身健康状况的自我评价;精神健康包括认知功能、精神状态的评估及自我状况的评估;日常生活能力包含了两个方面,一个是功能性的日常生活能力,比如外出购物、服用药物等,另一个是生活的自理能力,比如进食、洗澡等方面的自我照顾能力;社会资源主要评估了老年人社会关系的数量及质量,即能够在老年人需要帮助时提供支持的社会关系情况;经济状况评估老年人的收入及是否满足其日常的开销,还有老年人的收入满意度等。每个维度的计分范围为1～6分,评估后的总分越低则代表着被评估者的健康状况越好。服务评价量表(Service Assessment Questionnaire,SAQ)是OARS量表中的另一项量表。

OARS量表测量的主要的内容是老年人的服务需求和服务利用的情况,具有很高的信效度。在应用时主要是由调查员根据评估工具上的一系列问题进行询问与评估,为了避免调查员因主观偏倚而造成评估结果的误差,杜克大学健康老龄化研究中心还提供了针对使用OMFAQ量表的专门培训课程。该问卷已经有了较为完善的评估体系,在世界各地的多个国家都已得到了验证,具有良好的信效度。但问卷的缺点是步骤比较烦琐,且对调查员的要求较高。

(三) 老年人资源与服务评估量表的应用

目前OARS是评估社区老年人群综合健康状况的最有力工具,长期护理服务的提供者、政策的制定者等其他相关人员都可以参照OARS的评估结果。同时OARS还提供了一种损害模式(也可以称为OARS模式)的分析法,该分析法主要是用于分析老年人的综合健康受损状况。

三、综合评价量表

(一) 综合评价量表的概述

1977年Gurland等研究者在临床环境中,基于一个半结构式的访谈及设定的等级清单研发出了综合评价量表(the Comprehensive Assessment and Referral Evaluation,CARE)。主要包括了4个方面,共1 500个条目。其中包括了关于美国老年人资源与服务的多维度评估问卷中的部分条目,以评估老年人的健康状况、社会功能及提供服务的成本效益,并以此作为服务分级及服务分类的依据。之后又研发了核心的综合评价量表和简版的综合评价量表,分别包括了329及143个条目,22及6个质量评价指标。评估后的总分越高,代表了老年人的认知功能越差。

(二)综合评价量表的内容和维度

CARE量表包含了精神、医疗/营养/身体、服务需求及社会健康这4个维度,共有1 500个条目。考虑到实践调研时花费时间长,老年人的耐受力有限,因此在实际应用时多选择其核心的CARE量表或简短的CARE量表。

核心的CARE量表包括抑郁、痴呆、记忆力、日常生活能力、躯体症状、睡眠这6个维度,躯体健康、精神健康、社会健康及服务需求4个总指标22个分指标。简短的CARE量表包括了抑郁、痴呆、记忆力、残障、躯体症状、睡眠6个方面及一些抑郁痴呆的诊断量表。这些CARE量表在评估社区老年人的多维健康同时,还可评估老年人卫生服务的需求与利用的情况。

(三)综合评价量表的应用

有研究者应用简短的CARE量表进行调查评估,研究结果表明了该量表能够很好地评估老年人的生活事件和社会支持。CARE量表也存在问卷版本较多,尚未形成统一标准,无法与其他的研究进行对比的缺点,其次问卷的条目比较多,虽然评估内容详细,但该问卷主要调查的是老年人群,过长的条目使得老年人在回答问题时会表现出不耐烦、疲倦等不配合调查的情况,这会影响到调查结果的准确性与真实性。由于量表的使用受限,目前该量表主要集中在英国使用。

四、最小数据集

(一)最小数据集的概述

最小数据集(Minimum Data Set,MDS)是美国用来评估老年人长期护理工作情况的工具。它是目前所有居民在享受医疗保险或者医疗认证中,对长期护理服务综合评价的一项基础,也是 InterRAI 评估工具的核心内容。MDS 大多是由医疗保健的专业人员担任评估人员。

Werley 等研究者将护理最小数据集定义为:"一组有关于护理的、具有统一信息元素和定义的指标集合,可帮助临床护士、护理管理者、护理研究者和决策者等多方卫生服务人员使用数据评价护理质量、指导临床决策或实现资源调配。"MDS 适用于各种护理情境,其定义和作用已被各国广为接受。

(二)最小数据集的内容和维度

美国提出最新 3.0 版 MDS 的评估内容包括了社会人口统计信息、从功能依赖程度到认知功能的各种临床项目,以及所有临床诊断,如意外事件、临床处理、行为及情绪状态、认知功能、排泄、营养与进食、感染控制等方面。

美国护理最小数据集(US-NMDS)包含三大类:①护理要点:护理诊断、护理措施、护理结局、护理强度;②患者一般资料:身份、出生日期、性别、种族、住址;③服务要素:患者唯一编号、费用支付方式、提供服务的注册护士、唯一的健康记录号等。

荷兰护理最小数据集(NMDSN)于 2000 年确定了 NMDSN 的内容:5 项医院相关项目、6 项患者一般资料、7 项医疗状况项目、10 项护理程序项目、24 项患者健康问题、32 项护理干预、4 项护理结局及 3 项护理复杂性。

(三)最小数据集的应用

美国最早提出 MDS 这一评估工具,评估对象主要针对需要入住长期照护机构的老年人,评估的结果可作为判断评估对象所需要护理服务情况的依据。美国还将 MDS 数据纳入资源利用分组(RUGs)中,将老年人分为 8 个组、66 个级别组,以此作为长期照护机构的成本核算及人力配置的依据。后期经过不断实践及完善,MDS 逐渐发展成国际居民评估工具(International Resident Assessment Instrument,InterRAI)。日本则在 MDS 的基础上改编了原有的"长者健康及家居护理评估系统",从 8 个维度对照护者的服务进行评估,及评估后结果的分级,以指导长期护理人员为照护者提供相对应的照护内容。通过测量不同的护理时间,推算出不同级别的护理服务价格。除此之外,我国香港和台湾在借鉴国外经验的基础上,形成了较为全面的分级照护体系。如香港地区参考美国 MDS,提出长者健康及家居护理评估(MDS-HC)工具,评估后的结果将有助于评估人员判断被评估者所需要的服务类型,该工具的应用效果得到了国际研究者的认可。

五、国际居民评估工具

(一)国际居民评估工具的概述

遵守国际倡导及评估指南的方式称为 RAI(Resident Assessment Instrument)方式。InterRAI 是 international 与 RAI 的英语合成,国际上统一将 RAI 方式称为 InterRAI 方式。InterRAI 既是一个非营利性国际学术组织的简称,也是照护评估系统的名称。1987 年美国一项长期护理机构(nursinghome)的照护业务进行改革,InterRAI 便起源于此次改革的照护评估项目。以 InterRAI 为基础,以整理分析照护对象的临床原因为依据,制定科学的照护计划、适用于老人,残障人员的长期照护系统称之为 InterRAI 照护评估系统。其核心内容是 MDS,后期经过不断的实践研究与积累,该评估工具逐渐发展出了针对不同目标人群及不同机构的版本。目前已经有多位研究者对 InterRAI 评估工具的信度及效度进行了验证,结果都证实了该评估工具的可靠性。因为 InterRAI 评估后的数据可以精准反映出评估对象所需的基本照护,基于此数据制定出的服务策略不仅能够保证社会服务对象的权利,还能够满足照护人员的需求。在已经应用 InterRAI 进行评估的地区,政策制定者便会依据 InterRAI 评估的可靠数据制定一系列与照护相关的服务发展策略。

(二)国际居民评估工具的内容/维度

InterRAI 照护评估系统包括了如下部分:

1. 照护评估系统的组成部分

该系统由评估表、评估表使用手册、临床评估报告以及评估指标等部分组成。评估表包括收集个人身份资料、临床信息、社会生活、认知和行为及日常生活;评估表手册是指评估工具"说明书",评估人员的主要学习资料;临床评估报告是指个性化照护方案、知识库/照护措施库、系统性照护结果培养;评估标尺包括了体质指数、健康稳定性、认知评分、攻击性行为、日常生活活动能力、抑郁评分、疼痛评分、交流评分及压疮风险。

2. InterRAI 照护评估系统的 17 个评估工具

InterRAI 照护评估系统既根据评估对象的居住场所及健康状态分成了居家—社区—照护设施版,也针对特殊人群提供专业的版本。共有 17 个评估工具,如福利和社区健康评估工具(Community Health)、长期照护机构评估工具(Long-Term Care Facilities)、家庭照护评估工具(Home Care)、辅助生活评估工具(Assisted Living)等。

3. InterRAI 评估工作量

(1) InterRAI 评估有初筛,仅需 10～15 min;(2) 各种评估量表的项目在 200～260 个之间,首次评估需要 40～60 min;(3) 第二次及以后的评估,仅需要关注变化的项目,一般 15 min 就能完成;(4) InterRAI 评估一般半年一次,如果评估对象的情况发生变化,例如发生了跌倒,需要及时评估。在香港具有 300 个左右居民的养老院,一个 InterRAI 评估员就能完成该养老院全部 InterRAI 评估工作。

4. InterRAI 的等级评估标准

InterRAI 基线数据准确,以 ADL 中的洗澡为例,准备好洗澡水,评估对象可以自己独立完成洗澡过程,或在洗澡过程中需他人帮助。洗浴定义为怎样进行全身沐浴或淋浴,包括如何进行进出浴缸或淋浴间,以及怎样擦洗身体的每个部位——手臂,大、小腿,胸部,腹部,会阴部,不包括洗后背和洗头发。

表 1.3.1　InterRAI 的等级评估

评估分值	评估内容
0	独立——在任何活动上都不需要身体辅助、帮助或监督
1	独立,略需帮助——准备好物品或器具或放在触手可及的地方,不需要身体辅助或监管
2	督促——照顾/提示
3	有限的帮助——指导四肢活动,无负重躯体运动指导
4	全面帮助——负重支持(包括举起四肢)由 1 名助手提供帮助,当事人还要执行 50%或更多的任务
5	最大的帮助——负重支持(包括举起四肢),需 2 名或者 2 名以上的助手,或负重任务需要 50%或更多
6	完全依赖别人——所有行为都需由别人来支持
7	整个评估期间没有进行活动

（三）国际居民评估工具的应用

在加拿大及我国的香港等地区，InterRAI 的评估结果常用于筛选适宜的居住在养老院的老年人。根据经济合作与发展组织的相关政策报告，基于 InterRAI 评估数据发展的质量指标（Quality Indicators，QIs）已在加拿大、美国等其他国家用作评估养老照护服务质量，其他的成员国家也已将 InterRAI 评估结果用作养老补贴的依据。美国现已研发出了 InterRAI 第三代健康评估软件系统。针对不同的人群与场所，保证了转诊医疗机构间的连续性。

六、国际功能分类

（一）国际功能分类的概述

2001 年 5 月 22 日世界卫生组织在第 54 届世界卫生大会上正式命名了国际通用的分类标准——《关于功能、残疾和健康的国际分类》，又称为国际功能分类（ICF）。该分类系统提供了一种能够统一反映与人体健康有关功能和失能状态的分类。其核心概念是个体在特定领域中的功能是由健康状况与背景因素（环境和个人）发生交互作用，产生复杂联系的一个结果。这种交互作用是独特的，不是一一对应的关系。干预其中任何一方均可能会导致另外一方或多方发生改变。ICF 作为一个重要的健康指标，在卫生保健、预防、社会安全、劳动、人口调查、保险等方面得到了广泛的应用。现已经有英、中、法、西班牙、俄、阿拉伯等多个版本。

（二）国际功能分类的内容和维度

ICF 主要是从生物、心理及社会角度对认知功能损伤所造成的影响提供一种理论模式，在身体健康的状态、个体的活动及社会功能上的探索提供了理论框架。ICF 主要包括两个部分：第一个部分是功能及残疾，包含身体功能及身体结构、活动及参与；第二个部分则是背景因素，主要是指环境方面的影响。ICF 运用一种字母和数字的编码系统，可对有关健康的广泛的信息进行编码，比如诊断、功能和残疾的状态等。其为临床上描述患者健康状况及与健康相关的状况提供了一种统一的、标准化的语言及框架，同时这种标准化通用的语言也可以使全世界不同学科和不同领域的专家学者能够相互交流。

(三) 国际功能分类的应用

ICF 将功能与残疾分类作为一种作用与变化的过程,提供了多角度的方法。个体功能状态是个体的健康状况与个体所处的情景因素在一起相互作用及彼此影响的产物,干预其中任何一个环节就有可能产生多个部分的改变。一般情况下,这种相互的作用还是双向的。ICF 可以作为数据采集和编码的统计数据,如人口学方面的研究;评估健康状态结果的研究工具,如生活的质量;康复训练效果的临床工具,如职业评定;政策制定的依据等。

七、中华人民共和国民政行业标准

(一)《中华人民共和国民政行业标准》的概述

现在,老龄化已经成为我国比较严峻的问题。为了能够满足日益增加的老年人养老服务的需求,我国借鉴了美国、日本、英国等其他国家,及我国香港、台湾地区的老年人能力评估工具,在此基础上着手编制了《中华人民共和国民政行业标准》(MZ/T 039-2013)。这为我国老年人能力的评估提供了规范、统一、标准化、可操作的评估工具。评估后的结果将老年人的活动能力等级进行了科学的划分,这成为我国政府在制定养老服务政策及提供适宜养老服务项目的依据。这项标准还规定了老年人能力评估主要指标、实施的要求及评估的结果。除此之外,标准还对实施评估的过程及环境做了相应的要求。适用于评估想要接受养老照护服务的老年人。

(二)《中华人民共和国民政行业标准》的内容和维度

《中华人民共和国民政行业标准》的评估指标:一级指标共有 4 个,包括了日常生活活动、感知觉与沟通、精神状态及社会参与。二级指标共有 22 个,日常生活活动采用了 Barthel 指数分级进行评定,包含 10 个二级指标,感知觉与沟通包括了 4 个二级指标,精神状态包括了 3 个二级指标,社会参与采用"成人智残评定量表"进行评定,包括了 5 个二级指标。具体评估的指标见下表。将老年人分为能力完好及轻、中、重度失能 4 个等级。如表 1.3.2 所示。

表 1.3.2 《中华人民共和国民政行业标准》中的老年人能力评估指标

一级指标	二级指标
日常生活活动	进食、洗澡、修饰、穿衣、大便控制、如厕、床椅转移、平地行走、上下楼梯
精神状态	认知功能、攻击行为、抑郁症状
感知觉与沟通	意识水平、视力、听力、沟通交流
社会参与	生活能力、工作能力、时间/空间定向、人物定向、社会交往能力

(三)《中华人民共和国民政行业标准》的应用

参照《中华人民共和国民政行业标准》,许多省、市制定了符合自己地方特色的长期护理保险失能等级评估的地方标准,如南通、苏州、无锡等。

八、上海市老年照护等级评估表

(一)上海市老年照护等级评估表的概述

上海市作为我国第一个进入老龄化的城市,早在2013年就首先提出老年照护等级地方评估标准。该标准主要针对上海市60周岁及以上申请本市老年照护服务的老年人,规定了老年照护等级评估总则、评估人员和评估机构、主要评估参数项目评判、评估报告、背景参数项目调查、评估质量监督及改进等方面的要求。

(二)上海市老年照护等级评估表的内容和维度

老年照护等级评估表的主要参数项目评判包括了生活自理能力[进食、修饰及洗浴、穿(脱)衣、排泄及如厕、移动]、认知能力(近期记忆、程序记忆、定向力、判断力)、情绪行为(情绪、行为、沟通力、视觉),背景参数项目主要指社会生活环境(居住状况、家庭支持、社会参与、居住环境)。评估人员应根据评估标准内的参数项目对评估对象进行评估,评估后的结果进行单项分值加权处理。根据评估结果将照护等级分为正常、轻度、中度、重度 4 个照护等级。并由评估人员对评估对象的服务内容及服务形式(居家照护或机构照护)给予相应的建议。

(三)上海市老年照护等级评估表的应用

现上海市老年照护等级评估表已经在上海市各级社区养老服务领域及部分

养老机构内得到广泛应用,是我国大陆地区较为全面的评估工具。

九、上海市老年照护统一需求评估标准(试行)

(一)上海市老年照护统一需求评估标准(试行)的概述

为促进社区居家照护、老年护理机构及养老机构等老年照护服务机构间的有机衔接,科学评估老年人的照护需求,保障老年人的合法权益,在参照上海市老年照护等级评估、上海市老年护理医院出入院标准及上海市高龄老人医疗护理服务需求评估的基础上,上海市制定了该标准。该标准主要针对上海市60岁以上的老年人,并满足上海市职工医疗保险参保人员、上海市城乡居民基本医疗保险参保人员及未参加上述两险的上海市户籍人员这三项条件之一者。该标准采用了国际通用的工具(支持向量机法和线性判断法),评估结果为正常、照护1级、照护2级、照护3级、照护4级、照护5级、照护6级、建议就诊。

(二)上海市老年照护统一需求评估标准(试行)的评估内容和维度

上海市老年照护统一需求评估标准(试行)已公布,可以在官网上(http://wsjkw.sh.gov.cn)查看下列"相关信息":评估内容包括自理能力和疾病状况,自理能力包括基本日常生活能力(包括老年人体位改变、室内行走、进食、洗漱修饰、穿衣、洗澡、如厕)、工具性日常生活活动能力(包括老年人外出活动的能力和处理财务的能力)、认知能力三个维度,权重分别为85%、10%、5%。疾病状况维度,主要包括当前老年人患病率比较高的10种疾病(慢性阻塞性肺病、肺炎、帕金森病、糖尿病、脑出血、高血压、晚期肿瘤、冠状动脉粥样硬化性心脏病、脑梗死、下肢骨折),将来会纳入42种,每种疾病分成局部症状、体征、辅助检查和并发症4个分项,权重分别是30%、30%、30%、10%。

第四节 常见失能人群——老年人

一、老年人的概述

(一)老年健康

老年健康主要包含6个方面的内容:疾病、生理功能、心理功能、认知功能、老年综合征及社会状态。这6项内容既相互影响又互相独立。其中生理功能在老年人健康评估中占据了主导的地位。

（二）残疾

根据《中华人民共和国残疾人保障法》（2008年修订）第一章第三条："残疾人是指在心理、生理、人体结构上，某种组织、功能丧失或者不正常，全部或部分丧失以正常方式从事某种活动能力的人。"包括视力残疾、听力残疾、言语残疾、肢体残疾、智力残疾、精神残疾、多重残疾和其他残疾。

（三）失能

失能：国际上一般将一个人因年迈衰弱、残疾、生病、智障等而丧失或限制日常生活中的主要活动能力或生活能力定义为失能。其医学定义为由损伤导致个体的正常功能、活动能力、生活能力受到限制或变得衰弱的结果。

失能老人：身体或心理受到损伤造成日常生活自理能力降低的老年人。基本生活自理能力(ADL)及工具性活动自理能力(IADL)指标常被用来评价失能程度。ADL应用"吃饭、穿衣、上下床、上厕所、室内走动和洗澡"6项指标进行测量，1~2项指标"做不了"代表"轻度失能"，3~4项指标"做不了"代表"中度失能"，5~6项指标"做不了"代表"重度失能"。IADL依据老年人是否可以独立地"做饭、洗衣服、外出购物、乘坐交通工具、吃药、理财"等指标判断老年人的独立生活能力。

二、衰老相关的理论

我国长期护理保险的服务人群主要针对失能老年人，掌握与衰老相关的理论能够帮助长期护理人员对老年人的老化现象进行理解与认识，对老年人可能会出现的问题进行预知判断。人的衰老过程是指一个涉及生物、心理、社会等各个方面的综合过程，会受生理、躯体功能、信仰及社会文化等方面影响。现有的理论有：生物学方面的理论，如自由基学说、免疫理论等；心理学方面的理论，如人格发展理论、弹性认知理论等；社会学方面的理论，如隐退理论、活跃理论、持续理论等。通过对这些理论的学习与理解，有助于长期护理人员向老年人提供更加优质、全面的护理服务。

(一) 生物学理论

我国目前针对长期护理服务的评估工具多以功能评估为主,通过生物学理论的学习与探索,以期寻找到新的评估靶点,丰富现有评估工具的评估维度。生物学理论站在生物学角度剖析老化的过程,衰老的生物学理论指出:老化是由有机体功能降低和增强所引起的衰退过程。在现有的衰老的生物学理论中,自由基学说和免疫学说是受到广泛认可的,本书主要介绍自由基学说。1956年,哈曼提出了自由基学说。自由基学说指出老化和死亡是机体产生的自由基所致。自由基是代谢过程中产生的一组带有奇数电子化学单元。由于其由不成对的电子组成,可以通过夺取其他分子的电子来维持自身的电荷平衡。自由基可通过相互作用及氧化还原过程伤害DNA,破坏核蛋白,促使细胞恶性分裂,进而引起人体肿瘤与癌症的发生。随着年龄增长,自由基对细胞的氧化还原损伤程度不断增强,会导致人体的代谢功能衰退、免疫系统失调、生活习惯不良等损伤。除此之外,产生的过量自由基也会造成慢性病,故而该学说认为是自由基导致有机体的衰老和死亡。

但是最新一项发表在Cell上的研究却提出了与此相反的观点。加拿大麦吉尔大学的生物学家西格弗里德·海基米(Siegfried Hekimi)提出在衰老过程中,自由基的数量增加是因为它们在对抗,而不是在促进衰老。在海基米的实验中他培育了一种能产生"超氧化物"特殊自由基的线虫,这些经过基因改造的线虫不但没有出现严重的氧化损伤,反而平均寿命比普通线虫增加了32%。之后海基米给这些线虫喂食了具有抗氧化作用的维生素C,结果他们发现延长寿命的现象消失了。因此,海基米大胆地推测超氧化物不是机体衰老的一种破坏性分子,而应该是线虫体内的一种保护信号,能够修复损伤的细胞,在某种程度延长了线虫的寿命。

这两种不同的观点,引起了更多生物学家对自由基学说理论的关注。或许在某些情况下自由基对人体是有益的,可以延长人体的寿命,但在另一些方面对人体也会造成伤害,大量的氧化损伤会导致癌症或者损伤器官,也会导致心脏病等多种慢性病。现在,自由基对衰老的作用效果及作用机制还存有许多未解之谜,未来仍需要开展大量的研究去不断探索、挖掘。但自由基与人体衰老之间有密不可分的联系,这一点毋庸置疑,能否通过评估自由基来判断长期护理服务的质量也需要研究者继续深入研究。

(二)心理学理论

目前的失能等级评估工具很多都应用到了对失能老年人行为及情绪的评估,而这些与老年人人格的整合密切相关。人格属于心理学的范畴,心理学理论是站在人的行为、态度等角度解释老化过程,指出人的社会角色、观念和信仰在中年到晚年的历程中是处于不断发展变化的,有时这一转变可能需要花费一生的时间去完成。老年心理学理论更加关注老年人的学习能力、思维过程、情绪、智力、人格、自我意识、记忆以及社会适应能力。心理学理论指出,老人能够适应环境的变化,面对人生各发展阶段中的危机和挑战,成功地进入并度过晚年。

1950年,爱瑞克·艾瑞克森提出了人格发展阶段论。该理论着重指出个体的自我意识结构,阐述了人格的形成和发展过程,解释了在人格发展的各个阶段个体所面临的危机以及需要解决的心理冲突。艾瑞克森提出人格发展过程由8个阶段组成:婴儿期、幼儿期、童年期、学龄期、青少年期、青年期、成年期、老年期。每一个阶段都有各自的价值、问题及所需要完成的任务,而每一阶段的发展都是基于早一个阶段发展的结束。如果能够顺利完成人格发展中各个阶段的任务,个体就能够在下一阶段体验到幸福和成就感;但如果未完成某一阶段的任务,会造成个体的不幸福感、不被社会认同的行为和心理体验,进而造成下一阶段人格发展的障碍。

1. 婴儿期(0~1.5岁):基本信任和不信任的心理冲突

在这一个时期,婴儿开始具备辨识及记忆能力。啼哭是婴儿表达情感的主要方式,父母能否在婴儿啼哭时及时出现是婴儿建立信任感的重要前提。充分的信任感有助于婴儿形成"希望"这一重要人格品质,它可以增强自我的力量。艾瑞克森将希望定义为"对自己愿望的可实现性的持久信念,反抗黑暗势力、标志着生命诞生的怒吼。"怀揣希望与理想的儿童,具有强烈的未来定向。

2. 儿童期(1.5~3岁):自主、害羞和怀疑的冲突

在这一个时期儿童已经掌握一定的技能,会走、跑、说话等。最重要的是他们学会了坚持与放弃。在这一个时期最重要的影响因素是父母,一方面父母需要控制儿童的行为,使之能够符合社会规范,比如训练儿童的大小便习惯;另一方面儿童开始具有自主感,他们会根据自己的意愿选择吃饭的方式、排便的方式,所以这也会出现儿童的第一个反抗期。如果发展顺利,儿童会产生自我控制感、有自信及自主性。反之如果父母对儿童控制不当,或惩罚不当,就会让儿童

产生一种怀疑,并感到害羞。因此,把握合适的度才能有利于儿童人格内部形成意志品质。艾瑞克森将意志定义为:"不顾不可避免的害羞与怀疑,心里具有坚定的自由选择或自我抑制的决心。"

3. 童年期也称学龄初期(3～5岁):主动与内疚的冲突

在这一个时期,儿童会表现出积极的行为,受到及时的鼓励,儿童会形成主动性,这为将来成为一个具有责任感及富有创造力的人奠定了基础。如果儿童的主动的行为遭到成年人的讥笑,儿童便会丧失主动性,心怀内疚。在这一个时期最重要的影响因素是家庭成员,学龄前期顺利发展的结果是有自己生活的目标、主动进取,有创造力,形成"目的"这一品质。艾瑞克森将"目的"定义为:"一种正视和追求有价值目标的勇气,这种勇气不会为幼儿想象的失利、罪疚感和惩罚的恐惧所限制。"

4. 学龄期(6～12岁):勤奋对自卑的冲突

在这一个时期,儿童开始进入学校接受教育。在这一个时期对儿童具有最重要影响的人是父母、老师、同学等,如果儿童经过学校的训练,熟练掌握知识与技能,顺利完成学习与课程,他们就会获得勤奋感,这对后期独立生活与承担工作任务都充满了信心,反之就会产生自卑。当勤奋感大于自卑感时,儿童就会获得能力这一品质。艾瑞克森将能力定义为:"能力是不受儿童自卑感削弱的,完成任务所需要的是自由操作的熟练技能和智慧。"学龄期顺利发展的结果是学会与他人竞争、合作、守规则,获得基本的学习和社会交往能力。

5. 青春期(12～18岁):自我同一性与角色混乱的冲突

在这一个时期,青少年面临的重要危机是角色混乱。在面临新的社会要求时,如何建立同一感或树立自己在其他人心目中的形象是青少年人格发展的关键。"这种同一性的感觉也是一种不断增强的自信心,一种在过去的经历中形成的内在持续性和同一感(一个人心理上的自我)。如果这种自我感觉与一个人在他人心目中的感觉相似,很明确这会为一个人的生涯增添绚烂色彩。"(艾瑞克森,1963年)。艾瑞克森提出当同一性的感觉越发强烈,青少年便会随之形成"忠诚"的品质,艾瑞克森将忠诚定义为:"不顾价值系统的必然矛盾,而坚持自己确认的同一性的能力。"

6. 成年早期(18～25岁):亲密对孤独的冲突

只有具有牢固自我同一性的青年,才敢冒与他人发生亲密关系的风险。因为与他人发生爱的关系,就是将自己的同一性与他人的同一性融合在一起,这期间会有自我牺牲。只有建立真正亲密关系才能获得亲密感,否则就会产生孤独感。

7. 成年期(25~65岁):生育对自我专注的冲突

在这一时期,发展危机是创造的停滞,同事与配偶会对其产生重要的影响。这段时期顺利发展的结果便是用心培养下一代,热爱自己的家庭,有创造性地努力工作。

8. 成熟期(65岁以上):自我调整与绝望期的冲突

65岁以后的老年期是人格发展的最后阶段。在这一阶段,老年人在生理、心理以及社交等方面会发生很大的变化。这时的人格发展任务包括身体功能的衰退和健康问题的适应,退休以及收入减少的生活的适应,丧偶及死亡的面对。关于这一阶段的人格发展冲突,艾瑞克森将其称为自我调整与绝望。回顾及评价个人的经历和成就是人格发展最后阶段的特征。

1997年,艾瑞克森进一步完善了原有的人格发展理论,并增设了人格发展的第9个阶段,称之为超越老年阶段。这一阶段指出人生最后的阶段是80岁以后的老年期,老年人能够应用人格发展动力进而克服人生所经历的困难,从而能够坦然面对死亡。一般高龄老人在超越老年阶段能够发展出平静和谐的心态。故超越老年阶段提供了一个理解衰老过程的新概念。成熟期是对之前人生的整合过程,我们可以通过实施整合,帮助失能老年人达到一个适合个体的最佳状态。

(三) 社会学理论

老年人失能等级评估中很多都涉及对失能人员社会学资料的采集。社会学理论是站在文化和社会的角度,阐述了老年人的角色转变以及老年人对社会环境变化的适应,因而衰老的社会学理论是在社会背景下来解释老年人的行为。社会学理论指出影响人一生的主要因素是社会结构。社会结构由道德、伦理、经济、收入、家庭、文化传统、社区文化传统和价值、文化价值、教育、社会期望、社会地位及社会家庭支持系统组成。衰老的社会学理论主要包括活跃理论、隐退理论(角色退出理论)、持续理论等。本书主要介绍了持续理论。

1989年Atchley提出的持续理论指出个体应维持内外环境的平衡,如生理、心理、社会等的平衡,可以运用恰当的应对方式以适应生命中的各种变化,实现联系现在与过去的生活、保持其连续性的目的。该理论强调了老年人的个体化原则,以老年人的个性为研究基础,提出个体延续性的行为模式更有助于老年人适应新的社会角色,感受到喜悦与幸福。即人不论遇到什么样的人生变化,都应维持一致的喜好、角色活动、人格、价值、道德、行为和关系。这是持续理论的重要前提。晚期生活应该是早期生活的延续,老年人可继续采取中年时期的方式以适应衰老带来的正常变化,达到维持生活方式的连续性的目的。

赫威斯特阐述了老年人的4种人格类型,即被动依赖型、完善型、非完善型和防卫型。被动依赖型的老人依赖性强,并且对外部世界缺乏兴趣。完善型的老年人能够积极参加活动,并且能够很好地适应衰老。相反,非完善型的老年人难以适应和应对衰老所带来的变化。而防卫型的老年人会延续中年时的活动与角色。持续理论将老化过程与个体过去的行为与人格相联系,这对制定适宜失能人员的长期护理方案提供了指导。

三、老年人社会生活的适应能力

(一) 适应

1. 生物学概念

适应是一个广泛的概念,最初使用于生物学领域,指生物与环境表现相适合的现象。生物学家从以下两个方面来理解生物学界普遍存在的适应现象:一是生物的形态结构(小到分子、细胞等,大到个体、种群等)与其生理功能相适应;一是指生物的形态结构及相关的功能与其生存环境相适应。英国著名的生物学家达尔文在其进化论中,提出了"物竞天择,适者生存"的思想,生物进化的基本含义即为不断适应环境的过程。

2. 心理学概念

让·皮亚杰是瑞士著名的儿童心理学家,他基于生物学的观点,从心理学层面对适应进行了分析与解释。皮亚杰认为心理、智力和思维的最终源头为主体的动作,这里的主体动作也可以理解为个体的心理反应,其本质是一种适应,即主体对客体的适应,心理的发展离不开这种适应。在心理学范畴中将适应分为以下三个层次:①生理适应;②心理适应;③对社会生活环境的适应。

3. 社会学概念

戴维·波普诺在《社会学》一书指出社会学是对于人类和社会互动进行系统、客观研究的一门学科。在社会学中,适应指的是个人、人群和组织等结构要素在互动过程中的相互适应,其决定了社会的发展及发展的快慢。美国社会学家帕森斯指出,在系统生存必备的五大功能中适应功能是系统生存的首要及基本功能,这里的适应功能是指系统适应环境和从环境里获得资源的能力。美国的社会学家阿莱克斯·英克尔斯将适应分为三类:①外在自然环境与人文环境的适应;②人类的生物社会性的适应;③集体的生活情境的适应。

(二) 社会适应

1. 社会适应的相关概念

"社会适应"一词最早见于赫伯特·斯宾塞的《社会学研究》一书,作者运用了达尔文的生物进化理论,将社会适应解释为一个"不适应—相对适应—适应打破—适应继续发展"的周而复始的动态过程。随后,各个领域的专家都提出了不同的见解。其中,《社会学词典》中指出社会适应是"个体和群体调整自己的行为使其适应所处社会环境的过程",并将适应行为理解为"个人适应社会环境而产生的行为"。《心理学大辞典》指出个体的社会适应是"个体接受现存的社会生活方式、道德规范和行为准则的过程"。由于侧重点不同,不同领域的专家对社会适应的理解和解释也有所区别。《体育健康促进服务体系研究》一书中对社会适应的现有的概念进行了整理和总结,并指出"社会适应是指人为了在社会更好生存而进行的生理上、心理上以及行为上的各种适应性的改变,与社会达到和谐状态的一种执行适应能力"。

2. 社会适应的影响因素

社会适应受到多种因素的影响,按照分类不同可分为个体因素和环境因素,还可分为危险性因素和保护性因素。

(1) 个体因素:主要包括个体的心理因素和人格特质。

(2) 环境因素:主要包括家庭、学校和社会等环境。

3. 社会适应能力

《社会适应心理学》一书中指出,社会适应、社会适应能力和社会适应行为等概念在内涵表达上大致相同。一般认为社会适应能力包括以下方面:生活自理能力、基本劳动能力、选择并从事某种职业的能力、社会交往能力、用道德规范约束自己的能力。

（三）老年人社会适应

在老年学中适应被界定为个人身心的平衡，不只是自己本身的内在平衡，其与外在环境保持平衡的关系也很重要。从动态的角度来看，老年人社会适应是一个与社会环境互动而达成协调关系的过程；从静态的角度来看，老年人社会适应既可以是一种老年个体的适应潜质或行为特征，也可以是一种老年个体与社会相互作用的结果。良好的老年社会适应有助于老年人的人格整合和悦纳自己。老年人社会适应就是老年个体主动调整自身的心理和行为方式，以达到内在心理平衡和外在社会环境平衡的过程。

老年人社会适应根据分类不同可分为渐进式发展变化的适应和突变式发展变化的适应。渐进式发展变化也可分为经济适应、心理适应、家庭关系适应和社会关系适应；还可分为生存性社会适应和发展性社会适应等。其中，渐进式发展变化的适应是指老年人自身与社会环境均以自然、缓慢的方式发生的社会适应状况，而突变式发展变化则是指老年人或社会发生不可预期的重大变化的情景下发生的社会适应状况。

1. 社会角色理论与老年人社会适应

角色是对群体或社会中具有某一特定身份的人的行为期待。社会地位的不同决定了人们不同的社会角色。社会对老年人的期望和态度是一个发展的过程，由此而产生了不同的老年社会学理论，如退隐理论、积极老龄化的理论，当代劳动力减少、老年照护成本的提高，社会期望老年人能够担负维护健康的责任，积极地参与社会活动，发挥余热。但老年个体由于退休、疾病导致社会活动能力的下降，其原有的社会角色功能将弱化，面临角色的改变，老年人需要以正常的心态、积极的态度正视自身社会角色的变化

2. 自我效能理论与老年人社会适应

美国著名的社会心理学家阿尔伯特·班杜拉于1977年提出了自我效能理论。自我效能用于衡量个体本身对完成任务和达成目标能力的信念的程度或强度。

（1）影响自我效能的四种因素：经验或生成素养、替代性经验、言语说服和生理因素。

（2）自我效能主要通过以下四种中介机制发挥对人类机能的调节作用：认知过程、动机过程、情感过程和选择过程。

(3) 对老年人而言,自我效能感是指老年个体对于老年期经历的改变的正确认知及采取的积极措施,以减轻这些改变对其生活质量的影响。老年人在面对变化后环境的适应能力,取决于其学习效能感和一般效能感。学习效能感是指不同特征的老年人在面对老年期变化时的积极反应,如积极参加活动、学习一些简单的怡情养性的事情;一般效能感是指老年人在老年期不论遇到什么变化,都能正确地认知且自信能适应这一变化。

3. 老年人社会适应的新途径——文化反哺

文化反哺是一种逆向的文化传递模式。老年人不仅向年轻一辈学习一些新器物、新技术的使用,而且有对新现象的理解和新观点的接受,涉及文化的各个层面。这种文化反哺过程,不仅有利于和谐家庭关系的构建,而且有利于促进老年人的社会适应能力。

四、老年人的自我管理能力

2016年抽样调查结果显示我国失能、半失能老年人大致4 063万人,占老年人口18.3%。慢性病是导致老年人失能、半失能的重要原因。具备良好的自我管理能力是控制慢性病疾病进程与减少失能人群的重要前提,同时也是实现成功老龄化的重要条件。自我管理主要是指个体对自身的行为、思想与目标等进行的管理。通俗地说就是自己管自己,自己组织自己,自己约束自己,自己激励自己,最终实现奋斗目标的一个过程。

(一) 自我管理的概述

目前自我管理的概念还没有达成共识,有学者提出将这些有助于保持晚年幸福的关键行为及认知能力定义为"自我管理能力(Self-Management Ability)"。通过提升老年人的自我管理能力,不仅有助于实现及维持老年人的全身健康,同时还有助于增加老年人获得社会幸福感的能力。自我管理最早起源于20世纪中后期,当时美国面临着重要的健康问题。由于慢性病患病数量剧增,传统的医疗保健系统无法满足慢性病患者的需求。患者面对因疾病反复发作而住院的高额医疗费用,强烈要求美国政府应加强卫生保健服务的提供效率,改变卫生保健的服务提供方式。由于慢性病本身的病理特征,病程长,易反复发作,无法治愈的特点,往往需要患者承担起自我管理及自我保健的任务。如果患者想要很好地完成此项任务,就必须要先熟练地掌握自我管理所必需的知识、技能与信心。在此背景下,斯坦福大学便以自我效能理论为框架设计了适合大众的慢性病自我管理项目。

"慢性病自我管理"(Chronic Disease Self-Management,CDSM)指应用自我管理的方法控制慢性病的进程。该项目主要是通过举行一系列的健康教育课程来教会患者自我管理时所需要的知识、技能、信心和医生交流的技巧,不仅帮助慢性病患者得到医生的有效支持,同时学会依靠自己来解决慢性病所带来的各种躯体或情绪问题,加强患者的参与感,着重提升患者的自信心(即自我效能)。研究证实慢性病自我管理项目可以改善慢性病患者的健康结局,促进健康行为的养成。目前,该项目已经在美国、澳洲、欧亚各国得到了广泛的推广与应用。

(二)自我管理的理论基础

1. 社会认知理论

(1) 社会认知理论的概述:社会认知理论(social cognitive theory)是从社会学方面的理论发展而来,由美国的心理学专家班杜拉于20世纪70年代提出,在传统的行为主义人格理论中增加了认知,从而形成了自己的社会认知理论。该理论对人们如何获得及怎样维持一定的行为模式进行了解释,同时为行为的干预提供了理论指导。

(2) 社会认知理论的内容

1) 三元交互决定论:将个人的主体因素、环境因素及行为三者看成是相对独立但同时又具有交互决定的理论实体。其中个人的主体因素包括了行为主体的生理反应能力,如怀孕时会食欲下降、看见杨梅会分泌唾液、饥饿时肚子会叫等。所谓的交互决定就是指环境、行为与人三者之间互为因果,两两之间都具有双向的互动与决定关系。

2) 观察学习:是指人们可以通过观察别人的行为,学会某种行为,也称为替代学习或模仿学习。在这里别人的行为可以理解为是一种榜样的行为。比如看过母亲化妆的小女孩,也会给自己的玩偶化妆,可能化得并不是很漂亮,但不会出现类似用口红去涂睫毛的常识性错误。在日常生活中,人们很多知识、技能及社会规范等的学习都是来自这种间接的经验。班杜拉认为行为的养成与观察学习的四个过程密切相关,缺乏任意一个过程,行为都无法养成。这四个过程主要包含了注意、保持、动作再现及强化和动机。首先,榜样表现出来的行为让学习者注意到,学习者会将行为进行编码保留,这两个过程称为认知历程。认知历程主要依存了两个表象系统,即表象和言语。其中言语要比视觉表象更能加深学习者的记忆。通过两个表象系统,学习者生成符号编码,从而具备从事该行为的能力,完成动作再现过程。最后的强化和动机过程是指学习者会寻找恰当的时机将符号编码转换为物理形式的外显行为。

2. 自我效能理论

1977年Bandura首次提出从社会认知理论中产生的慢性病自我管理,其核心的概念是自我效能。自我效能(self-efficacy)主要是指个体对自己要执行的某一项特定行为所具备能力的主观判断,简而言之就是个体对自己所做的某项行为能否达到预期效果的自信心。自我效能是人类的行为动机,也是疾病转归为健康及实现个体成就的基础。

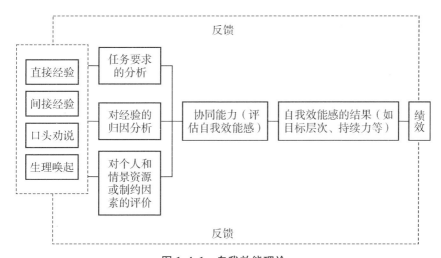

图1.4.1 自我效能理论

班杜拉认为,个体在活动中可以通过四种途径和办法来产生并提高自身的自我效能感:直接经验、间接经验、口头劝说、生理唤起。直接经验即行为主体对自身在实际活动过程中所取得的成就水平的感知,成功的经验可以增强行为主体的自我效能感,反之则会降低行为主体的自我效能感。间接经验又称为替代性经验,主要是指行为主体观察到能力、性格等其他情况与自己相似的他人,在实践活动中收获成功的结果。通过观察,行为主体相信如果自己也处在同样或类似的活动情景中时,自己也可以同样获取成功,从而提升行为主体的自我效能感。言语劝说是指通过语言的鼓励,让别人相信自己能够完成某一项任务的效能。这是试图凭借采用说服性的建议、劝告、解释以及自我引导,来改变别人自我效能感的一种方法。值得注意的是言语劝说所使用的语言必须要实事求是,能够调动别人的积极性。不能为了让别人相信而说一些虚幻、华而不实的话,这样不仅不会提升其自我效能,反而会适得其反,影响其自我效能的水平。生理和情绪状态是指个体在追求目标时,生理与情绪的状态会对个体的自我效能感产生影响。乐观积极的个体能够创造一种积极的情感,消极的情绪则会产生一种挫败感。在充满轻松与愉悦的环境中,个体的自信心会增加,自我效能感会增强。相反,在充满紧张与危险的环境里,个体会因为紧张、焦虑而降低自我效能感。

(三) 自我管理的核心技能

1. 解决问题的技能

通过自我管理,个体能够认识到自身存在的问题,做到主动与他人协商,共同解决最新出现的问题,并尝试对这一解决策略的正确性进行评估。

2. 制定决策的技能

个体能够与长期护理人员一起制定适合自己的、切实可行的目标及解决方案。

3. 主动寻求帮助的技能

个体能够主动寻求帮助,知道如何从家人、朋友、图书馆、互联网、医疗机构或社区卫生服务机构等渠道获取到有利于自身的支持和帮助。

4. 维持良好的护患关系

帮助建立良好的护患关系、学会与长期护理人员沟通、互相理解与尊重,配合长期护理人员提供的服务,最终建立起良好的护患关系,一起来管理疾病。

5. 设定目标与制订行动计划

在漫长的长期护理过程中,个体能够通过学习自我管理,树立适合自己的目标,制订与达成目标相一致的行动计划或方案。确保在实施行动计划过程中的自信心,实时评估并不断完善。

(四) 自我管理的应用

慢性病自我管理项目在英国、美国等欧美发达国家中已开展了20多年。现

如今美国与英国已经将慢性病自我管理的健康教育项目作为一项常规的社区服务，政府向愿意参加的患者及家属出资。该项目最初应用于治疗风湿性关节炎的患者。之后斯坦福大学又陆续完成了关节炎、艾滋病、糖尿病、腰背痛等患者的自我管理项目研究。目前，美国通过应用慢性病自我管理战略有效降低了患者的死亡率及住院率。与美国一样，英国同样面临医疗卫生费用飞涨的窘境。为解决这一难题，英国卫生部门开展了一系列的行动，积极学习借鉴其他国家的先进经验与模式，之后结合本国的国情进行调整，最终与英国的国家卫生体系相融合。2001年英国卫生部门提出了21世纪慢性病自我管理的新途径——有经验病人计划(Expert Patients Programme, EPP)。有经验病人主要是指患有某种慢病的病人，患病时间长，不仅对所患疾病的知识有了很好的把握，其次也能够领导病友。通过开展一系列病人之间的教育及团队活动，帮助团队成员加深对自己所患疾病的认识，有助于调节自己的身心状况。

我国慢性病的自我管理研究发展较晚，目前还没有达到被普遍认同的阶段。最近几年来，我国的医务人员及科研人员已经认识到自我管理对慢性病患者的重要性，尝试通过开展健康教育等其他方式促进患者的自我管理能力。20世纪90年代中期，借鉴美国斯坦福大学研发的慢性病自我管理的健康教育项目(Chronic Disease Self-Management Programme, CDSMP)的成功经验，建立了中国首个本土化的慢性病自我管理健康教育项目——上海慢性病自我管理项目。1994年我国香港开展了社区康复的网络服务研究，主要是通过自我管理的方法，应用小组服务形式，为慢性病患者提供多元化的服务。目前，香港已经有超过200家具有类似功能的服务机构。通过开设慢性病自我管理的课程，教授患者所需的知识、技能，帮助慢性病患者培养自我管理的能力，提高生活的质量。长期护理实践同样可以采用自我管理的方法对失能、半失能人员进行照护，通过提高自我管理的能力，进而提升其生活质量。

五、老年人的评估（含老年人的意识状态的评估）

（一）老年人的意识状态的概述

1. 定义

（1）意识：在哲学、医学、心理学等不同领域具有不同的定义。在医学范畴，意识是一种全脑的功能状态，是多种心理过程或活动的背景，促使个体能够正确认识自身情况及外界环境,并给予适当的反应。主要包括两方面的内容:觉醒和意识内容。觉醒是与睡眠呈现周期性交替的清醒状态;意识内容主要包括注意、感知、思维、记忆、定向、行为、智能、情感等多种心理过程。

(2) 意识障碍:个体对周围环境及自身状态的识别和察觉能力发生障碍。

2. 意识障碍的发生机制

(1) 觉醒状态依赖于"开关"系统——脑干网状结构上行激活系统的完整性,意识内容依赖于大脑皮质的高级神经活动的完整性。任何原因引起大脑皮质的弥漫性损害或脑干网状结构的损害,均可发生意识障碍。

(2) 双侧大脑半球的急性广泛损害或功能抑制均可导致急性的意识障碍或昏迷,单侧大脑半球的损害,尤其是主侧半球的急性广泛损害也可导致不同程度的意识障碍(主要取决于病变的部位、大小、性质以及病情的发展速度)。

(3) 颅内病变和颅外病变引发意识障碍的机制有一定的区别。颅内病变可引起大脑皮质及网状结构上行激活系统的损害,这种损害可以是直接的,也可以是间接的,总的效应是引起意识障碍;而颅外病变则影响神经递质的量,并且改变大脑的能量代谢,进而导致意识障碍。

3. 分类

(1) 以觉醒状态改变为主的意识障碍

1) 嗜睡:是意识障碍的一种早期表现,是临床上最轻的一种意识障碍。通常表现为病理性嗜睡,当检查者给予轻度刺激时(呼叫患者姓名或推动患者肢体),患者可立即清醒;能进行正确的交谈或做出各种反应,但当刺激去除后患者又很快进入睡眠状态。此类患者的吞咽、瞳孔、角膜反射等均可被正常引出。

2) 昏睡:意识障碍程度比嗜睡深。通常表现为沉睡状态,当检查者给予一般刺激时,患者无反应,不能苏醒;当给予较强烈的刺激时(如用手指压迫患者眼眶上缘内侧等),患者可出现短暂的意识清醒,此时患者可简短地回答问题,但当刺激减弱后患者又很快进入睡眠状态。此类患者的深反射亢进,可引出震颤,有不自主运动,睫毛、角膜等反射减弱,但对光反射仍可被正常引出。

3) 昏迷:严重的意识障碍。通常表现为患者意识完全丧失,无觉醒—睡眠周期,无自发睁眼,检查者给予任何刺激均不能唤醒患者。

根据程度可划分为:

①浅昏迷:指患者意识大部分丧失,通常表现为呼之不应,无自主活动,对检查者给予的一般刺激均无反应,给予疼痛刺激时,患者可出现痛苦表情或肢体退

缩等反应；患者的浅反射消失，脑干反射（角膜反射、瞳孔对光反射、咳嗽反射、吞咽反射等）可被正常引出。临床上常见于重症脑血管意外、脑炎、脑肿瘤、休克早期、中毒、肝性脑病等。

②中度昏迷：指患者对周围事物及一般刺激均无反应，当检查者给予剧烈疼痛刺激时，患者可出现防御反射；患者的角膜反射减弱或消失，瞳孔对光反射迟钝。

③深昏迷：指患者对任何刺激均无反应，患者的意识完全丧失，瞳孔散大，深、浅反射均消失，大小便失禁。

（2）以意识内容改变为主的意识障碍

1）意识模糊：患者不能清晰地认识外界的刺激；空间、时间、定向力均有障碍；理解力、判断力较迟钝或有错误；记忆模糊、近事记忆功能下降剧烈；情感淡漠，随意活动减少，语言不连贯，思维活动迟钝等。对声音、疼痛、光线等刺激可表现出有目的的简单动作反应。

2）谵妄：指以兴奋性增高为主的一种意识障碍类型，患者的临床表现为烦躁不安，当检查者给予刺激反应时，患者反应增强；患者还可出现肢体活动增多，临床上有患者可以出现错觉和幻觉，语无伦次及妄想也是临床表现。此外，患者对客观环境的认识能力及反应能力下降，定向障碍，注意力不集中，多伴觉醒—睡眠周期紊乱。病情呈波动性，夜间加重，白天减轻。多见于各种脑病。

4．病因

（1）感染性因素

1）颅内因素：各种脑炎、蛛网膜炎、脑膜炎、颅内静脉窦感染等；

2）颅外因素：各种败血症、中毒性肺炎、中毒性痢疾、伤寒和感染中毒性脑病等。

（2）颅脑非感染性因素

1）脑血管病：脑梗死、脑出血、蛛网膜下腔出血、短暂性脑缺血发作、脑血栓形成等；

2）颅脑外伤：脑震荡、颅内血肿、颅骨骨折、脑挫裂伤等；

3）颅内占位性病变：脑肉芽肿、脑肿瘤、脑脓肿等；

4）癫痫发作。

（3）颅外非感染性因素

1）内分泌与代谢障碍：尿毒症、肝性脑病、肺性脑病、肾性脑病、甲状腺危象、糖尿病性昏迷、乳酸中毒等。

2）中毒：工业毒物、植物或动物类中毒、农药、药物等。

3）水、电解质紊乱：酸碱中毒、高钠血症、低钠血症、高渗性昏迷、低渗性昏迷、低钾血症等。

5. 老年期谵妄

（1）概述：谵妄是一种常见的医学症状，特点主要为心理功能的改变，主要发生在老年人群，尤其好发于老年住院患者。临床症状主要表现为急性意识障碍，主要表现为注意力、思维、记忆、精神运动和睡眠周期障碍。患者通常是急性发作，持续时间一般为几天，但也有患者持续时间较长，是全身和脑部器质性病变的表现，增加了医务人员治疗和护理上的复杂性。老年期谵妄可判断患者的大脑功能紊乱和原发病的严重程度。

（2）易发因素

1）人口学因素：年龄≥65岁，男性；

2）认知功能因素：有谵妄病史或患有痴呆、认知功能障碍和抑郁症；

3）感觉功能因素：视觉障碍、听觉障碍等；

4）自身功能状态因素：功能不全、活动受限、需他人照料、跌倒史；

5）药物因素：使用抗精神病药物、毒麻药物、多种精神活性药物、酒精滥用；

6）营养因素：摄入不足，营养缺乏；

7）疾病因素：患有严重疾病、合并多种疾病、脑卒中病史、神经系统疾病、终末期疾病等；

8）其他因素：疼痛、贫血、低氧血症、水电解质紊乱、尿潴留、便秘等。

（3）临床表现（持续时间较短，一般为数小时至数天，常出现波动性变化）

1）意识状态：患者可出现意识状态增加（易激惹、烦躁、攻击性行为等）或意识状态降低（嗜睡、浅昏迷、神情淡漠等）两种状态；

2）认知功能障碍：患者可出现神志恍惚、思维混乱、语无伦次、语速过慢或过快、注意力涣散、记忆力下降、时间、地点及人物定向障碍；

3）感知功能障碍：患者可出现感知功能异常，错觉和幻觉；

4）睡眠障碍：患者可出现睡眠周期紊乱，表现为白天嗜睡、夜间亢奋；

5）情绪异常：患者情绪波动大，易烦躁、抑郁、焦虑、愤怒等；

6）行为障碍：患者可出现反应迟钝、动作变缓、烦躁或坐立难安、逃避、攻击行为等；

7) 其他：患者可出现食欲下降、大小便失禁等。

（4）临床分型

1) 活动亢进型：患者警觉度较高，表现为烦躁不安、易激惹，有时可出现幻觉或妄想，甚至伴有攻击性精神行为，是临床谵妄最易被识别的类型。

2) 活动抑制型：患者警觉度降低，表现为嗜睡、表情淡漠、语言或动作异常缓慢。因其症状不易察觉，易被漏诊。且该类型卧床患者常因深静脉血栓、肺栓塞、肺部感染而导致死亡。病死率最高。

3) 混合型：患者表现为活动亢进型和抑制型谵妄交替出现，且反复波动。

（5）诊断标准：根据《美国精神障碍诊断与统计手册》（第五版）（DSM-5）进行诊断：

1) 意识障碍（即对环境的认识清晰度减弱），伴注意力集中、持续和转移能力的下降。这种意识障碍可较轻微，起初仅表现为注意力分散或嗜睡，家人和(或)医生常常会将其与原发性疾病联系而予以轻视。

2) 认知改变（如记忆缺失、语言障碍、定向障碍）或出现目前存在或以前存在的痴呆无法解释的知觉障碍。

3) 有病史、体格检查或实验室检查结果的证据表明，这种障碍因全身疾病状态、物质戒断或物质中毒直接导致。认知和注意力的改变不应出现在觉醒水平严重降低（如昏迷）的情况下。

4) 通常在很短的时间内发生（通常数小时至数天），病情可在一天内出现波动。

（6）评估方法

1) 评估工具

①混乱评估方法（Confusion Assessment Method，CAM）：最常见的评估工具，其内容主要包含以下四个方面：急性起病且病程呈波动状态；注意力不佳；欠缺组织性的思考；意识缺损。确诊谵妄需同时具备特征 1 和特征 2，再加上特征 3 或特征 4。

②混乱评估方法-加护病房版（CAM-ICU）：适用于无需外界物理性刺激即可保持清醒状态的患者，测量项目同上面四个方面，但注意力是以视觉或听觉的测试来进行评判。因此可应用于加护病房或无法说话的患者。

2) 严重度量化评估

①谵妄评估工具(Memorial Delirium Assessment Scale, MDAS):共10项,分别为意识障碍、定向障碍、注意障碍、短时记忆障碍、数字记忆广度障碍、思维混乱、知觉障碍、妄想、精神运动型兴奋/抑制、睡眠—觉醒周期紊乱。每一项分值为0~3分,最低分为0分,最高分为30分。

②谵妄评分量表—R98(Delirium Rating Scale - R98):共16项,其中包括13项严重度指标(睡眠—觉醒周期紊乱、感知障碍(幻觉)、妄想、情绪不稳定、言语功能异常、思维过程异常、精神运动型激越、精神运动型迟滞、定向障碍、注意力受损、短时记忆受损、长时记忆受损、视觉空间能力缺陷)和3项诊断性指标(症状发生的时间、症状严重程度的波动性、躯体疾病)。分值为0~39分,分数越高代表病情越严重。谵妄患者分值通常大于15分。

(二) 老年人的意识状态的评估

1. 问诊法

对评估对象或知情者进行有目的、有计划的系统询问。

(1) 通过与评估对象交谈了解其思维、情感、反应、计算及定向力等方面的情况。

(2) 询问评估对象病情及既往就诊信息或医疗记录。

(3) 询问评估对象的社会支持系统:家人、朋友、亲属等。

2. 瞳孔评估

瞳孔可反应中枢神经系统的一般功能状态,是危重患者的主要监测项目。

(1) 评估内容:在自然光线下(或光照鼻梁),观察评估对象两侧的瞳孔大小是否相等,是否居中、圆形;观察直接或间接对光反射的敏感度。正常情况下瞳孔呈圆形,双侧等大,直径2~5 mm,居中,且随光线的强弱而缩小或扩大。

(2) 瞳孔对光反射:包括直接对光反射和间接对光反射。直接对光反射,用手电筒直接照射瞳孔观察其反应。间接对光反射,光线照射一眼时,另一侧瞳孔立即缩小,撤回光线后,瞳孔恢复。瞳孔对光反射应以敏捷、迟钝、消失进行描述。正常人瞳孔对光反射灵敏。昏迷评估对象瞳孔对光反射迟钝或消失。两侧瞳孔散大且伴对光反射消失为濒死状态。

3. 格拉斯哥昏迷评分

分为睁眼反应、语言反应和运动反应。

(1) Glasgow 昏迷量表(表 1.4.1)

表 1.4.1　Glasgow 昏迷量表

项目	评分	评价内容
睁眼反应(E)	4	自己睁眼
	3	呼叫时睁眼
	2	疼痛刺激时睁眼
	1	任何刺激不睁眼
言语反应(V)	5	定向力正常
	4	句子完整
	3	可回答单词
	2	仅有声音
	1	无反应
运动反应(M)	6	正常(服从命令)
	5	疼痛时可定位
	4	疼痛时可屈曲或有逃避反应
	3	疼痛时异常屈曲
	2	疼痛时呈伸展状态
	1	无运动

结果判断：昏迷程度以 E、V、M 三者分数加总来评估,正常人的昏迷指数是满分 15 分,昏迷程度越重者的昏迷指数分越低,最低为 3 分。昏迷程度的判定：①正常：15 分；②轻度意识障碍：12 分到 14 分；③中度意识障碍：9 分到 11 分；④重度意识障碍(昏迷)：3 分到 8 分；⑤其他状况：眼睑水肿或面部骨折评估对象睁眼反应无法测用 C(closed)代替评分；言语障碍评估对象言语反应无法测用 D(dysphasia)代替评分；因插管或气切无法发声的重度昏迷者用 E 或 T 代替评分。(E：气管插管无法正常发声；T：气管切开无法正常发声)

(2) GCS 量表评估及其对应的指导语(表 1.4.2)

表 1.4.2 GCS 量表评估及其对应的指导语

指导语/评估方法	对应的评估维度
睁眼反应	
无任何刺激情况下睁眼	4 自己睁眼
你好,请您睁开眼睛	3 呼叫时睁眼
斜方肌压迫或眶上压迫	2 疼痛刺激时睁眼
无睁眼	1 任何刺激不睁眼
言语反应	
您知道现在是几月份吗 您知道现在在哪吗 您能告诉我您的名字吗	5 定向力正常
完整连贯的句子	4 句子完整
随机出现的单词,偏离语境	3 可回答单词
只有声音或杂音	2 仅有声音
无言语反应	1 无反应
运动反应	
请抓住我的手指 请握拳	6 正常(服从命令)
斜方肌压迫或眶上压迫	5 疼痛时可定位
肢体屈曲	4 疼痛时可屈曲或有逃避反应
上肢外展或内旋,下肢屈曲	3 疼痛时异常屈曲
上下肢均伸展	2 疼痛时呈伸展状态
无运动反应	1 无运动

(3) GCS 评估技巧

1) 仅仅睁开眼睛、有运动或言语的反应并不等同于清醒或评估对象处于警觉状态。

2) 在记录评估对象的 GCS 评分时,切忌在没有每个维度的 GCS 评分情况下得出总评分。

3) GCS 总分为 12 分的评估对象,若分级为 E4+V3+M5 或 E2+V5+

M5,可能会表现为昏睡。

4）评估结果最好结合评估对象病史和其他神经系统检查,如瞳孔大小和对光反应。

5）应以标准方式对疼痛反应施加压力,尽量避免周边环境的干扰。

第五节　基本生活活动能力

一、概述

（一）日常生活活动

1. 定义

日常生活活动指人们为了维持生存以及适应生存环境而必须每天反复进行的最基本的具有共性的一系列活动。日常生活活动包括运动、自理、交流、家务活动和娱乐活动等。

2. 分类

广义的ADL是指个体在家庭、社区及工作机构进行自我管理的能力,一般分为基本生活活动能力、功能性日常生活能力和高级性活动能力。除了最基本的生活能力,ADL还包括与他人交往的能力,以及在职业上、经济上和社会上合理安排自己生活方式的能力。

3. 基本生活活动或躯体生活活动

基本生活活动指人们为了维持基本的生存、生活需要而进行的生活活动,该生活活动具有每天反复进行的特征,如进食、更衣和个人卫生等一系列自理活动以及转移、行走和上下楼梯等一系列身体活动。

4. 简介

ADL并非与生俱来,是个体在其发育成长的过程中逐步习得的,并通过反复实践逐渐进行完善。ADL是人们从事其他一切活动的基础。ADL对健全人来说较简单易行,但对于病、伤、残者来说,则相当困难和复杂。例如,我们每天早上醒来,需要进行起床、穿衣、上厕所、刷牙、洗脸、准备早饭等一系列活动,所有这一切你可以轻而易举地完成。但是,如果你是一个脊柱固定的人,或是一个依靠轮椅或者假肢活动的人,完成这些活动则会相当困难,必须事先考虑和准备，并需要付出比健全人更大的努力才能完成。自理上的依赖常常是抑郁症的第一体征或者抑郁的主要原因。在 ADL 上受挫，常会损害个体形象，导致焦虑、抑郁、自尊心及信心丧失，会使个体产生依赖感和幼稚感，影响与其他人的联系，亦可影响整个家庭，反过来进一步导致活动能力的丧失。

5. 范围

广义 ADL 的范围包括运动、自理、交流、家务活动和娱乐活动等五个方面。

(1) 运动：运动包括床上活动（如床上体位、床上体位转换和床上移动等）、转移（如坐位之间的转移和坐站之间的转移等）、室内、室外行走与上下楼（如室内行走、室外行走、借助助行器行走以及公共或私人交通工具的使用等）、操纵轮椅（如对轮椅部件的识别、轮椅的保养与维修、操纵轮椅进出厕所或浴室、户内外转移、上下斜坡、上下台阶等）等。

(2) 自理：自理活动包括更衣、进食、如厕、洗漱、修饰（梳头、刮脸、化妆）等。

(3) 交流：交流包括打电话、阅读、书写、使用电脑、使用电视机、识别环境标记（例如厕所标记、街道指示牌、各类交通标志和安全警示标志）等。

(4) 家务劳动：家务劳动包括购物、备餐、洗衣、使用家具及环境控制器（如电源开关、水龙头和钥匙）等。

(5) 娱乐活动：一些娱乐活动如下棋、摄影、打扑克、旅游和社交活动等。

(二) ADL 评估常用的标准化量表

1. ADL 评估常用的标准化量表简介

评估人员可通过直接观察患者完成动作的情况以评估其能力。有些不便完成或不易完成的动作可通过询问患者本人或照顾者的方式获得结果，例如大小便控制、个人卫生管理等。常用的标准化 ADL 评估工具有 Barthel 指数、改良 Barthel 指数及功能活动问卷（Functional Activities Questionnaire，FAQ）等。《国际功能、残疾和健康分类》(International Classification of Functioning, Disability and Health, ICF) 也可直接用于活动和参与的评估。

2. Barthel 指数 (Barthel Index, BI)

(1) 简介：BI 由美国 Mahoney 和 Barthel 于 1965 年设计并应用于临床。Barthel 指数评估简单，可信度高，是目前临床应用最广、研究最多的一种 ADL 的评估方法，它不仅可以用来评估治疗前后的功能状况，还可预测治疗效果、住院时间及预后。

(2) 评估条目及等级:Barthel 指数包含进食、洗澡、修饰(洗脸、梳头、刷牙、刮脸)、穿衣、控制大便、控制小便、上厕所、床椅转移、行走(平地 45 m)、上下楼梯,每个条目的评估分为自理、稍依赖、较大依赖和完全依赖 4 个评估等级。

(3) 改良 Barthel 指数:改良的 Barthel 指数(Modified Barthel Index,MBI)评估等级分为完全依赖、较大帮助、中等帮助、最小帮助和完全独立 5 个等级,和原有的 Barthel 指数相比,评估更加精确细致。弥补了评估等级较少及相邻等级之间的分数值差别较大的不足。

二、基本生活活动能力的评估概述

(一) 评估目的

基本生活活动能力的评估是用特定的方法,准确了解评估对象日常生活的各项基本功能情况,即明确评估对象是怎样进行日常生活的,能做多少日常活动,哪些项目难以完成,功能障碍的程度如何等。这些对于判定预后、制定和修订治疗计划、评估治疗效果、安排返家或就业非常重要。

(二) 评估基础

ADL 可以反映一个个体最基本的综合运动能力,客观评价个体的精细、协调、控制能力和感认知能力。

1. 身体条件

日常生活活动对身体条件具有一定要求。个体需要有随意运动功能,能按照个体的要求完成各种随意活动;有精细地协调和控制躯体、肢体和手功能的能力,能够完成各种复杂和高难度的活动,如刷牙、骑车等活动;有控制身体平衡及稳定的功能,保证评估对象能够完成各种活动,如坐位下穿衣、行走、上下等。个体应具备大脑的高级功能,包括言语、感知和认知功能,以及处理交流、对话、社交等复杂的日常活动,如打电话、用钱买物等;具备人体解剖学上的完整性和对称性;具有能接受外界信息的一般感觉和特殊感觉。个体需要保持躯体、四肢肌肉的肌张力和肌力,个体的 MMT 在 3 级以上才具备完成 ADL 能力保持全身关节的活动范围以及人体的功能位,能够使机体完成各种日常功能活动。个体还需具备完成 ADL 能力的心肺功能;对于心肺功能差的评估对象,ADL 会受到不同程度的限制。

2. 环境条件

适当的环境改造可能会改变评估对象的 ADL 能力，例如下肢功能障碍的评估对象，住高楼不如住平房方便，这甚至会形成制约评估对象活动的原因；完全下蹲困难的评估对象，用坐厕可以自己解决大小便，用蹲厕则无法自行大小便。因此，在进行 ADL 评估时，必须充分考虑环境因素。

3. 补偿和替代装置

（1）对肢体功能丧失或肢体残缺的评估对象，其 ADL 能力会完全或大部分受限。

（2）评估时采用补偿或替代方法，如对生活用具进行改造，肢体矫形器、假肢的应用，拐杖和轮椅等辅助工具的代偿，可使完全失去生活能力的评估对象恢复 ADL 自理能力。

（三）评估时间

注意评估应选在合适的时间进行，如在早上起床时评估穿衣，在晚上睡觉时评估脱衣，在用餐时评估进食。如果在机构或家中进行，由于时间安排、人员或者环境的限制，较难实现这一点，则应该在规定的时间内，尽量在同一条件或环境下进行。在实施重复评估时，应按照相似的时间和条件进行。

（四）评估场所

1. 评估场所的选择

应选择评估对象认为是最好的、最熟悉的场所来进行评估。可以是评估对象实际居住的环境，如评估对象家中的浴室、厕所、卧室、厨房、门前和院子，也可以是评估对象在机构的病房、治疗室，或者是 ADL 的评估室和训练室。

2. ADL 评估室/训练室的设置

ADL 评估室的设置，必须尽量接近实际生活环境，有卧室、盥洗室、浴室、厕所、厨房灯以及相应的家具（如床、桌、椅、橱、柜等），餐饮用具（如杯、碗、筷、刀、叉、匙、盘、碟等），炊具（如炉、锅、勺等），家用电器（如电冰箱、洗衣机、吸尘器等）以及通信设备（如电话、电视、电脑等）等，并将其放在适宜位置上，便于评估对象操作。

（五）评估方法

1. 直接观察法

直接观察法：由检查者直接观察评估对象的日常生活活动，评估其完成情况，而不只是通过询问。该方法的优点是可以在评估对象的实际生活环境中实施评估，也可在 ADL 评估室中开展评估，能较客观地反映评估对象的实际功能情况，有效避免评估误差。但本评估方法存在一定缺陷，评估过程费时费力，不易得到评估对象的配合。

2. 询问法

检查者通过询问的方式收集资料进行评估。询问包括电话直接询问和邮寄问卷询问等。询问的对象可以是评估对象本人，也可以是其家人或者照顾者。该方法的优点是简单、快捷，缺点是缺乏可信性，因此主要用于一些不便直接观察或演示的动作评估，例如大小便的控制、洗澡等。

在实际工作中，为了正确了解评估对象实际的日常生活活动能力，最佳的方法是设立多项指标和实用的评估标准，譬如完成活动的独立程度、动作的安全性和熟练度等。

3. 其他评估方法

量表评估的方法不仅简单，而且信度、效度和灵敏度都很高，使用广泛，例如基本日常生活活动能力最常用的评估方法是 Barthel 指数。

（1）肌力评定

1）概述：肌力指肌肉或者肌群收缩时产生的最大力量。肌肉收缩分为等长收缩和等张收缩。肌力评定的目的是评估肌力的大小，确定肌力障碍的程度。肌力评定是制定康复治疗方案的依据；同时，肌力评定也是判定康复疗效的重要手段。肌力评定在肌肉骨骼系统病变和神经系统病变患者功能评定中的应用最为广泛。男女肌力差异的主要原因是肌腹的大小不同，并不是肌肉质量的差异所致。

2）肌力评定方法及标准

①徒手肌力检查

该方法虽然分级较为粗略，评定结果受测试者的主观因素影响，但是应用方便，是目前最常用的肌力检查方法。该检查法通过使受试肌肉在一定的体位下做标准的测试动作，观察其完成动作的能力，从而评价评估对象的肌力。检查时先嘱评估对象做主动运动，注意观察其运动的力量与幅度；然后由测试者用手施加阻力,让评估对象做对抗运动,以判断其肌力是否正常。最后依次检查各关节的运动力量。

A. 方法

上肢肌力:双上肢前平举、侧平举、后举,检查关节肌肉力量;屈肘、伸肘,检查肱二头肌、肱三头肌力量;屈腕、伸腕,检查腕部肌力量;五指分开相对、并拢、屈曲、伸直,检查各指关节肌肉力量。

下肢肌力:仰卧位直抬腿、大腿内收、外展,检查髋关节屈曲、内收、外展时的肌肉力量;仰卧位直抬腿及膝关节屈曲,检查伸髋和屈膝肌群的力量;仰卧位双下肢伸直,踝关节跖屈、背屈、内翻、外翻,检查踝关节肌肉的力量。

B. 肌力分级标准

肌力采用徒手肌力评定六级标准进行评定,分为0~5级六个级别(通常还附加"+"和"-"来表示被测肌力比某级稍强或稍弱)。

0级　完全瘫痪,不能触及肌肉收缩。

1级　可触及肌肉收缩,但无关节的运动。

2级　肢体能够在床上平行移动,不能离开床面,即不能抵抗自身重力。

3级　肢体可以对抗自身重力,能抬离床面,但不能抵抗外界的阻力。

4级　肢体能对抗外界轻度的阻力。

5级　肌力正常,肢体能对抗外界最大的阻力。

②器械评定

肌力超过3级时,须用专门的器械进行肌力测试,包括等长肌力检查、等张肌力检查及等速肌力检查(表1.5.1)。等速肌力检查需要借助带电脑的Cybex型等速测力器,数据完整、精确。此方法已成为肌肉功能检查以及力学特性研究的良好手段。

表1.5.1　等长肌力检查和等张肌力检查的比较

类别	项目	测试方法	评价
等长肌力	握力	使用大型握力计测定。测试时握力计表面向外,上肢保持自然下垂位。连续测试2~3次,取最大值	1. 握力指数评定; 2. 握力指数＝好手握力(kg)/体重(kg)×100; 3. 正常应高于50
	捏力	用拇指和其他手指指腹捏压握力计/捏力计	测得数值约为握力的30%

续表 1.5.1

类别	项目	测试方法	评价
等长肌力	拉力	用拉力计测定。测量时两膝伸直,把手调节到膝盖高度,然后用力伸直躯干,上拉把手	1. 以拉力指数评定; 2. 拉力指数=拉力(kg)/体重(kg)×100; 3. 正常值:男 150~200,女 100~150
等张肌力	最大阻力	测定时应估计适宜的负荷和每次负荷的增加量,以避免因测试导致肌肉疲劳。运动负荷用可定量的哑铃、沙袋等。测量关节做全幅度运动时能够克服的最大阻力	1. 做 1 次运动的最大阻力称 1 次最大阻力(1 Repetition Maximum,1 RM); 2. 完成 10 次连续运动时能克服的最大阻力称 10 次最大阻力(10 RM)

3)肌力检查的注意事项:为使检查结果准确、可靠,应严格规范操作,测试时应该注意以下几点:

①采用正确的测试体位姿势,等长测试时要注意关节的角度是否正确。

②测试前可做简单的准备活动。测试时动作应该标准化,方向正确,充分固定被检查肌肉附着的近端关节,以防替代动作。

③选择合适的检查时机,应减少干扰因素,避免在疲劳时、运动后和饱餐后等时间进行检查。

④测试时应左右比较,一般认为两侧差异需大于 10% 有临床意义。

⑤避免不良反应,如持续的等长收缩可使血压明显升高,因此高血压或心脏疾患者慎用,明显的心血管疾病患者忌用,拉力测试易引起腰痛病人症状加重或复发,通常不用于腰痛患者。

⑥肌力测试不适用于上位运动神经损害的运动功能评估,例如中风后评估对象偏瘫肢体的运动功能不宜采用肌力检查。中枢神经系统病变、肌张力高时,不宜采用手法肌力检查。

(2)肌张力评定

1)概述:肌肉组织在静息状态下不随意的、持续的、微小的收缩称为肌张力。肌张力是维持身体各种姿势和正常运动的基础,可分为正常肌张力和异常肌张力两大类。

①正常肌张力

A. 静止性肌张力:当人体处于不活动状态时,身体各部分的肌肉具有的张力称为静止性肌张力。

B. 姿势性肌张力:当人体维持一种姿势时,肌肉会保持一定张力,这种肌张力称为姿势性肌张力。

C. 运动性肌张力:肌肉在运动过程中的张力称为运动性肌张力。

②异常肌张力

A. 肌张力低下:肌张力低下是指肌张力低于正常静息水平,当关节做被动运动时阻力消失。

B. 肌张力增高:肌张力增高是指肌张力高于正常静息水平,有痉挛和僵硬两种状态。

痉挛:是以速度依赖的紧张性牵张反射增强伴腱反射亢进为主要特征的运动障碍。在被动屈伸肢体时,起始阻力大,终末阻力突然减弱,这种现象被称为折刀现象,常由椎体系障碍导致。痉挛常累及上肢的屈肌群以及下肢的伸肌群。

僵硬:也称铅管样强直,表现为屈伸肢体时阻力始终增加,常由椎体外系受损导致。

C. 肌张力障碍:肌张力障碍是以张力损害、持续和扭曲的一种不自主运动为特征的运动亢进性障碍。其特点是肌肉收缩可快可慢,主要表现为扭曲,张力忽高忽低。

2) 肌张力评定方法及标准

①视诊和触诊。视诊时应注意肢体或躯体的异常姿势,刻板样运动模式说明肌张力有异常。在肢体完全静止和放松状态下进行,如果触之坚硬、肌肉弹力增高、肌肉丰满,则说明肌张力增强。如果触之较软、肌肉弹力减弱、肌肉塌陷、肌肉松弛,则说明肌张力减弱。

②反射检查。反射检查包括肱二头肌反射、肱三头肌反射、膝反射、跟腱反射。

③被动运动评定。检查时嘱评估对象尽量放松,由检查者支持和移动肢体,进行关节被动活动范围(Passive Range of Motion,PROM)的检查。检查者根据自己感受其活动度和抵抗时肌张力的变化来判断。检查时移动肢体的速度应该恒定。该法是目前最常用的肌张力评定方法。当进行肌肉痉挛检查时,应该从评估对象肌肉处于最短的位置开始,速度要快。痉挛评定标准可以采用被动活动肌张力分级标准(表1.5.2)和改良的Ashworth痉挛分级标准(表1.5.3)。

表1.5.2 被动活动肌张力分级标准

分级	评定标准
Ⅰ级——轻度	在PROM的后1/4即肌肉处于最长位置时出现阻力
Ⅱ级——中度	在PROM的1/2时出现阻力
Ⅲ级——重度	在PROM的前1/4即肌肉处于最短位置时出现阻力

表1.5.3 改良的Ashworth痉挛分级标准

分级		评定标准
0级	无痉挛	无肌张力升高
1级	肌张力略微增加	进行PROM检查,在关节被动活动时有"卡住或突然释放感",在ROM最后呈现最小的阻力
1+级	肌张力轻度增加	进行PROM检查时,在关节活动的后50%范围内出现突然卡住,然后在关节活动范围后50%均呈现最小阻力
2级	肌张力明显升高	在PROM检查的大部分范围内,肌张力均较明显地增加,但受累部分活动较容易
3级	肌张力显著升高	被动活动困难
4级	僵直	受累部分被动屈伸时呈现僵直状态,不能活动

④摆动检查。检查时以关节为中心,让主动肌和拮抗肌做快速交替收缩,观察其摆动的幅度大小,摆动幅度增大说明肌张力增高,摆动幅度减小则说明肌张力低下。

⑤伸展性检查。伸展性检查是检查肌肉缓慢伸展时,能够达到的最大伸展度。通过双侧肢体伸展度的比较,可以判断肌张力是否有异常。例如发现一侧肢体出现过伸位,说明肌张力下降。

(3)平衡功能评定

1)概述:平衡是指人体无论处在何种位置,当个体运动或受到外力作用时,能够自动地调整姿势并保持姿势的过程。它是人体维持某种体位、步行、完成各项日常生活活动的基本保证。

一般认为,人体平衡的维持需要三个环节的参与:感觉输入、中枢整合和运动控制。例如视觉障碍者或老年人的视觉系统障碍,以及眩晕症患者的前庭系统障碍,会导致患者或老年人的感觉输入障碍,造成其平衡能力降低,进而影响其床位转移和体位改变;中枢神经系统损害的患者如脑外伤、脑血管意外、帕金森病、多发性硬化、小脑疾患、脑肿瘤、脑瘫和脊髓损伤等,因为中枢整合障碍,无法正确判断人体质心的准确位置和支撑面情况,导致平衡能力降低,影响床位转移和体位改变。其中,支撑面是指人体在各种体位下(卧、坐、站立、行走)所依靠的接触面。人体站立时的支撑面为两足及两足之间的面积。当身体的质心落在支撑面内,人体保持平衡;而当身体的质心落在支撑面以外时,人体失去平衡。支撑面大小与人体平衡的维持能力是密切相关的。支撑面大,则体位稳定性好,易维持平衡;支撑面小,身体质心提高,体位的稳定就需要较强的平衡能力来维持。

平衡能力的评定是运动功能评定的重要组成部分。当维持姿势稳定的感觉运动器官受到损伤时,就会出现平衡功能障碍。平衡分为静态平衡和动态平衡。

①静态平衡:静态平衡是指人体在无外力作用下,维持某种固定姿势的能力。

②动态平衡:动态平衡是指人体在运动过程中,调整和控制身体姿势稳定的能力。从一种姿势变换到另一种姿势过程中保持平衡的能力。

A. 自我动态平衡:自我动态平衡是指人体在进行各种自主运动时,例如从一种姿势调整到另外一种姿势的过程中,能够重新获得稳定状态的能力。

B. 他人动态平衡:他人动态平衡是指人体在外力推动作用下,调整姿势、恢复稳定状态的能力。

2) 平衡功能评定方法及标准:目前临床上常用的平衡评定方法有平衡反应检查、量表评价法和器械检查法。其中最常用的是量表评价法,因 Fugl-Meyer 量表和 Berg 量表(Berg Balance Scale,BBS)的信度和效度都很高,是目前使用最多的两种平衡评价量表。

①平衡反应检查

A. 坐位平衡反应:嘱评估对象取端坐位,评定者通过牵拉评估对象的单侧上肢,从而达到破坏评估对象端坐位姿势,观察评估对象的肢体反应。

评价标准:阳性反应表现为头部和胸廓出现向中线的调整,被牵拉的一侧出现保护性反应,另一侧上、下肢伸展并外展。阴性反应则表现为头部和胸廓没有出现向中线调整,被牵拉的一侧和另一侧上、下肢未出现上述反应或仅身体某一部分出现阳性反应。

B. 跪位平衡反应:嘱评估对象取跪位,评定者通过牵拉评估对象的单侧上肢,从而达到破坏评估对象跪位姿势,观察评估对象的肢体反应。

评价标准:阳性反应表现为头部和胸廓出现向中线的调整,被牵拉的一侧出现保护性反应,对侧上、下肢伸展并外展。阴性反应表现为头部和胸廓未出现向中线的调整,被牵拉的一侧和另一侧上、下肢未出现上述反应或仅身体的某一部分出现阳性反应。

C. 站立平衡反应:嘱评估对象取站立位,评定者依次向前、后、左、右方向推动评估对象躯干,从而达到破坏评估对象站立姿势,观察评估对象的肢体反应。

评价标准:阳性反应表现为脚快速向前方、侧方、后方迈出一步,头部和胸廓出现调整。阴性反应表现为无快速迈出一步的动作,头部和胸廓不出现调整。

②量表评定 Berg 平衡量表是常用的量表之一,共有 14 项,每项最高 4 分,最高 56 分,最低 0 分,分数越高平衡能力越强。0~20 分,提示平衡功能差,评估对象需乘坐轮椅;21~40 分,提示有一定平衡能力,评估对象可在辅助下步行;41~56 分者说明平衡功能较好,评估对象可独立步行。<40 分提示评估对象有跌倒的危险。根据评估对象平衡障碍的情况,可选用不同的项目进行评定,评定工具包括秒表、尺子、椅子、小板凳和台阶。评定的项目包括无支持坐位、无支持站立、从坐位站起、从站立位坐下、闭目站立、双脚并拢站立、上肢向前伸展并向前移动、从地面拾起物品、转身向后看、两脚一前一后站立和单腿站立。

③仪器评定:可利用静态平衡仪、动态姿势图仪做客观定量分析。

(4) 心肺功能

1) 心功能简介:通常所说的心功能指心脏的泵血机能。心脏即心泵,是推动血液循环的动力器官,通过其有规律的收缩和舒张,可将静脉回心的血液射入动脉,维持一定的心排血量和动脉血压,保证身体各个组织器官的血液循环。按照心脏部位的不同,心功能可分为左心功能和右心功能;按心动周期的不同时相,心功能又分为心脏收缩功能及舒张功能。

心功能不全:心功能不全是由不同的病因所引起的心脏舒缩功能异常,导致心功能不全的原因有心内因素和心外因素两大类。心功能不全使心室充盈和心脏泵血功能受损,心脏的射血量不能满足机体和组织代谢的需要,临床上出现肺循环淤血和体循环淤血。体循环淤血表现为水肿,通常出现在身体下垂部位,也可出现胸腔积液等体征;肺循环淤血主要表现为呼吸困难。

心功能活动能力分级:根据评估对象自觉的活动能力划分为四级。

1 级:体力活动不受限制,一般性活动不引起心功能不全征象;

2 级:体力活动轻度受限,一般活动可引起乏力、心悸、气急等症状;

3级:体力活动明显受限,轻度活动可引起心功能不全征象;

4级:体力活动重度受限,任何活动都会引起心功能不全征象,甚至休息时也有心悸、呼吸困难等症状。

2)肺功能简介:呼吸系统的生理功能是进行气体交换,从外环境中摄取氧,排出二氧化碳。肺循环和肺泡之间的气体交换称为外呼吸,包括肺与外环境之间进行气体交换的通气功能以及肺泡内的气体与毛细血管之间进行气体交换的换气功能。体循环和组织细胞之间的气体交换称为内呼吸。细胞代谢所需的氧和所产生的二氧化碳靠心脏的驱动,经血管由血液携带在体循环毛细血管和肺循环毛细血管之间运输。

(六)评估注意事项

(1)评估方法:根据评估对象的病情和需要决定采取哪种方法进行评估,不要强制评估。应尽量以直接观察法为主,在评估一些不便完成或较难控制的动作时,常通过询问评估对象或家属的方式评估。评估对象对动作不理解时可以由检查者进行示范。

(2)评估时机:在实际生活环境中对评估对象进行评估时,要把握恰当的评估时机。

(3)评估项目的安排:要从简单容易到复杂困难,特殊情况特殊处理。

(4)配合合作:分析评估对象心理,注意调动评估对象的主观积极性,取得评估对象的积极配合。

(5)在评估中注意加强对评估对象的保护,避免发生意外。尊重评估对象,注意保护评估对象的隐私,不要在询问中讥笑和挖苦评估对象。

(6)评估评估对象的活动能力是指其现有的实际能力,而不是潜在能力。

(七)评估中需考虑因素

(1)评估对象的年龄、性别、职业、所处的社会环境和所承担的社会角色。

(2)评估对象的内在动机,对疾病的态度及心理状态等。

(3)评估对象残疾前的功能状况。

(4)评估对象的家庭环境、家庭条件、经济状况。

(5)评估对象其他情况:病情处于急性期还是慢性期,有无肌力、肌张力、关节活动度的异常,有无感觉、感知及认知障碍等。

三、基本生活活动能力的评估内容

（一）进食

1. 概述

进食是指将食物放入口内,然后加以咀嚼、吞咽的一系列过程,具体包括使用餐具、搅碎或切断食物、夹取食物入口、咀嚼、咽下食物等进食步骤。进食失调会造成许多疾病,如厌食症、暴食症、营养不良等。

2. 影响因素

影响进食的因素有很多,多是由于神经系统和运动系统衰老和疾病所造成的。影响因素主要有认知功能、上肢运动功能、协调功能、咀嚼功能、吞咽功能,具体包括肌力、关节活动度、肌张力、手部的灵巧度和精细度、手眼协调、头部控制力、吞咽等内容。

(1) 认知功能：认知是指外部刺激进入大脑后的内部加工过程,是认识活动或认知过程。认知是思维进行信息处理的一种心理功能,个体通过形成概念、知觉、判断或想象等心理活动来获取知识。认知过程可以是有意识的,也可以是无意识的。感觉、知觉、记忆、想象、思维等认知活动按照一定的关系组成一定的功能系统,进而实现对个体认识活动的调节作用。个体认知的功能系统通过个体与环境的相互作用,不断发展与完善。

具有认知障碍的患者,如阿尔兹海默症患者,因为无法认识食物,不知道进食的方法从而影响进食,造成神经性进食困难；另外,有认知障碍的患者,误吞的危险性很大。

(2) 上肢运动功能：上肢运动功能主要包括关节活动度、肌力、肌张力、感觉、体积和手的灵巧性及协调性等。主要影响的是使用餐具、搅碎或切断食物、夹取食物入口等进食步骤。

例如,关节炎导致的疼痛、僵硬红肿等症状影响患者的关节活动度,给患者夹取食物入口造成困难。四肢瘫、肌肉萎缩、少肌症者由于肌无力,无法正常使用餐具、搅碎或切断食物、夹取食物入口,从而影响进食。帕金森病起病隐袭,进展缓慢。首发症状通常是一侧肢体的震颤或活动笨拙,进而累及对侧肢体。临床上主要表现为静止性震颤、运动迟缓、肌强直和姿势步态障碍,这些症状导致患者手部抖动、动作缓慢、活动受限制,给患者使用餐具、搅碎或切断食物、夹取食物入口造成困难,从而影响进食。

(3) 协调功能:协调是指人体产生平滑、准确、有控制的运动的能力。运动的质量应包括按照一定的方向和节奏,采用适当的力量和速度,达到准确的目标等几个方面。协调功能障碍又被称为共济失调。保持人体协调需要三个环节的参与:感觉输入、中枢整合和运动控制。协调的感觉输入主要包括视觉和本体感觉;中枢的整合作用依靠大脑反射和小脑共济协调系统,其中小脑的共济协调系统起了更为重要的作用,小脑的损伤除了出现平衡功能障碍外,还可出现共济失调;运动控制主要依靠肌群的力量。

中枢神经损伤(包括脑卒中、脑外伤及小儿脑瘫)后导致的协调功能障碍,尤其是上肢功能障碍,会影响手的灵活性与协调性,以及一些精细动作的执行。例如偏瘫及脑外伤者由于中枢神经损伤而无法握勺;脑瘫由于手眼协调及头部控制能力差而无法进食等。

(4) 咀嚼功能:食物进入口腔后,经过嘴唇、两颊黏膜、舌头的作用,刺激颌下腺、舌下腺、耳下腺分泌唾液,并经过牙齿的咀嚼,使食物的表面积增大形成易于酵素分解的形状。参与咀嚼运动的骨主要有下颌骨、舌骨。控制下颌骨的肌肉有开口肌和闭口肌。开口肌包含翼外肌和舌骨上肌群;闭口肌包含咬肌、侧头肌、翼内肌三种,当其收缩,下颌会被提起。例如,偏瘫、少肌症和重症肌无力的患者因为咀嚼肌不能正常地收缩导致咀嚼功能障碍,从而导致进食困难。

(5) 吞咽功能:吞咽是指口腔中的食团通过咽喉、食管进入胃的过程。咽腔共分为咽腔鼻部、咽腔口部、咽腔喉头部三个部分,咽腔鼻部通过耳管与中耳相联系,咽腔喉头部通向食管,而喉头通向气管。呼吸时,空气从鼻孔、口裂进入,通过鼻腔、口腔,到达咽腔再流向喉头、气管及肺部;这时咽腔及喉头部没有任何运动。进食时,会厌挡住气管,使食物进入食管的过程称为吞咽。

吞咽功能障碍主要包括器质性和功能性(食物通路没有阻断)两种。器质性吞咽功能障碍,例如由炎症、肿瘤、外伤、异物、畸形、瘢痕性狭窄等由搬运路的异常和周边病变产生压迫而引起的吞咽困难;舌运动障碍,口腔咽头的知觉性障碍,唾液减少,假球性麻痹和吞咽中枢异常等运动障碍性吞咽困难(神经肌疾病)。造成功能性吞咽功能障碍的疾病如急性喉头炎、多发性口炎等。

3. 评估内容

进食的主要评估内容包括进食步骤的完成度、提供帮助的情况(帮助的类型及程度)以及进食时间的合理性。

(1) 正常：使用餐具、搅碎或切断食物、夹取食物入口、咀嚼、咽下食物等进食步骤能独立完成的，且进食过程在合理的时间内完成。

(2) 部分依赖：有下列情形之一的：

1) 正常中描述的进食步骤需要语言帮助；

2) 需他人搅碎或切断食物；

3) 其他进食的某一个步骤需要他人少量的动作帮助才能完成。

(3) 中度依赖：大部分的进食步骤需要他人的动作帮助才能完成。

(4) 重度依赖：全程喂食，或者留置胃管、肠外营养。

（二）洗浴

1. 概述

洗浴是指进行全身沐浴或淋浴，具体包括进出洗浴缸/淋浴房、洗浴过程（洗头除外）等一系列动作步骤。

2. 影响因素

洗浴的影响因素主要有认知功能、肢体运动功能、感觉功能。

(1) 认知功能：如阿尔兹海默症患者出现的认知功能障碍，不知道何时该洗浴以及如何洗浴。

(2) 肢体运动功能：包括肢体尤其是四肢的肌力、肌张力、关节活动度、协调程度等。

例如，截瘫患者因下肢运动功能障碍需他人帮助进出洗浴房。另外，骨折、关节炎症和手术后的患者会出现关节及软组织周围疼痛；脑损伤等中枢神经系统病变会引发肌肉痉挛；瘫痪、周围神经损伤的患者会出现肌无力；关节骨性强直、关节融合术后的患者会出现关节僵硬，影响关节活动度，上述这些情况都会影响洗浴的动作步骤以及清洁程度。

(3) 感觉功能：感觉功能主要包括四种皮肤的感觉，即触觉、冷觉、温觉和痛觉。患者如存在感觉功能障碍，无法感觉水温，可能出现烫伤等情况。

3. 评估内容

评估的内容主要包括洗浴步骤的完成情况，提供帮助的情况（提供帮助的类型和程度）以及清洁程度等。

(1) 正常：在他人准备好洗浴用水、处理洗浴用水情况下，进出洗浴缸/淋浴房、洗浴过程（洗头除外）能独立完成的，且在常人认可的基本清洁范围内。

(2) 轻度依赖:①需要他人语言帮助;②进出洗浴缸/淋浴房需他人动作帮助才能完成。

(3) 中度依赖:洗浴过程伴或不伴有进出洗浴缸/淋浴房需要他人部分动作帮助才能完成。

(4) 重度依赖:完全需要他人的动作帮助才能完成。

(三) 修饰

1. 概述

修饰是指洗脸、刷牙、梳头、剃须、洗脚、清洗外阴部、洗头、修剪指甲等一系列个人修饰活动。

2. 影响因素(同洗浴)

3. 评估内容

评估的内容主要包括修饰活动数量的完成情况,提供帮助的情况(提供帮助的类型和程度)以及清洁程度等。

(1) 正常:全程独立完成洗脸、刷牙、梳头、剃须、洗脚、清洗外阴部、洗头、修剪指甲等个人修饰活动,且在常人认可的基本清洁范围内。

(2) 轻度依赖:有下列情形之一的:①描述的个人修饰活动需要他人语言帮助;②1~2项修饰活动需要他人的动作帮助。

(3) 中度依赖:3项及以上修饰活动需要他人的动作帮助。

(4) 重度依赖:所有修饰活动完全需要他人的动作帮助。

(四) 穿脱衣

1. 概述

穿脱衣指的是穿脱衣裤、系鞋带、系带、扣扣子及开闭拉链、穿脱鞋袜等一系列动作。

2. 影响因素

(1) 认知功能(同洗浴)。

(2) 肢体运动功能

1) 手部运动功能:手指的灵巧性和协调性。手的功能主要除了上述的肌力、肌张力、关节活动度、协调程度外,还包括手的精细活动、灵巧性和协调性。

系鞋带、系带、扣扣子等较为精细的动作对手指的灵巧性和协调性要求较高。

2) 关节活动度:穿脱衣裤对于关节的活动度尤其是肩关节和髋关节的活动度要求较高。例如,关节骨性强直、关节融合术后的患者会出现关节僵硬,影响关节活动度,关节活动范围受限进而影响穿脱衣的一系列动作。

(3) 协调功能(同前述)。

3. 评估内容

评估的内容主要包括穿脱衣动作数量的完成情况,提供帮助的情况(提供帮助的类型和程度)等。

(1) 正常:穿脱衣裤、系鞋带、系带、扣扣子及开闭拉链、穿脱鞋袜动作能独立完成。

(2) 轻度依赖:有下列情形之一的:①描述的动作需要语言帮助;②系带、扣扣子及开闭拉链需要他人的动作帮助。

(3) 中度依赖:穿脱衣裤和鞋袜的动作需要他人的动作帮助。

(4) 重度依赖:描述的动作完全需要他人的动作帮助。

(五) 排尿控制

1. 概述

(1) 排尿

1) 定义:排尿是指尿液在肾脏生成后,经输尿管暂贮于膀胱中,达到一定量后,一次性通过尿道排出体外的过程。排尿是受中枢神经系统控制的复杂反射活动。

2) 正常排尿(生理反射):正常性排尿是一种受意识控制的神经性反射活动。当膀胱内尿量增加,膀胱内压升高到 1.47 kPa 以上时,便会刺激膀胱壁的牵张感受器,冲动会沿盆神经经过腰骶部初级反射中枢,与此同时也到达脑干和大脑皮质排尿反射的高级中枢,产生尿意,如无适当的排尿机会,初级排尿中枢便受到大脑皮质的抑制。排尿反射进行时,冲动由降皮质调节束,通过盆神经、副交感神经输出纤维,到达膀胱,使膀胱逼尿肌收缩,尿道内括约肌松弛,尿液进入后尿道,反射性地抑制阴部神经,使外括约肌松弛,加上腹肌的强有力收缩,尿液被排出体外。

健康人类的排尿过程可以自主控制。婴儿、年长者及部分神经受损者不能控制排尿,非自主反射便能导致排尿。从生理学上讲,排尿涉及中枢、自主和躯体神经系统之间的协调。调节排尿的大脑中枢包括脑桥排尿中心、导水管周围灰质和大脑皮层。男性尿液通过阴茎被排出,女性尿液通过开放的尿道口被排出。

(2) 尿失禁

1) 定义:尿失禁又称小便失禁,是由于膀胱括约肌损伤或神经功能障碍而丧失排尿自控能力,使尿液不自主地流出。

2) 分类:尿失禁是一个普遍令人愁苦和尴尬的问题,会对患者的生活品质产生很大的影响。按照症状可分为 4 类:充溢性尿失禁、真性尿失禁、急迫性尿失禁及压力性尿失禁。

①充溢性尿失禁:是指由于各种原因(常见于膀胱张力弱或尿道梗阻)所致的慢性尿潴留,导致膀胱过度充盈,膀胱内压力超过正常尿道括约肌的阻力,尿液不受控制从尿道溢出或滴出。患者的膀胱呈膨胀状态,多见于前列腺增生症等下尿路梗阻、肿瘤和尿道结石而引起的阻塞等。这种类型的尿失禁在女性中较为罕见。

②真性尿失禁:真性尿失禁是由于尿道的括约肌功能受伤,患者无论处于何种状态、何种体态、任何时间,尿液不自主地持续从尿道流出,不能控制。真性尿失禁可能是由于严重的创伤、骨盆骨折、后尿道手术受伤以后、前列腺电切术、前列腺癌根治术造成的。

③急迫性尿失禁:急迫性尿失禁指由于膀胱和逼尿肌的不稳定(如反射亢进、痉挛、控制失调等)导致的强烈的逼尿肌无抑制性收缩而发生大量尿液渗漏的现象。患者有十分严重的尿频、尿急症状。急迫性尿失禁会由神经损伤、酒精代谢、膀胱及泌尿道感染或某些药物而引起,这在更年期妇女以及糖尿病、多发性硬化、痴呆、帕金森和中风的患者中很常见。

④压力性尿失禁:压力性尿失禁也叫张力性尿失禁,指由于膀胱颈下降、盆底肌无力等身体原因,腹部对膀胱的压力(如咳嗽、打喷嚏、跑步、突然改变体位等)突然增大并超过尿道阻力时,尿液溢出的现象。压力性尿失禁也可由于身体活动所引起的逼尿肌过度活动导致,即所谓的"压力性反射亢进",有压力性尿失禁的病人膀胱内一般无剩余尿。压力性尿失禁是女性尿失禁最常见的形式,常多见于分娩损伤和绝经期妇女(阴道前壁支持力量减弱)。在男性则可见于前列腺手术后(根治性前列腺切除术后)尿道外括约肌损伤、尿道手术后等。

2. 影响因素

(1) 年龄和性别:婴儿排尿不受意识控制,3岁以后才能进行自我控制。女性处于月经期和妊娠期时,排尿形态会有所改变。老年人因膀胱张力降低,常有尿频现象,其中因前列腺增生压迫尿道。老年男性常会出现滴尿或者排尿困难。

(2) 饮食与气候:食物中含钠盐多会导致机体水钠潴留、尿量减少;咖啡、茶、酒等饮料有利尿作用。气温较高时,会出现呼吸增快,大量出汗,尿量减少。

(3) 排尿习惯:排尿时间常与日常的作息有关,如晨起、睡前排尿等。排尿姿势、排尿环境如不适宜,也会影响排尿活动。

(4) 疾病与治疗因素:神经系统受损可引起排尿反射的神经传导、控制排尿意识障碍,导致尿失禁。肾脏疾病可引起尿液生成障碍,导致尿少或无尿;泌尿系统的结石、肿瘤、狭窄等可造成排尿功能障碍,出现尿潴留。术中使用麻醉剂或者术后疼痛则会导致术后尿潴留。

(5) 心理因素:紧张、焦虑、恐惧等一系列情绪变化,可引起尿频、尿急或因抑制排尿而出现尿潴留;暗示也会影响排尿,如听觉、视觉及身体其他部位的感觉刺激可诱导排尿。

3. 评估内容

主要评估内容包括评估对象尿失禁的频率、程度以及是否留置导尿管。

(1) 正常:可控制排尿。

(2) 轻度依赖:偶尔失禁,每天少于1次,但每周大于1次。

(3) 中度依赖:经常失禁,每天不少于1次。

(4) 重度依赖:完全失禁,留置导尿。

(六) 排便控制

1. 概述

(1) 排便:粪便充满直肠刺激肠壁感受器时,发出冲动传入腰骶部脊髓内的低级排便中枢,同时上传至大脑皮层而产生便意。如果环境许可,大脑皮层即发出冲动使排便中枢兴奋增强,产生排便反射,使乙状结肠和直肠收缩,肛门括约肌舒张,同时须有意识地先行深吸气,使声门关闭,增加胸腔压力,进而膈肌下降、腹肌收缩,增加腹内压力,以促进粪便排出体外。

(2) 大便失禁

1) 定义:大便失禁是指肛门括约肌不受意识控制而不自主排便的现象。大便失禁可造成多种并发症,严重影响老年患者的生活质量,给患者带来很大痛苦,也给护理带来很多困难。大便失禁多见于 65 岁以上的老年人,女性多于男性,多产老年妇女发生率最高。

2) 分类:大便失禁可分为完全失禁和不完全失禁两种。完全失禁是指不能随意控制粪便及气体的排出;不完全失禁是指能控制大便的排出,而不能控制稀便和气体的排出。

2. 影响因素

引起大便失禁的危险因素有生理因素、神经与精神因素以及肛门、直肠因素等。

(1) 生理因素:随着年龄的增长,老年人的直肠感觉功能减退,不能辨别其中的气体、液体和粪便;盆底肌的收缩度、直肠的弹性及肛门内外括约肌压力都可能减退,少量的容量扩张就易导致便急,抑制肛门括约肌张力。

(2) 神经、精神因素:中枢神经系统病变,例如脑血管意外,阿尔兹海默病和脊髓病变等,会影响排便反射弧的建立,引起支配肛门、直肠的神经功能障碍。

(3) 肛门、直肠因素:手术或外伤造成肛管直肠环和括约肌损伤;肛门直肠脱垂引起肛门松弛和直肠下部感觉减退。

3. 评估内容

主要评估内容为评估对象失禁的频率及程度。

(1) 正常:可控制排便。

(2) 轻度依赖:偶尔失禁,每周少于 1 次。

(3) 中度依赖:经常失禁,每周不少于 1 次。

(4) 重度依赖:完全失禁。

(七) 如厕

1. 概述

如厕是指随手取便盆、上下厕盆、解开衣裤、擦净、整理衣裤、排泄物冲水或便盆冲洗等一系列如厕动作。

2. 影响因素(同洗浴)

(1) 认知功能。

(2) 肢体运动功能。

(3) 协调功能。

(4) 环境条件:例如完全下蹲困难的评估对象,用坐厕可以自己解决大小便,用蹲厕则无法自行大小便。

3. 评估内容

评估的内容主要包括穿脱衣动作数量的完成情况,提供帮助的情况(提供帮助的类型和程度)等。

(1) 正常:随手取便盆、上下厕盆、解开衣裤、擦净、整理衣裤、排泄物冲水或便盆冲洗等如厕动作能独立完成。

(2) 轻度依赖:有下列情形之一的:

1) 描述的动作需要语言帮助;

2) 1~3 项如厕动作需要他人的动作帮助。

(3) 中度依赖:不少于一半的动作需要他人的动作帮助。

(4) 重度依赖:如厕动作完全需要他人的动作帮助。

(八) 体位改变、床椅转移

1. 概述

体位改变、床椅转移指坐、卧位、站立位改变及床椅间的位置转移等一系列动作。

2. 影响因素

(1) 认知功能(同洗浴)。

(2) 肢体运动功能:主要包括了上肢、下肢、躯干重要肌肉的肌力、肌张力,肢体关节活动度、协调程度等。

(3) 平衡功能:体位改变、床椅转移的平衡主要包括静态平衡和动态平衡。其中,坐位和站位的维持主要是静态平衡;由坐到站、由站到坐以及床椅间转移的过程主要是动态平衡。影响平衡功能的因素有很多:视觉,前庭功能,本体感觉,肌力和肌肉耐力,中枢神经系统功能等。当我们突然坐下或站起时,大脑、神经系统、肌肉骨骼间的合作有助于防止摔倒。具体来讲,视觉可以帮助我们看到潜在的危险和障碍,并提醒机体准备应对这些潜在的危险,以防止摔倒;前庭(位于内耳)负责感受头部位置的空间变动,以保持身体平衡;散布在肌肉、肌腱和关节中的本体感受器则帮助我们在走路过程中保持直立和稳定。

例如视觉障碍者或老年人的视觉系统障碍,以及眩晕症患者的前庭系统障碍,会导致患者或老年人的感觉输入障碍,造成其平衡能力降低,进而影响其床位转移和体位改变;中枢神经系统损害的患者因为中枢整合障碍,无法正确判断人体质心的准确位置和支撑面情况,导致平衡能力降低,影响床位转移和体位改变。

因此,要使活动中的身体保持平稳、准确,就必须有良好的平衡与协调功能。平衡与协调功能关系密切,是互相联系、互相影响的,平衡和协调共同维持人体正常的活动。

(4) 协调功能(同洗浴)。

3. 评估内容

主要评估内容包括体位改变、床椅转移中活动数量的完成情况、需要提供帮助的情况(帮助的类型、程度)和辅助装置的使用情况。

(1) 正常:坐、卧位、站立位改变及床椅间的位置转移能独立完成的。

(2) 轻度依赖:有下列情形之一的:①需他人语言帮助;②某项活动需1个人的动作帮助;③自主借助辅助装置(如拐杖、扶手等)能完成。

(3) 中度依赖:有下列情形之一的:①某项活动需1人以上的动作帮助;②多项活动需他人的动作帮助;③因各种原因导致的不可进行上述某项活动。

(4) 重度依赖:完全需要他人的动作帮助。

(九) 平地行走

1. 概述

指在平坦无障碍的地面走路。

2. 影响因素

(1) 肢体运动功能:肢体运动功能在平地行走过程中发挥了重要的作用。临床上引起肢体运动功能的疾病较多。例如,中枢神经系统损害的患者如脑外伤、脑血管意外、帕金森病、多发性硬化、小脑疾患、脑肿瘤、脑瘫和脊髓损伤会出现下肢运动功能障碍。另外,骨折、关节炎症和手术后的患者会出现关节及软组织周围疼痛;脑损伤等中枢神经系统病变会引发肌肉痉挛;瘫痪、周围神经损伤的患者会出现肌无力;关节骨性强直、关节融合术后的患者会出现关节僵硬,影响关节活动度。上述情况均在不同程度上影响了评估对象的平地行走能力。

(2) 心肺功能:心肺功能指的是人体心脏泵血及肺部吸入氧气的能力。整个过程牵涉心脏制血及泵血功能、肺部摄氧及交换气体能力、血液循环系统携带氧气至全身各部位的效率,以及肌肉使用这些氧气的功能。心肺功能减退的患者会出现疲乏、运动耐力下降等情况,临床上通常采用6分钟步行距离间接地评价心肺功能。因此,心肺功能可以影响平地行走活动能力。

(3) 平衡功能:平地行走的平衡主要是动态平衡。人体在平地行走的过程中,正常情况下质心不断在水平方向发生变化,原有平衡状态被打破。人体通过三种调节机制(包括踝调节机制、髋调节机制及跨步调节机制)或姿势性协同运动模式来应变。中枢神经系统在对多种感觉信息进行分析整合后下达运动指令,运动系统以不同的协同运动模式控制姿势变化,将身体质心调整到原来的范围或重新建立新的平衡。由此可见,平地行走的过程就是一个平衡不断被打破又不断被重建的过程。

影响平衡功能的因素有很多:视觉,前庭功能,本体感觉,肌力和肌肉耐力,中枢神经系统功能等。在平地行走时,人体通过视觉、本体感觉和前庭功能进行感觉输入,通过三种感觉信息在中枢神经系统进行整合加工,辨别人体质心的准确位置和支撑面情况,迅速判断何种感觉所提供的信息是有用的,从中选择出提供准确定位信息的感觉输入。中枢神经系统下达运动指令后,人体肌肉骨骼执行运动指令。

因此,要使活动中的身体保持平稳、准确,就必须有良好的平衡与协调功能。平衡与协调功能关系密切,是互相联系、互相影响的,平衡和协调共同维持人体正常的活动。

(4) 协调功能(同洗浴)。

3. 评估内容

评估内容主要包括行走活动的完成情况、提供帮助的情况(帮助的类型、程度)、辅助装置的使用情况等。

(1) 正常:能独立在平地上行走45 m。

(2) 轻度依赖:有下列情形之一的:①需要他人语言指导;②少于一半的行走活动需1人搀扶;③自主使用拐杖、扶手、助行器等辅助装置平地行走。

(3) 中度依赖:有下列情形之一的:①不少于一半的行走活动需要他人搀扶;②坐在轮椅上可自行在平地上移动。

(4) 重度依赖:完全需要他人的动作帮助。

(十) 上下楼梯

1. 概述

这里的上下楼梯指上下不少于 10 个台阶的楼梯。

2. 影响因素

(1) 肢体运动功能：肢体运动功能在上下楼梯过程中发挥了重要的作用，尤其是下肢运动功能。临床上各种疾病会导致下肢肌力、肌张力以及关节活动度等一方面或者多方面的问题，从而导致肢体功能障碍。上下楼梯过程中，膝关节的作用尤其重要，例如骨折、关节炎症和手术后的患者会出现关节及软组织周围疼痛。膝关节骨质增生有可持续性隐痛，严重时，膝关节肿胀，关节伸屈功能障碍，跛行，功能受限，伸屈活动有弹响声，在下台阶、久立时，膝关节症状加重。膝关节骨性关节炎的早期症状为上下楼梯时的疼痛，尤其是下楼时为甚，呈单侧或双侧交替出现，主要表现是关节疼痛和活动不灵活。上述情况均在不同程度上影响评估对象上下楼梯。

(2) 心肺功能（同平地行走）。

(3) 平衡功能（同平地行走）。

(4) 协调功能（同平地行走）。

(5) 认知功能：上下楼梯存在一定的危险性，需要集中注意力，一旦失足就会造成意外伤害。一些认知功能障碍的患者注意力不集中，会影响上下楼梯动作的完成。

3. 评估内容

评估内容主要包括上下楼梯活动的完成情况、需要提供帮助的情况（帮助的类型、程度）、辅助装置的使用情况等。

(1) 正常：可独立上下不少于 10 个台阶的楼梯。

(2) 轻度依赖：有下列情形之一的：①需要他人语言指导；②少于一半的上下楼梯活动需 1 个人的搀扶；③自主使用拐杖、扶手、助行器等辅助装置。

(3) 中度依赖：不少于一半的上下楼梯活动需要他人搀扶。

(4) 重度依赖：完全需要他人的搀扶帮助。

第六节 认知、行为能力和情绪

一、认知、行为能力和情绪的概述

(一) 认知功能

1. 概述

认知是指在人脑对客观事物的认识过程中,对感觉输入信息的获取、编码、操作和使用的一系列过程,是输入、输出之间发生的内部心理过程,这一过程包括直觉、注意、记忆以及思维等。认知过程是高级的脑功能活动,是通过脑这一特殊物质实现的。

在认知心理学中,认知过程由信息的获得、编码、贮存、提取和使用等一系列连续的步骤组成。信息的获得就是接受直接作用于感官的刺激信息。感觉的作用在于获得信息。信息的编码则是将一种形式的信息转换为另一种形式的信息,以利于信息的贮存、提取和使用。个体在知觉、表象、想象、记忆、思维等认知活动中都有相应的信息编码方式。信息的贮存是在大脑中保持信息,然后依据线索从脑中提取出所需的信息,并运用于新信息的认知加工活动之中。在认知过程中,通过信息编码,外部的客体特性可转换为具体形象、语义或命题等形式的信息,再通过贮存,保持在大脑中。这些具体形象、语义和命题实际就是外部客体的特性在个体心理上的表现形式,是客观现实在大脑中的反映。认知心理学将在大脑中反映客观事物特性的这些具体形象、语义或命题称为外部客体的心理表征,简称表征。表征还指将外部客体以一定的形式表现在大脑中的信息加工过程。

2. 认知功能的基本内容

认知功能包括:记忆功能、执行功能、视空间功能、语言功能、定向力、抽象概括力、判断和解决问题能力、注意力等。其中,老年人的短期外显记忆、执行功能、抽象概括力、判断和解决问题能力随老化有所下降,但是这些变化没有明确的临床意义,而且不影响老年人的日常生活。

(1) 记忆功能:记忆功能包括很多不同的领域。记忆经过对信息的编码、存储和提取而形成。老年人由于信息的编码和提取过程较长,因此出现短期外显记忆的下降。尽管如此,健忘仍是异常表现。

(2) 执行功能:执行功能通过其工作记忆、预备定势和抑制控制对有目标的行为进行组织、协调和排序。有学者指出,执行功能是所有其他认知领域的基础。执行功能在60岁以后开始下降并且在70岁以后加速下降。执行功能的老化对老年人的日常生活的影响并不明显。

(3) 视空间功能:视空间功能指对视空间信息的感觉、处理和解释能力。它使个体能够认识事物和人并安全地在各种环境中活动和使用工具。视空间功能随年龄增长而有所降低。

(4) 语言功能:语言功能包括口头表达、理解和重复语言、命名、读和写的能力。语言还包括语义、词汇、句法和语音知识。

(5) 定向力:定向力特指对时间、地点、空间和人物的有意识的识别。

(6) 抽象概括力:抽象概括力指由具体到抽象的思维能力。随着年龄的增长,抽象概括力有所下降。

(7) 判断和解决问题能力:判断和解决问题能力指通过评估证据来解决问题的能力。

(8) 注意力:注意力包括专心能力和选择注意力。

3. 认知功能障碍

(1) 认知功能障碍的简介:认知功能障碍是心理障碍之一,是指认知缺陷或异常。认知是指人脑接收外界信息,经过加工处理,转换成内在的心理活动,从而获取知识或应用知识的过程。它包括记忆、语言、视空间、执行、计算和理解判断等方面。认知障碍是指上述几项认知功能中的一项或多项受损。当上述认知域有两项或两项以上受损时,并影响个体的日常和社会能力时,可诊断为痴呆。

各种原因引起的脑损伤可导致不同形式和程度的认知功能障碍,从而影响患者的生活活动能力。例如,一侧肢体偏瘫伴单侧忽略(半侧空间失认)的患者常忽略自己的偏瘫侧肢体,严重影响肢体功能康复,并且在日常生活中不能注意到该侧物体,影响穿衣、进餐等日常生活活动,还可因忽略造成碰撞等身体损伤。如能及时发现并给予正确评估,制定出相应的康复训练方案,通过对认知功能的训练,可以促进患者肢体功能康复及日常生活能力的提高。

(2) 认知功能障碍的评估对象:认知功能障碍的评估对象主要包括脑血管意外、脑外伤、痴呆、脑性瘫痪、中毒性脑病等各种脑部损害的患者。

(3) 认知功能障碍的内容:大脑功能具有偏侧化的特点,对右利手的人来说,大脑左半球的主要功能包括语言(包括对语言的理解和言语、书写等各种语言表达形式)、逻辑思维、计算、记忆、左右定向、时间定向及躯体运动的随意结合等,右半球的功能则是以非语言成分的学习为主,包括空间定位、定向、面容识别,对形状和颜色的知觉,对音乐及言语中感情色彩和语调的感受及创造性联想等。正常人的高级脑活动是在此分工的基础上再由大脑左右两半球共同合作,以整体来进行的。认知功能障碍一般包括注意力、记忆力、知觉、执行能力的障碍。

(二) 行为能力

1. 概述

不同的理论体系中行为的定义各不相同,《行为医学》一书中对于不同理论中行为的定义进行了整理和总结,将行为概括为"人类和动物在内外因素的共同作用下产生的能动的外部活动"。

2. 影响因素

影响人类行为的因素多种多样,大致可分为外在因素和内在因素两方面。

(1) 内在因素:内在因素主要指人的心理因素和生理因素。心理因素,如人们的认识、情感、兴趣、愿望、需要、动机、理想、信念和价值观等。其中,人的需要和动机对人类行为具有直接支配意义。

(2) 外在因素:外在因素主要指客观存在的社会环境和自然环境的影响。人的行为不仅与个体的身心状态有关,而且与个体所处的周围环境联系密切。

3. 常见的异常行为

常见的异常行为表现包括漫无目的的徘徊、退缩行为、语言攻击行为、身体攻击行为、自杀念头或行为、不合场合的怪异行为等。

(三) 情绪表现

1. 概述

情绪是多种感觉、行为和思想综合产生的生理、心理状态,是对一系列主观认知经验的通称。情绪是主体对于内部或外部的重要事件所产生的一组包含语言、生理、行为和神经机制互相协调的突发反应,情绪持续时间很短。情绪表现是情绪在有机体身上的外部表现,即表情,包括面部表情、言语表情和体态表情。

情绪可分为与生俱来的"基本情绪"和后天学习的"复杂情绪"。基本情绪和原始人类生存息息相关,复杂情绪必须经过人际间交流习得,因此每个人所拥有的复杂情绪数量和对情绪的定义都不一样。儿童出生后,立即可以产生一些原始的情绪表现,如怕、怒、爱等,与生理满足与否直接联系,是儿童与生俱来的本能。到婴儿期,情绪表现进一步发展分化,林传鼎、伊扎德等人的研究都表明,2岁左右的儿童已出现了各种基本情绪,如伊扎德指出,随着年龄的增长和脑的发育,情绪逐渐增长和分化,形成了人类的9种基本情绪:愉快、惊奇、悲伤、愤怒、厌恶、惧怕、兴趣、轻蔑和痛苦。因此,情绪表现是人类进化与适应的产物。

情绪常和心情、性格、脾气、目的等因素互相作用,也受到荷尔蒙和神经递质影响。无论正面还是负面的情绪,都会引发人们行动的动机。尽管一些情绪引发的行为看上去没有经过思考,但实际上意识是产生情绪重要的一环。最常见的情绪表现有喜、怒、哀、惊、恐、爱等,也有一些细腻微妙的情绪表现如嫉妒、惭愧、自豪等。

2. 易混淆概念

(1) 感觉:是指对客观现实个别特性(如声音、颜色、气味等)的反映,强调客观反映,而非主观认识。

(2) 心情:是指主体所处的感情状态,延续时间长于"情绪",感情波动弱于"情绪"。

(3) 情感:比较笼统,可包括情绪、感觉和心情,也可专指"情绪"。

3. 常见异常情绪表现

常见的异常情绪主要有焦虑、抑郁、恐惧、情感高涨、易激惹和情绪不稳定等,其中以焦虑和抑郁最为常见。

(四) 认知、行为能力和情绪表现的评估方法

评估方法包括问诊法、观察法、会谈法、量表法等,根据情况选择一种或多种方法对被评估对象进行评估。

1. 认知功能的评估方法

(1) 认知功能障碍筛查:在评定评估对象的认知功能障碍之前,应首先确定评估对象有无意识障碍,目前国际上通用的工具为Glasgow昏迷量表。当确定评估对象意识清楚时,则可以通过简明精神状态检查及认知功能筛查量表进行认知功能筛查,初步确定患者可能存在哪些方面的认知功能障碍,再用专门的评

测方法进行具体评定。

（2）注意力障碍的评定：注意力障碍的评定包括觉醒水平的评定、容量性检查和选择功能的评定。

1）觉醒水平：觉醒水平与网状结构的功能有关。觉醒状态低下的主要表现为评估对象对痛、触、视、听及言语等刺激的反应时间延迟，即不能迅速、正确地做出反应。具体评定方法包括反应时检查和等速拍击实验。

2）容量性检查：容量检查的主要目的是检查注意广度有无障碍，包括数字复述、连减或连加的测验以及轨迹连线测验。

3）选择功能：选择功能的评定包括无意义文字测验、听运动检查法、划消试验、删字测验。

（3）记忆障碍的评定

1）瞬时记忆的评定：瞬时记忆中，言语记忆常用的检查方法有数字广度测验和词语复述测验，非言语记忆可用画图的方法进行检查。

2）短时记忆的评定：短时记忆的检查方法和瞬时记忆检查相同，但是需要在呈现检查内容后停顿 30 s 后，再要求评估对象进行回忆。

3）长时记忆的评定：长时记忆的评估可分别从情节记忆、语义记忆和程序性记忆等不同侧面进行。其中，情节记忆评定包括顺行性记忆评定和逆行性记忆评定。顺行性记忆评定是对识记新信息能力的测验，也应分为言语和非言语检查；逆行性记忆是对个人经历记忆、社会事件记忆和著名人物记忆等的检查，可采用问卷式提问。语义记忆评定是对尝试、概念及语言信息等记忆的评定，包括常识测验、词汇测验、分类测验、物品命名和指物测验等。程序性记忆又称内隐记忆，测验时只需受检者完成指定操作即可。

4）标准化的成套记忆测验：常见的测验方法包括韦氏记忆测验、临床记忆测验、Rivermead 行为记忆测验法等。

（4）知觉障碍的评定：知觉障碍的评定包括视觉空间认知障碍、失认症和失用症的评定，本书不再细述。

（5）执行功能障碍的评定：执行功能是更高级的脑功能，对注意力、记忆力和运动技能等多项认知功能都会产生影响，并且会以这些基础功能的统合方式表现出来，因此直接测验执行功能往往比较困难，评估者常可通过对其他基础功能的综合检查来间接评估执行功能的水平。

2. 行为能力的评估方法

通过会谈法、观察法等直接评估评估对象的行为能力,必要时询问家属评估对象的日常行为表现,同时还可通过查询评估对象的病历及诊断等间接方法进行评估。

3. 情绪表现的评估方法

前文中提到临床中常见的消极情绪状态有抑郁和焦虑两种。这里我们主要介绍抑郁和焦虑的评估方法,主要采用的是量表法。

(1) 抑郁量表:抑郁量表是诊断抑郁症状的有效工具,不同的量表具有不同的临床适用范围。有的量表用于抑郁的临床筛查,有的量表用于评定抑郁症状的严重程度,有的量表则用来判断治疗过程中抑郁的病情是否发生变化。在临床工作中,需要根据具体情况选择合适的量表。抑郁类量表包括抑郁的自评量表和他评量表,自评量表如贝克抑郁自评问卷(BDI)、Carroll 抑郁量表(CRS)、流调中心用抑郁量表(CED-S)、抑郁自评量表(SDS);他评量表如汉密顿抑郁量表(HRSD)、抑郁状态问卷(DIS)、抑郁症状量表(DSS);还有为特定人群设计的爱丁堡产后抑郁量表(EPDS)、老年抑郁量表(GDS)、医院焦虑抑郁量表(HADS)等。这里简单介绍汉密尔顿抑郁量表和抑郁自评量表。

1) 汉密尔顿抑郁量表:汉密尔顿抑郁量表(Hamilton Depression Scale,HAMD 或 Hamilton Rating Scale For Depression,HRSD)是目前国内外医务人员最常用的抑郁评定量表。评估者通过观察患者圈出相应的分数,总分最高为 76 分,评定时间一般约为 15~20 min。

2) 抑郁自评量表:抑郁自评量表(Self-rating Depression Scale,SDS)由 Zung 于 1965 年编制而成,故又称 Zung 量表。被试者根据自身感受自行填表,分数可由自己或者专业人员进行计算。这种方法有利于被试者在不受外界及其他心理因素的干扰下较准确地反映自身状态,及早发现病症。

(2) 焦虑量表:常用的焦虑评定量表有焦虑自评量表、汉密尔顿焦虑量表、焦虑状态-特质问卷、测验焦虑量表、显性焦虑量表、贝克焦虑量表、综合性医院焦虑抑郁量表、交往焦虑量表等。这里简单介绍汉密尔顿焦虑量表和焦虑自评量表。

1) 汉密尔顿焦虑量表:汉密尔顿焦虑量表(Hamilton Anxiety Scale,HAMA)是最常用的焦虑状态评定量表,评定时间为 10~15 min。

2) 焦虑自评量表:焦虑自评量表(Self-rating Anxiety Scale,SAS)由 Zung

于1971年编制而成,能准确而迅速地反映伴有焦虑倾向的被试者的主观感受,使用方法与SDS相同。

(五)评估注意事项

(1)记忆障碍的评估检查应在安静的环境内进行,避免外界干扰,以排除注意障碍对检查结果的影响。

(2)使用汉密尔顿抑郁量表和汉密尔顿焦虑量表进行评估时,评估应由经过训练的两名评估人员进行联合检查,采用交谈与观察的方式,检查结束后,两评估人员各自独立评分。

二、认知、行为能力和情绪的评估内容

(一)近期记忆

1. 概述

(1)记忆:记忆功能是人脑的基本认知功能之一。记忆是过去经历过的事物在头脑中的反映,记忆的过程主要由对输入信息的编码、储存和提取三部分组成。记忆根据提取内容的时间长短可分为瞬时记忆、短时记忆、长时记忆三种。瞬时记忆的信息保留时间以毫秒计,最长 $1\sim2$ s,又称感觉记忆;短时记忆的信息保留时间在 1 min 以内,又称工作记忆;长时记忆保留信息的时间在 1 min 以上,包括数日、数年直至终生。长时记忆又可分为近期记忆和远期记忆。

(2)近期记忆:近期记忆属于长期记忆的亚范畴,与远期记忆相对,区别于工作记忆,指的是已经被巩固的、不容易受其他任务干扰而削弱的记忆,近期记忆的信息保留时间在数小时、数日、数月以内。远期记忆的保留时间则以年计,包括幼年时期发生的事件。近期记忆是人类生活中不可或缺的一部分。记忆力的好差影响一个人对知识的学习与掌握;对生活中发生事件的记忆则影响我们的情绪、对生活的感悟和态度。记忆力容量的大小还直接影响一个人能从事的工作和工作效率。

2. 影响因素

影响人们记忆的因素主要有生理因素、精神因素两大方面。

(1)生理因素:影响记忆力的生理因素主要有身体因素、年龄因素、性别因素三个方面。

1)身体因素:身体因素主要是指人的健康状况。人的身体健康状况影响他们的记忆力。如果一个人活力四射,身体健康,那么这个人的记忆力就好。尤其是睡眠状况直接影响人的记忆力。长期睡眠不足记忆力就会下降。

2)年龄因素:年龄因素也影响人们的记忆力。从幼年到青年是记忆力最佳的时期,而后随着年龄的不断增长记忆力也渐渐减退。

3)性别因素:性别因素也造就了不同的记忆力。女性在语言表达、短时记忆方面比男性好,更善于强记;男性在分析综合能力等方面优于女性,他们更善于找出事物的规律再进行归纳记忆。

(2)精神因素:精神因素主要分压力因素和情绪因素两方面。

1)压力因素:压力巨大使人的记忆力降低;少量的压力比没有压力要更能增强人的记忆力。

2)情绪因素:情绪对人的记忆力有巨大影响。过度紧张使人记忆力下降,更有甚者会出现大脑空白。良好的情绪增强记忆力,不好的情绪会降低记忆力。

3. 评估内容

评估内容主要包括对近期发生事情的记忆程度。

(1)正常:对近期发生的事情记忆清晰,能回忆全部。

(2)轻度受损:对近期发生的事情记忆模糊,能回忆大部分。

(3)中度受损:对近期发生的事情遗忘,在提示下能回忆部分。

(4)重度受损:对近期发生的事情经提示也完全无法回忆。

(二)定向力

1. 概述

定向力又称定向能力,是个体对自身所处周围环境(时间、地点、人物等)和自身状态(姓名、性别、年龄、职业等)的认识能力。狭义的定向力是指对周围环境的认识能力。

定向力障碍是意识障碍的重要判定标准。在某些特殊情况下定向力与意识障碍无关,如精神分裂症、深睡初醒、新迁地址和旅游途中都可能有短暂的定向力障碍,但并无意识障碍。定向力障碍多见于意识障碍、智能障碍和脑器质性精神障碍。

(1)周围环境的定向障碍

1)时间定向障碍:患者分不清所处的具体时间,包括对年月、昼夜、上下午等分辨不清。

2）地点定向障碍：患者分不清所在的具体地点，包括街道、楼层，分不清在医院还是家里。

3）人物定向障碍：患者分不清周围人的身份以及与自己的关系，如把丈夫认为是儿子。

（2）自我定向障碍

患者弄不清自己的姓名、性别、年龄、职业等。如某位60岁的大爷认为自己现在20岁，某位老师患者认为自己是医生。双重定向障碍是精神分裂症的特征性表现之一。患者认为自己同时处于两个不同的地点。例如，患者称自己在医院，同时又称自己在家里，这两种不同的判断，其中之一是正确的，另一个是带有妄想性质的。

2. 影响因素

（1）神经退行性病变：神经退行性疾病又称为神经退化性疾病，是一种大脑和脊髓的细胞和神经元逐渐退化（死亡）的慢性疾病。大脑和脊髓由神经元组成，神经元有不同的功能，如控制运动，处理感觉信息，并做出决策。大脑和脊髓的细胞一般是不会再生、不可逆转的。神经退行性疾病是由神经元或其髓鞘的丧失所致，随着时间的推移而恶化，导致功能障碍。神经退行性疾病按表型分为两类：一类影响运动，如小脑性共济失调；一类影响记忆，如痴呆症。神经退行性疾病如阿尔兹海默症、帕金森病、亨廷顿病等引起的认知功能障碍会影响患者的定向能力。

（2）抑郁症：抑郁症是一类以抑郁心境为主要特点的情感障碍。它主要包括：重度抑郁症、持续性抑郁症、季节性抑郁症。它们的共同表现为：长时间持续的抑郁情绪，并且这种情绪明显超过必要的限度，缺乏自信，避开人群，甚至有罪恶感，感到身体能量的明显降低，时间的感受力减慢。

（3）酗酒：酗酒造成的器质性精神病又可称之为酒精性精神病，主要是长期过量摄取酒精引起的脑器质性损害。由于酒瘾的患者营养摄取常不均衡，营养缺乏亦扮演重要的角色，对某些个案而言，酒精阶段引起的症状可能是重大的致病因素。

其中震颤性谵妄是一类常见的酒精性精神病，是指长期酒瘾的患者，减少饮酒或突然停止饮酒时，易引起意识模糊、定向力丧失、颤抖、血压及心跳速率上升、冒冷汗、害怕、焦躁不安、出现各种幻觉等现象。不治疗的话，其死亡率高达20%。

3. 评估内容

评估内容主要包括人物定向力、地点定向力、时间定向力等内容。

(1) 正常：对人物（熟人和陌生人）、地点（常住地、当前地点）、时间（年月日、季节、上下午等）、空间等识别和判断能力正常。

(2) 轻度受损：有下列情形之一的：①只能识别近亲和经常接触的人物；②知道地点和方位（但不知回去路线）；③时间观念略差（年、月清楚，日有时相差几天）等。

(3) 中度受损：有下列情形之一的：①只能认识亲人，不能识别关系；②只知道地点，但不知道方位；③时间观念差（只知道季节）。

(4) 重度受损：有下列情形之一的：①只能认识常同住的亲人（或室友、看护者、保护人）；②不知地点和方位，只能在左邻右舍（或相邻的房间）间走动，时间观念很差（只知道上下午）或无时间观念。

（三）判断力

1. 概述

(1) 判断：判断是对思维对象有所断定的思维形式，是人们通过对思维对象的性质、关系等的肯定或否定来反映对象情况的或真或假的思想。可以分为事实判断和区分美丑、善恶的判断两种。事实判断指一种辨别事物的真伪与是非的判断，体现了人们的认知能力和智慧的水平，其形式可包括科学的判断、逻辑的判断、真理的判断等。第二种判断则体现了人们精神层面的追求与道德品行方面的水准，其形式包括了审美的判断、价值的判断和道德的判断。

(2) 判断力：可以通俗理解为一种人们的分析决断能力，如在商场里选择购买的产品，每天的出行方式，一个人对自己未来的规划等。人们每天都在做着各种判断，通过判断力做出选择，其贯穿于日常生活中的多个方面。哲学家康德提出判断力可分为决定判断力及反省判断力两种。第一种是指将普遍规律作用于在个别事物上，而第二种则是指一种情感判断，其关注于人能否在一个事物中感受到愉悦的情感体验。反省判断力也可以理解为一种审美判断。

2. 影响判断力的因素

判断力可表征为一个人的思维力、洞察力、分析推理及选择等能力。本书中认为影响一个人的判断力因素有：知识结构和经验、思维模式、情感、环境及外界

信息等。

(1) 知识结构和经验:人们头脑中的知识储备与自己的生活经验能够对事物做出的判断提供依据。如判断天空乌云密布是否下雨,我们根据自己的生活经验判断是否需要带伞。

(2) 思维模式:一个人思考问题的模式将会影响到其判断能力,如思考问题的习惯及态度等。如一个不愿意积极主动思考问题的人在遇到生活中的难题时,总会期望着解决难题的方法或答案可以不经思考便自行出现。这类持消极思考态度的人在生活中会缺少主见,缺乏立场,他们习惯依赖别人的思维结果做出判断。

(3) 情感:人们的判断力会受到愤怒、兴奋、失落等不同情感的影响。当一个人处在情绪十分激动的状态时,很难保持冷静,无法进行缜密的思考,便会做出冲动且草率的决定。在这种时候人们的判断就会出现错误。而当人们心境比较平和时,就会保持理性的态度,进行缜密的思考后再做出判断,在这种时候人们往往会做出一种正确的判断。

(4) 环境:在正常人的日常生活中,个体对基本生理需求、生活中日常事务的判断力是不恒定的,会随着环境的变化而改变。

(5) 外界信息:信息可以分纵向信息和横向信息两种,纵向信息指与在事物发展历程或人成长历程中相关的历史信息,横向信息则是指当前事物或人所处的环境。信息的获取及信息的容量对一个人的判断同样会有影响。重要信息的缺失会导致错误的判断,而过多繁杂的信息则会干扰到判断的过程,也会导致错误的判断。

3. 判断力的基本类型

(1) 道德判断力:"道德判断力是在道德认识的基础上,运用道德知识,对面临的道德问题加以充分辨析,做出正确的是非、善恶判断和评价的能力。"同时,判断力也具有将道德标准内化到人的意志再外化到行为的功能。

(2) 审美判断力:"指凭借想象力和情感来判断美的一种能力。"审美判断是每个人有关愉悦或者不愉悦的判断。这是主观的,与逻辑判断不同。

(3) 价值判断力:"即断定某些事物好或坏,一些事物比另一些事物较好或较坏的判断。"在日常生活中,人们需要根据自己的价值标准进行选择判断。价值判断的过程可以理解为一种思维过程,即人们是通过思考对一个事物的价值程度做出判定。

(4) 文化判断力:"人们在文化知觉基础上对一定文化现象及其价值所表现出来的选择、判别、取舍、整合的高级认识能力即为文化判断力。"在当今各种不同层次文化产品不断出现的时代,人们需要具备良好的文化判断力,在良莠不齐的文化产品中甄选出优秀作品,从而让优秀的文化得以传承。

4. 评估内容

评估内容主要包括对日常生活的内容、时间等的判断,以及做出相应的决定。

(1) 正常:无论何时何地,对日常生活的内容、时间等能正确做出合理的判断和决定。

(2) 轻度受损:在新环境中,对日常生活的内容、时间等有困难,表现为判断迟缓、犹豫不决。

(3) 中度受损:在熟悉环境中,对日常生活的内容、时间等有困难,需他人提示才能做出判断和决定。

(4) 重度受损:对日常生活的内容、时间等,完全不能或完全错误地做出判断和决定。

(四) 行为表现

行为是指人们一切有目的的活动,它是由一系列简单动作构成的,在日常生活中所表现出来的一切动作的统称。

1. 退缩行为

(1) 退缩行为定义:行为退缩症是一种心理障碍,主要表现为孤僻、胆小,退缩,不愿与其他人交往,更不愿到陌生的环境中去,把自己封闭起来以获得安全感。无特殊原因的行为退缩多发生在5~7岁的儿童身上,成年人在受到外界某种刺激或遭遇变故后会发生行为退缩。

(2) 形成原因:行为退缩症以社交行为退缩为主要表现,形成这种改变的原因,主要有先天因素和后天教养不当,或者遭受精神刺激等。

(3) 社会性退缩:社会性退缩指患者与社会交往减少,孤僻、退缩,与外界接触的频度和程度减退。社会退缩主要有行为描述和社会测量两种定义类型。经过学者研究,人们更多地采用行为描述的方法来界定社会退缩,从行为描述的角度,社会退缩被界定为交往频次低的独处行为。

1) 社会性退缩的基本特征

①泛指社会情境下的独处行为,具有跨时间情境的一致性。社会退缩是指在同伴或他人在场的情境下,不参与同伴交往或娱乐活动,而且这种行为不是暂时的,无论在陌生环境还是熟悉环境均表现出一贯的孤独行为。它与害羞行为不同,害羞是指陌生社会环境下羞于与人交往,常伴有紧张和焦虑。

②社会退缩是一种内化的问题行为。自20世纪80年代以来,发展病理心理学对这一新领域的研究主要关注两种问题行为:不能控制和过度控制。不能控制也被称之为外化困难,包括攻击、多动、违纪等;过度控制也被称之为内化困难,包括焦虑、恐惧、抑郁和社会退缩等。可见,社会退缩属于一种内化的问题行为。过去,人们一直对外化的行为问题如攻击性行为、多动等研究较多,近年来则开始关注社会退缩等内化问题行为。

③社会退缩的结构具有多重维度。社会退缩包括了各种形式的孤独行为,是一种高度复杂的行为现象,具有多种表现形式和潜在原因。它呈一种多维度结构,有着不同的亚型,每种亚型又有着不同的心理机制。

2) 社会性退缩症状:目前公认的是三种亚型:安静孤独、沉默寡言和活跃孤独。

3) 社会性退缩产生原因:社会性退缩有其生理、心理与社会方面的原因。

2. 攻击行为概述

(1) 攻击行为定义:攻击行为是指意图、伤害他人的身体行为或者言语行为。

(2) 攻击行为分类

1) 敌意性攻击行为由愤怒引起,以伤害为目的。谋杀大多数是敌意性的。

2) 工具性攻击行为只是把伤害作为达到其他目的的一种手段。大多数恐怖活动属于工具性攻击。

(3) 攻击行为社会学理论:在分析敌意性和工具性攻击行为的原因时,社会心理学家主要有三种观点:人类有基于生物本能的攻击性驱力;攻击行为是对挫折的自然反应;攻击行为是习得的。

(4) 攻击行为的生物学理论

1) 本能论和进化心理学:弗洛伊德认为人类的攻击行为根源于一种自我破坏的冲动。洛伦兹认为:攻击行为更多的是适应性的而非自我破坏。两种理论都认为,攻击行为的能量来自本能。进化心理学家巴斯和沙克尔福德认为:攻击行为的适应性价值有助于解释为什么这种行为在人类历史上更多地出现在男性之间。这并非因为男人有一种攻击本能,而是男人从他们成功的祖先那里继承而来的一种心理机制,从而帮助他们提高自己的基因在下一代中得到保留的概率。

2) 神经系统的影响:攻击行为是复杂的,并非简单地收到了大脑中某个特定区域的控制。尽管如此,研究者还是在动物和人类身上发现了一些能够促进攻击行为的神经机制。一些实验证明,某些脑区的激活和抑制能够影响敌意程度。

3) 基因的影响:遗传因素影响神经系统对暴力线索的敏感性。

4) 生物化学因素:血液中的化学成分同样可以影响神经系统对攻击性刺激的敏感性。有暴力倾向的人比一般人更可能饮酒,在喝醉之后更可能变得具有攻击性。酒精降低人们的自我觉知、考虑后果的能力,使人们的个性弱化,降低我们的抑制能力。暴力行为与雄性激素即睾丸激素也有关系,降低雄性激素水平的药物可以削弱有暴力倾向的男性的攻击性。暴力行为另一个常见的原因是神经递质5-羟色胺的缺乏,在控制冲动的额叶区有其许多神经接收器。同时,睾丸激素、5-羟色胺和行为之间的作用是相互的。

(5) 攻击行为的影响因素

1) 厌恶事件:能诱发攻击行为的事件不仅包括挫折,还有一些令人厌恶的体验,如:疼痛、令人不适的炎热、受攻击、过度拥挤等。

2) 唤醒:人们可以通过不同方式体验到机体的唤醒状态,同时躯体的兴奋状态确实可以强化几乎所有情绪。性唤醒和愤怒等其他形式的唤醒状态之间是可以相互增强的。

3) 攻击线索:看到武器就是这样一种攻击线索,尤其是当它被看作一种暴力工具而非消遣时。枪支会启动敌对性想法和惩罚性的判断。枪支并不只是提供攻击线索,它们还拉大攻击者和受害者之间的心理距离。

4) 媒体影响:宣泄假说理论主张,观看暴力节目让人们释放他们被压抑的敌意。

5) 群体影响:群体通过责任扩散使攻击行为增大,责任扩散随着距离的增大和人数的增多而变强。

3. 自杀行为概述

(1) 自杀行为定义:指故意的、自我造成的、生命受到威胁的、导致死亡的行为。

(2) 自杀行为危险因素

1) 精神疾病：人格障碍、抑郁症患者。

2) 社会生活因素：丧偶、独居、丧失亲友、经历冲突、无法适应生活压力。

3) 身体疾病：癌症、病痛、生理功能丧失。

4) 有自杀、酒精中毒或精神障碍家族史。

5) 其他因素：之前有过自杀未遂，遭受虐待、暴力、歧视。

4. 怪异行为概述

怪异行为的定义：又称反常行为，可表现为各种形式。大吼大叫、乱扔东西、攻击别人，说话时故作姿态、贬低他人、威胁他人、打击他人信心、暗示别人没有资格或资格不够等。

5. 评估内容

(1) 正常：无漫无目的的徘徊，无退缩行为，无语言攻击行为，无身体攻击行为，无自杀念头或行为，无不合场合的怪异行为。

(2) 轻度受损：有下列情形之一的：

1) 身体攻击行为每月不超过1次；

2) 其他某一行为每周都发生，次数不超过3次，无自杀念头和行为。

(3) 中度受损：有下列情形之一的：

1) 身体攻击行为每月都有，平均每周<1次；

2) 其他某一行为每周都发生，次数为4~6次，无自杀念头和行为。

(4) 重度受损：有下列情形之一的：

1) 身体攻击行为每周都有；

2) 其他行为每天都有发生；

3) 有自杀念头或自杀行为。

(五) 情绪表现

情绪是指针对内部或外部的重要事件所产生的突发反应，一个主体对同一种事件总是有同样的反应。最普遍、通俗的情绪有喜、怒、哀、惊、恐、爱等，也会出现一些细腻微妙的情绪如嫉妒、惭愧、羞耻、自豪等。

1. 异常情绪表现

常见的异常情绪主要有焦虑、抑郁、恐惧、情感高涨、易激惹和情绪不稳定等，其中以焦虑和抑郁最为常见。

(1) 焦虑：焦虑是指一种缺乏明显客观原因的内心不安或无根据的恐惧，是人们遇到某些事情如挑战、困难或危险时出现的一种正常的情绪反应。焦虑通常情况下与精神打击以及即将来临的、可能造成的威胁或危险相联系，主观表现出感到紧张、不愉快，甚至痛苦以至于难以自制，严重时会伴有自主神经系统功能的变化或失调。

(2) 抑郁：抑郁是情绪低落、厌恶活动的一种状态，对人的思想、行为、感觉和身体健康都有一定影响。抑郁的人可能会感到沮丧、焦虑、空虚、绝望、罪恶、烦躁、不安等情绪。他们可能会对平时的爱好不再感兴趣，丧失食欲或暴饮暴食，变得不善交际，出现记忆力下降、难以集中注意力、容易犹豫不决等问题。

(3) 恐惧：恐惧是指人或动物面对现实的或想象中的危险、自己厌恶的事物等产生的处于惊慌与紧急的状态，伴随恐惧而来的是心率改变、血压升高、盗汗、颤抖等生理上的应急反应，有时甚至发生心脏骤停、休克等更强烈的生理反应。一个突然的、强烈的恐惧可能导致猝死。

(4) 情感高涨：情感高涨是一种病态的喜悦情感，在一段连续的时间段（一般一周以上甚至更长时间），个体情绪一直保持在过度满意和愉悦的状态，多表现为不分场合的兴奋话多、语音高亢、表情丰富、眉飞色舞，同时伴有动作增多等。多见于躁狂症病人。

(5) 易激惹：易激惹是一种反应过度状态，包括烦恼、急躁或愤怒。可见于疲劳、慢性疼痛，或作为情感异常的临床特征，发生于老年性、脑外伤、癫痫和情感性精神障碍。

(6) 情绪不稳：情绪不稳表现为情感反应极易发生变化，从一个极端波动至另一个极端，表现喜怒无常、变化莫测。

2. 影响因素

情绪常和心情、性格、脾气、目的等因素互相作用，也受到荷尔蒙和神经递质影响。

(1) 生物因素：生物钟是生物体生命活动的内在节律性，是由生物体内的时间结构序所决定的。人体的血压、体温、心跳、神经的兴奋抑制、激素的分泌等100多种生理活动都要受生物钟规律的支配，从而产生生理活动的高潮和低潮，高潮时期情绪往往比较饱满，工作效率高。而低潮时期情绪比较低落，容易表现出不耐烦等不良情绪反应，影响生活和工作。一般来说，中午和黄昏以后这两个时间段生物钟处于低潮。

（2）环境因素：环境因素对人的情绪影响是不可忽视的。拥挤的人群常会使人感到紧张、烦躁；灰蒙蒙的天空会使人感到压抑郁闷；荒山秃岭会使人感到一片凄凉，而青山绿水则会使人感到轻松愉快；整洁有序的军营环境会给人一种严肃、清新的感觉。夜晚强烈的路灯、房灯甚至电视屏幕发出的光线，都可能对情绪产生消极影响。

（3）自然因素：一般来说，阴雨天气容易使人产生低落情绪；而天气转晴可以改善人的心情。在连绵的阴雨天，人们容易烦躁不安，处理事物欠考虑。现代医学研究表明，人的大脑中的自然电磁压力在满月时会发生变化。

（4）生活习惯：美国专家数项研究结果表明，情绪低落与吸烟密切相关，这是由脑化学机理引起的。每天吸烟的人发生情绪低落的可能性相当于不吸烟或偶尔吸烟的人的两倍。

3. 评估内容

评估内容包括近30天的情绪表现。

（1）正常：近30天内没有发生焦虑、抑郁、孤独、愤怒等情绪表现。情绪表现包括：无助、绝望性的话语及呼叫，易激惹，情绪不稳定，不切实际的担忧、害怕、恐惧、悲伤、哭啼。

（2）轻度受损：某一情绪在近30天内有发生，频率每周不超过4天。

（3）中度受损：某一情绪每周都发生，频率为5天/周。

（4）重度受损：某一情绪发生频率为6~7天/周。

第七节　视听觉和交流能力

一、概述

（一）视觉功能

1. 概念

视觉功能主要是指识别外物、确定外物以及自身在外界的方位的能力，包括形觉、光觉、色觉等。主要通过视力、视野、双眼视、色觉等检查以评估视觉功能状态。视觉障碍是指由于各种原因导致人的双眼存在一定程度的视力缺损或视野缩小。

(1) 形觉:视觉系统重要的感觉功能之一,是指人的眼睛辨别物体形状的能力。形觉的产生首先依赖于视网膜对光的感觉,其次依靠视网膜对两个或两个以上分开的不同空间的刺激的识别,通过视觉中枢的综合和分析,而形成完整的形觉。形觉包括视力,也就是我们平常所说的分辨力和视野。在医学上,把人眼的分辨力大小称为视锐度或视力,视力可分为光觉视力、色觉视力、立体视力和形觉视力。

(2) 光觉:可见光穿过角膜、晶状体、玻璃体在视网膜上被感光细胞所吸收,感光细胞产生一系列复杂的化学变化,并将其转换为神经兴奋,并通过视神经传至大脑,在大脑产生光的感觉,从而形成光觉。光觉是指视网膜对光的感受能力,也是视觉的基础。为了产生视觉,进入眼睛的光线必须具有能引起视细胞兴奋的能量,并且必须具备足够的作用时间。感光细胞在吸收透过角膜、晶状体以及视网膜的可见光后,会产生许多化学变化,化学变化之后会转变成神经兴奋,神经兴奋借助视神经传输至大脑,在大脑形成光觉。光觉是视觉的基础,也表示视网膜对光的感受能力。为了产生视觉,进入眼睛的光线必须同时满足两个条件:①具有能引起视细胞兴奋的能量;②具备足够的作用时间。

(3) 色觉:视网膜对不同波长光的感受特性,即在一般自然光线下分解各种不同颜色的能力。视觉功能的一个基本并且重要的组成部分,是人体视网膜锥细胞特殊的感觉功能。正常人视觉器官能辨识波长380~760 nm 的可见光,由紫、蓝、青、绿、黄、橙、红7色组成。色觉是视觉功能基本和重要的一部分,是视网膜锥细胞特有的一种感觉功能。通俗来讲,色觉是指视网膜将自然光分解成不同颜色光的能力。正常人可见光的波长范围是380~760 nm,包含七种颜色的可见光即红、橙、黄、绿、青、蓝、紫。

(4) 视力:是指分辨物体表面两点间最小距离以识别物体形状的能力。视力包括远视力和近视力。远视力是评价视力最常用的指标。远视力以国际标准视力表作为评价的工具,以小数视力作为其记录方法。视力障碍有广义和狭义之分,广义的视力障碍即指视力较正常视力低;狭义的视力障碍是指远视力降低至中度以上视力损害程度或盲目程度。通常视力障碍是指远视力障碍。远视力的正常值与人眼的发育有关,3岁时的远视力正常值大于等于0.6,4岁时的远视力正常值大于等于0.8,5岁时的远视力正常值大于等于1.0,5岁以上一只眼睛的视力小于等于0.8,即为视力轻度降低。

(5) 视野:一只眼睛正视前方某一固定目标,在保持眼球和头部不动的情况下,视野是指能够见到的空间大小及范围,通常以圆周度表示其大小。如果存在视野的范围内出现不能看见的盲区或受检眼视野的边界缩小的情况,则可以称之为视野缺损。依据视野缺损的大致形态及特征,可分为:偏盲、象限性缺损、向心性缩小、生理盲点扩大等。正常眼球八个方位的视野的度数值为:颞侧85°、颞下85°、下侧65°、鼻下50°、鼻侧60°、鼻上55°、上侧45°、颞上55°八个方位度数值合计为500°。

(6) 双眼视觉:在具备两眼叠加的作用上,可降低视敏度阈值,扩大视野,消除单眼视野的生理盲点,同时还能够形成立体视觉,更准确地反映外在的实际空间。

2. 视觉功能的影响因素

(1) 既往病史:许多全身性疾病能够引起视觉功能的改变,如高血压引起高血压性视网膜病变;糖尿病引起糖尿病性白内障、糖尿病性视网膜病变等;颅内占位性病变可引起视神经盘水肿和视神经萎缩;甲状腺功能亢进引起眼球向前突出;重症肌无力引起上睑下垂、复视等。眼部疾病也可引起另一种相关眼病,如虹膜睫状体炎可以继发青光眼,也可引起白内障和眼球萎缩;高度近视眼可引起视网膜脱离;眼球穿通伤或内眼手术后,健眼可能继发交叉感染。

(2) 药物史:长期应用糖皮质激素引起的慢性开角型青光眼和白内障,诱发或者加重单纯疱疹病毒性角膜炎;长期应用氯丙嗪可引起晶状体和角膜的改变;少数患者服用洋地黄后会引起视物模糊和视物变色。

(3) 家族遗传史:遗传相关眼病在临床也比较常见,如先天性视觉异常和视网膜色素变性。

(4) 职业与工作环境:接触紫外线可触发电光性眼炎;长期接触三硝基甲苯、X线、γ射线可引起白内障。

(5) 其他:情绪激动、过度劳累、暗室所处时间过长可诱发急性闭角型青光眼发作;剧烈咳嗽、便秘可诱发结膜下出血。

3. 视觉的一般老化改变

视觉系统由眼、视神经和大脑皮层的视束组成。视力对日常生活的正常进行有着十分重要的意义。视力的改变能够影响人在环境中实现其各项正常功能的能力,甚至导致孤僻心理的产生。视力会随年龄的增长逐渐退化,主要包括老视、眼睑和泪膜的变化和眼内器官的变化。

(1) 老视：是指随着年龄增长，进入眼内的光线在聚集于视网膜前发生的变化，常见于 40～45 岁的人群。主要表现为视物模糊的症状，特别是在视近物上存在困难。

(2) 眼睑：眼睑失去弹性并且松弛，引起睑内翻、睑外翻和上睑下垂等，一般需要手术纠正。

(3) 晶状体：晶状体硬度和密度增加，导致其屈光度发生变化。眼调节功能减弱，外周视力和夜间视力均降低，对眩光的敏感性增强。

(4) 角膜：随着年龄的增长，角膜的透光性减弱，加上内皮细胞密度降低，故老年人的角膜容易受损。老年人的角膜上形成老年环，角膜表面变得不规则而影响屈光度。同时由于泪液生成减少，容易发生干眼症。

(5) 玻璃体：由于老化，玻璃体液化的发生概率增加。表现为眼前会偶尔看见漂浮物，但通常不影响视力。该症状也可以是玻璃体液化导致视网膜脱离的一种表现。

(6) 视网膜：老化也会导致视网膜的功能减弱，眼底检查时可以观察到视网膜上的血管变窄、变直，动脉表现为灰色并且不透明。

4. 老年人常见的主诉

(1) 漂浮物：视野中出现的漂浮物大多数与玻璃体的液化、白内障手术、激光手术等有关，一般是无危害的。但如果漂浮物数量增多，其形式发生改变或出现眩光或视物模糊时，应予以重视。

(2) 眩光：若液化的玻璃体进入或牵拉视网膜时，可表现为眩光，大多数累及双眼，并常伴视直线变形，一般持续 10～20 min。如发生次数增加应及时就诊。

(3) 干眼症：又称干眼综合征，常见原因有眼内液的生成减少，眼睑发生异常，由系统性疾病、感染、损伤引发的上皮功能异常，以及某些药物的不良反应等。常表现为眼内刺痒感或异物感。

5. 老年人常见的疾病

(1) 睑外翻和睑内翻：睑外翻主要是由眼睑肌肉松弛、神经瘫痪或手术损伤引起的。睑内翻主要是由眼的支持组织松弛和慢性炎症所致瘢痕引起的。睑外翻的主要表现有：①眼睑外翻（常见于下睑）；②患眼表现为疼痛、发红、肿胀；③溢泪，并且眼液的润滑作用减弱。睑外翻的主要表现为肿胀、发红、疼痛和眼泪过多。睑内翻可由于倒睫刺激角膜而出现眼刺激症状。干眼症是其主要并发症。

(2) 眼睑炎症:主要是脂溢性皮炎或感染所致,眼睑炎症也与老化所致泪液生成不足有关,同时使用某些药物可加重损害。患者的睑缘粗糙发红,并且有刺激、烧灼和痒感。

(3) 年龄相关性白内障:主要是老化、眼损伤、某些疾病和遗传因素所致。其危险因素包括紫外线暴露、营养的缺乏、激素类药物的应用和吸烟。依据临床特点的不同可有多种类型。老年性白内障是指与正常老化过程相关的白内障,多发生在40岁之后。眼的损伤可导致外伤性白内障。主要症状包括视物出现模糊、需要在强光下阅读、出现眩光和对光敏感、对色彩的感知力下降、眼镜度数发生改变等。

(4) 青光眼:青光眼被称为视力的无形杀手,大多数患者在出现视力改变甚至失明前并未察觉到自己患病,直至出现视力模糊、周围视力丧失、眼睛疼痛或不适以及头痛时才就医。

(5) 年龄相关性黄斑变性:临床上分干性和湿性两种不同的类型。干性黄斑变性大多发生于50岁以上的人群,表现为视力在不知不觉中减退,有时会出现视物变形,双眼累及程度相似。湿性黄斑变性起病急,表现为突然的单眼视力下降、视物变形或出现中央暗点,但另一眼较长时间才会出现症状。

(6) 糖尿病视网膜病:糖尿病患病时间较长或者血糖控制不理想的患者容易并发糖尿病视网膜病变。其他危险因素主要有肾功能不良、高血脂和高血压。早期疾病症状可不明显,眼底检查有助于病变的早期发现。

(7) 视力损害:糖尿病视网膜病、青光眼、白内障、黄斑变性和眼外伤是导致老年人视力损害的常见疾病。视敏度20/50~20/200被称为低视力,视敏度20/400至无光者称为盲。

(二) 听觉功能

1. 概念

(1) 听觉功能是指通过后天学习获得的感知声音的能力,尤其是感知言语声的能力。听觉功能主要包括听觉察知能力、听觉分辨能力、听觉识别能力和听觉理解能力。

1) 听觉察知能力是指感知声音的有无,有意识聆听声音。

2) 听觉分辨能力是指判断声音的异同,区分不同的声音。

3) 听觉识别能力是指指出已知的声音,明确声音的特性。

4) 听觉理解能力是指实现音义的结合,形成声音的概述。

(2) 听力障碍:听力障碍是由于损伤或疾病等各种原因致听觉系统解剖结构完整性遭受破坏或者功能障碍,出现的听力损失或者丧失。

2. 听觉功能影响因素

(1) 遗传因素:常见听力障碍的影响因素,其引起的耳聋占全部耳聋病人的一半。

(2) 药物因素:耳毒性药物应当慎重使用,会损害耳的前庭和(或)耳蜗,如一些利尿剂、重金属制剂、避孕药等。

(3) 噪声因素:持续和强度大的噪声应尽量避免,因为其损害听觉器官,并且如果噪声已经严重损伤内耳黏膜及毛细胞,就会出现听力障碍。

(4) 感染因素:一些感染(如麻疹、风疹、感冒等)会引起神经节细胞溶解或者变性萎缩,还有可能波及侵犯到听神经干,炎症导致的神经核的细胞水肿甚至溶解或者炎症遗留的瘢痕牵拉压迫会引发耳聋。

(5) 外伤因素:外伤可引起传导性耳聋(如鼓膜穿孔伤引起的)或神经性耳聋(如颅脑外伤引起的)。

(6) 心理因素:如精神压力过大以及情绪紧张波动大会引发听力障碍。

3. 听觉的一般老化表现

听觉器官包括外周和中枢两部分。外周系统由外耳、中耳和内耳三部分组成,负责接收和感觉声波。外耳是指耳郭和外耳道,中耳由鼓膜、耳鼓和听小骨三部分组成,内耳是指听力感觉器官。随着年龄增长,外耳的耳郭逐渐变大,表面皮肤逐渐失去弹性,外耳道逐渐狭窄,腺体发生萎缩导致耵聍变干。中耳的鼓膜随年龄增长逐渐变成灰色,听小骨之间的关节发生退化。

4. 老年人的常见疾病

(1) 耵聍嵌顿:多种因素引起,主要包括遗传因素、老化引起的腺体萎缩、耳道变窄、耳毛增生等。常见症状和体征包括耳鸣、耳痛、耳内充胀感、痒感、听力下降、耳道阻塞、头晕和耳内嗡嗡声的出现。疾病引起的听力障碍可导致社交孤立和抑郁。

(2) 耳鸣:病因大多数不明,最常见的原因是噪声的暴露。耳鸣常被表述为铃声、哨音、嗡嗡声或嘶嘶声等。其发生可以是持续的、间歇的或瞬间的,可单耳或双耳受累,可用耳鸣问卷收集相关的主观资料。

(3) 听力丧失：听力丧失可分为传导性听力丧失和感觉神经性听力丧失两大类。传导性听力丧失是外耳或中耳道阻塞引起的。感觉神经性听力丧失可以是后天获得也可以是先天发生，由于耳蜗或者是听神经的损害、功能障碍及老化所致，一般导致声音清晰度和音量听觉的丧失。混合性听力丧失是指既有外耳或中耳问题，又有内耳的问题。

1）老年性耳聋：环境因素和遗传因素是目前公认的两大病因。主要表现为需要提高电视或收音机的音量，转向说话人的方向，注视说话人的嘴唇，和其说话甚至大声说话时无反应。可使用听力障碍量表来评估患者的主观感受。

2）头晕和平衡失调：病因的不同，头晕和平衡失调的症状和体征可不同，但一般包括眩晕（当头偏于某一位置时）、头晕或失去平衡（当头迅速转向某一方向时）和持续感到走路失去平衡。眩晕、耳鸣和听力丧失是梅尼埃病的主要症状。

（三）交流能力

1. 概念

交流能力是指个体在事实、情感、价值取向和意见观点等方面采用有效且适当的方法与对方进行交流的能力。完成交流需交流各方能表达各自的思想、意愿等，并且交流各方能够相互理解对方所要表达的思想、意愿等。语言是人与人之间进行交流的工具，通过语言进行社交活动是健康人的基本能力之一，而社交活动的基础是人具有正常的语言功能。语言的沟通交流是指通过应用一些符号来达到沟通交流的目的，它包括对符号的表达和理解能力。符号包括口语和书面的符号（文字），还包括姿势语言（手语或哑语、手势）。口语和文字是人们常用的符号也是常用的沟通交流形式，即听、说、读、写四种基本沟通交流方式。言语偏重指口语，而语言除了指说话之外，还包括用文字和姿势语言。因此，了解言语和语言的内涵有助于我们准确地评估沟通交流能力。

(1) 言语

1）言语的概述：言语一般是指口语能力，也就是说话的能力，通过口腔、咽喉和呼吸器官产生声音以实现交流的一种运动活动。言语的产生由呼吸、发声、共振、构音及韵律五个部分组成。从肺部喷出气体后，气体经气管进入声道，形成声音，即言语的形成。

2）言语产生的机制：虽然人类的言语行为看似简单，但是它却包含着非常复杂的神经、肌肉传导及协调的历程，为了能清晰地说出一个语音、一个音节或是一句话,我们的身体需要协调和整合不同的系统、部位。

3) 言语障碍:按言语组成四大部分来分类,言语障碍可以分为下列四项:

①声音异常:与声带麻痹或者增厚、喉炎等密切相关,按其表现又可以分为三类:音量异常(音量出现过大或过小);音质异常(出现鼻音过重或吸间气息声等);音调异常(音调过高、过低或突变)。

②构音异常:一般发生于构音器官结构异常或出现构音障碍,构音障碍又分为器质性构音障碍和运动性构音障碍。

③语言异常:通常指临床上疾病导致的感觉性失语、运动性失语等。

④流畅度异常:常见的有口吃,部分口吃患者是可以治愈的。

(2) 语言

1) 语言的概念:语言是人与人之间信息传递、沟通的重要媒介,语言在不同的场合有不同的表现形式,从而实现它特有的表达功能。因此语言包括了口语、书面语、手势语和体态语等交流符号。通过书写表达、口语表达、阅读理解、口语理解可以实现和促进语言的沟通功能。

2) 语言的特征:人类语言的主要特征包括:任意性、语义性、离散性、双重性、生成性和置换性。

3) 语言的神经生理基础:人们在日常生活中习惯性用手存在一定的差异,有的人习惯性地使用右手,有的人习惯性使用左手,但据统计前者在人群中的占比达九成以上。语言优势和"习惯性用手"存在一定的相关性,即日常生活中习惯性使用右手的人,其语言优势半球是在左侧大脑,反之,日常生活中习惯性使用左手的人,其语言优势半球是在右侧大脑。

4) 语言障碍:是指语言理解或语言表达能力与同年龄者相比,有显著偏差或迟缓现象,而造成沟通困难者。语言障碍主要有失语和构音困难两种类型。

①失语:由皮质与语言功能特别有关区域的损害所引起,不同的与语言功能有关的皮质区域损害导致不同类型的失语。

• 运动性失语:不能说话,或只能讲一两个简单的字,常用词不当,对答和复述均有困难,但能理解他人的语言和书面文字。

• 感觉性失语:不能理解他人的语言,自述流利,但内容不正常。发音用词错误,不能理解自己所言,严重时他人完全听不懂。

• 命名性失语:称呼原熟悉的人名、物品名的能力丧失,但能叙述如何使用,他人告知名称时,能辨别对与错。

- 失写:可以听懂他人语言也能认识书面文字,能够抄写,但不能自主书写,或写出的句子有遗漏、错误。
- 失读:对文字、图画等视觉符号没有认识能力,不能识别文字、图画。失读和失写常常一起发生,病人既不能阅读,也不能自主书写或抄写。

②构音困难:是指语言表达阶段所包括的各结构的损害或生理过程失调所造成的语言表达障碍。构音困难者发音不清但用词正确。

2. 交流能力的影响因素

(1) 引起交流能力异常常见疾病

1) 脑损害会引起的语言能力交流能力障碍,如创伤性脑损伤,中风、脑出血、脑组织炎症、脑肿瘤、脑性瘫痪。

2) 喉炎、声带增厚或麻痹会导致声音异常而影响沟通交流能力。

3) 发音器官本身或者支配这些器官的神经病变造成发音异常和构音不清楚。

4) 口吃、重言症导致流畅度异常。

5) 自闭症/孤独症、智障、脊髓损伤、肌萎缩侧索硬化症、帕金森、多发性硬化症、选择性缄默症等引起沟通交流障碍。

6) 听觉系统功能或结构损伤造成听力损失或丧失,会造成对信息理解的偏差。

(2) 影响交流能力的非疾病性原因

1) 语种差异:世界各国使用的语言有3 000多种,不同民族种族之间使用的语言不尽相同,文化背景、宗教信仰也不尽相同。当机体出现不适的感觉时,语言表达的方式存在一定的差异。在临床上的文化冲突会引起交流误差。

2) 环境和情绪:环境不同,沟通交流的能力也会发生变化,比如在一个陌生和熟悉的环境,评估对象表达自己主观意愿不同,沟通交流能力可能会有所不同,因此我们对评估对象实施评估时,需要评估熟悉和陌生两种环境下交流能力是否有差异。

情绪是重要的影响因素,会影响沟通的效果,尤其是在不良情绪状态下,会导致信息传递出现偏差,良好的情绪会促进信息的有效传递。

3) 人际关系和个体:如果个体的人口学因素、社会经历等因素相似,沟通双方就容易产生共鸣。人际关系中沟通者之间的信任度是有效沟通的基础,在评估过程中为了更好地进行沟通获得真实的数据,首先需要和评估对象建立良好的信任关系。

二、视听觉和交流能力的评估

(一) 评估内容

1. 视觉功能

评估识别外物、确定外物以及自身方位的能力。

(1) 正常:无视力障碍,能看清书报上的正文字体,在正常环境下能安全照顾自己。

(2) 轻度受损:有视力障碍,只能看清书报上的大标题,日常生活活动偶尔需他人帮助。

(3) 中度受损:有视力障碍,看不清大标题,能辨认物体,日常生活活动需要他人帮助。

(4) 重度受损:有视力障碍,只能看到光、颜色、物体形状,日常生活活动需要他人帮助。

(5) 完全受损:视力完全丧失,日常生活活动需要他人帮助。

2. 听觉功能

评估感知声音的能力

(1) 正常:能正常交谈,能听到电视、电话的声音。

(2) 轻度受损:在轻声说话或面对面交谈距离超过 2 m 时听不到。

(3) 中度受损:正常交谈有困难,需在安静的环境才能听到。

(4) 重度受损:只能在特定的条件下才能交谈,讲话者需大声讲话或讲话很慢才能部分听到。

(5) 完全受损:完全听不到。

3. 交流能力

评估语言的表达和理解能力。

(1) 正常:无困难,能与他人正常交流。

(2) 轻度受损:大部分能够交流,但需要增加时间和部分帮助。

注:具体表现为用词表达、思考需要一定的时间,遗漏的部分交流信息需要他人提醒。

(3) 中度受损:有下列情形之一的:①交流困难;②提出具体的需求有困难;③需他人频繁重复或者用简化的口语、手势表达才能有反应。

(4) 重度受损：完全不能表达需求，完全不能理解其他人表达的内容。

（二）评估工具

1. 视觉功能

视觉功能的评估需要书报、不同形状颜色的物体若干、手电筒等。

2. 听觉功能

听觉功能的评估需要可以发出不同声音的设备（比如手机、电视）、米尺、机械表、标准听力表等。

上述一些工具可用于听力的粗测法：在安静的室内，嘱评估对象闭目静坐，并用手掌堵塞一侧耳郭及外耳道，评估者手持机械表（或用拇指和示指相互摩擦），自1m外逐渐移近评估对象的耳部，直至其听到声音为止，测量其距离（同样方法检测另一耳），两侧听力距离相互比较并与标准听力表对照，以确定听力的好坏。正常人一般在1m处即可听到捻指声或机械表滴答的声音。

3. 交流能力

暂时或者永久丧失使用口语表达能力的评估对象，需要借助交流板、交流书、纸、笔等来表达内心的想法，故也需要借助这些工具评估其交流能力。

（三）评估方法

1. 视觉功能

（1）询问法：通过询问评估对象或照顾者以详细了解以往的视觉检查情况及是否有眼科损伤或疾病，若有，应尽量多方位全面充分地认识：①疾病及外伤当时的发生情况（如时间、原因、方式等）；②疾病和外伤的主要表现（症状和体征）；③主要治疗经过及治疗结果。询问平日是否需要视觉辅助工具。必要时应了解询问家族性疾病史、全身疾病史及用药史。

（2）观察法：是否佩戴眼镜或其他辅助工具；是否能够看清书报上的标准字体；是否能辨认物体；眼睛是否能随物体移动等。对评估对象亲属、邻居或居住社区内相关负责人进行走访调查，详细核实评估对象的视觉功能。

（3）查找法：查看相关病历和临床检查报告。

2. 听觉功能

（1）询问法：通过询问评估对象或照顾者详细了解以往的听觉检查情况及

是否有耳科疾病及外伤,若有,应尽量多方位全面充分地认识:①疾病及外伤当时的发生情况(如时间、原因、方式等);②疾病和外伤的主要表现(症状和体征);③主要治疗经过及治疗结果。必要时应了解耳科病史(包括听觉功能情况),询问家族性疾病史、全身疾病史及用药史。

(2) 观察法:是否佩戴助听器或其他辅助工具;室内正常沟通音量是否能够听清;轻声说话能听清的距离;对说话者的声音的音量和说话的语速是否有要求等。对评估对象亲属、邻居或居住社区内相关负责人进行走访调查,详细核实评估对象的听觉功能。

(3) 查找法:查看相关病历和临床检查报告。

3. 交流能力

(1) 询问法:通过询问评估对象或照顾者详细了解评估对象的沟通交流能力以及是否存在言语障碍或语言障碍。

(2) 观察法:观察评估对象能否与他人正常沟通交流;能否表达自己的需要和理解他人的话等。对评估对象亲属、邻居或居住社区内相关负责人进行走访调查,详细核实评估对象的交流能力。

(3) 查找法:查看相关病历和临床检查报告。

(四) 评估注意事项

(1) 评估环境应安静、整洁,光线明亮,空气清新,温度适宜。

(2) 若平日佩戴眼镜或其他辅助工具,应在佩戴的情况下评估,注意甄别鉴定伪装视力降低和伪盲;平日佩戴助听器或其他辅助工具者,应当在佩戴的情况下评估,同时注意检查前清除耳道耵聍,评估中观察评估对象是否存在伪聋。交流能力的评级过程中,要考虑所有的交流形式,包括言语、姿势、行为、目光注视、面部表情和辅助沟通系统,辅助沟通系统包括但不限于手语、图片、交流板、交流信签等。

(3) 评估员评估前应规范着装,佩戴相应的证件,上门评估时首先表明自己身份,并解释评估的目的和流程,征得评估对象及家属的同意后开始评估。评估时态度应和蔼,并使用礼貌用语以及评估对象能够理解的语言,能够及时解答评估对象的疑惑,同时应遵守职业道德,保证评估客观、公正、真实。评估结束后告知评估对象和家属评估结果公布的时间,并让评估对象或家属签字。

第八节 特殊情况

一、自杀

（一）概述

1. 背景

2013年5月，第六十六届世界卫生大会通过了世界卫生组织（WHO）的第一个精神卫生行动计划。其中自杀预防计划是整个计划的一部分，旨在于2020年实现各国自杀率下降10%。关于人们自杀的原因，目前尚无单一的解释。但是，大多数自杀是在冲动的情况下发生的。一旦有易获得的自杀工具，如农药或枪支，就可能会导致不同的结局（生或死）。一个人的自杀行为可由社会、文化、心理和其他因素相互作用导致，但对自杀以及对精神障碍的歧视导致其不敢寻求帮助。

自杀是当今社会严重的公共卫生问题，已经引起了社会各界的广泛关注。尽管如此，如何有效地预防自杀仍是亟待解决的重大难题。现有研究表明有效治疗精神疾病、及时控制危险因素，可有效预防自杀。此外，将自杀预防方法制作成宣传手册，并广泛分发给人民群众，进行全社会的宣传教育也是有效预防自杀的重要举措之一。

2. 定义及分类

自杀是指个体蓄意或自愿结束自己生命的行为。

（1）自杀意念：指患者已经丧失继续生活的意愿，但未产生构想或行为来伤害自己的身体。

（2）自杀未遂：指患者已故意采取行为，使自身生命受到威胁或身体受到伤害，但未导致死亡。行为包括所有的非致命行为（未完成的自杀、自杀姿态、不成功的自杀、流产的自杀、表演性自杀未遂和矛盾的自杀等）

（3）自杀：指患者故意采取的行为，导致其生命受到威胁或死亡。

3. 危险因素

（1）精神疾病：人格障碍、抑郁症患者。

（2）社会生活因素：丧偶、独居、丧失亲友、经历冲突、无法适应生活压力。

(3) 身体疾病：癌症、病痛、生理功能丧失。

(4) 有自杀、酒精中毒或精神障碍家族史。

(5) 其他因素：之前有过自杀未遂和遭受虐待、暴力、歧视的经历。

4. 自杀方式

自杀方式是指一个人用于自杀的任何手段，全世界常见的自杀方式包括服毒、自缢和吞枪；其他自杀方式则包括淹溺、电击、从高处跳下、窒息、服用及注射过量药物等。

(1) 出血：颈动脉、尺动脉、桡动脉和股动脉是自杀者常见的损伤部位。身体血容量减少或不足会导致死亡（当血容量下降 40%，机体存活率低）。

(2) 淹溺：自溺是指个体故意淹没在水或其他液体中，使大脑不能获取足够的氧气，而导致窒息死亡。

(3) 自缢：自缢的患者常常会准备至少一根绳索，将其结环，然后把绳索吊起，再将结环部分套至颈部自缢。

(4) 高处坠落：指从相对海拔较高的地方跳落。

(5) 服用或注射过量药物：一般指摄入超过建议量的药物，或者"混用"服药（如混用酒精饮料和非处方药物、非处方药和处方药），以服用镇痛药、镇静药较为常见。

5. 自杀倾向的预警信号

(1) 性格内向、行为孤僻，无法正确处理与家人、朋友之间的关系。

(2) 酒精中毒。

(3) 患有精神疾病。

(4) 焦虑或惊恐。

(5) 有家族自杀史。

(6) 人格改变，表现为敏感易怒、抑郁、悲观或冷漠。

(7) 自我仇恨，犯罪感，无价值感或羞耻感。

(8) 近期重大丧失：死亡、离婚、分居等。

(9) 饮食习惯和睡眠习惯发生明显改变。

(10) 记自杀笔记。

(11) 躯体健康不佳。

(12) 感觉孤独、无助、绝望等。

(13) 突然开始整理个人物品或出现写遗嘱行为。

(14) 反复提及死亡或自杀。

（二）评估内容

近 30 天有 2 次及以上自杀事件发生。

（三）评估方法

1. 询问法

对评估对象或知情者进行有目的、有计划地系统询问。

(1) 询问评估对象目前及既往精神状态和关于死亡、自杀的想法。

(2) 询问评估对象既往的自杀计划：何时自杀、如何采取行动。

(3) 询问评估对象的社会支持系统：家人、朋友、亲属等。

2. 观察法

有目的、有计划地通过对评估对象的行为表现直接或间接地进行考察、记录和分析的方法。

仔细观察评估对象所表现出来的任何非语言线索，以此来判断评估对象是否正在欺骗或是感到焦虑。

(1) 核实资料：有研究显示，自杀死亡者在自杀身亡前 7 天就医的比例皆在 60% 左右，自杀身亡前 90 天更可达 80%。因此评估人员可查阅评估对象既往就医记录和用药信息，核实其自杀行为是否属实。

(2) 走访：对评估对象亲属、邻居或居住社区内相关负责人进行走访调查，详细核实评估对象的自杀行为。

3. 问卷调查法

向家属、评估对象、照护人员发放问卷，调查评估对象自杀情况，可分为当面发放、邮寄发放和网上发放三种。

（四）评估注意事项

(1) 评估环境应安静、整洁，光线明亮，空气清新，温度适宜。

(2) 在与评估对象交流过程中，应注意专心地倾听，保持冷静；理解当事人的感情（移情），评估者可通过适当的非语言行为向患者表示尊重和理解；并及时表达自己对当事人的意见和观点的尊重；坦诚地交谈和表示关心；关注对方的感情。

（3）注意避免时常插嘴打断谈话，发生冲突。

（4）评估过程中注意信息的反复询问核实，确保评估资料的准确性。

（5）应该注意避免受到评估对象的干扰。

（6）问卷调查时需尽可能选择最有效的方式，当面收集被调查者的问卷。如果被调查者有不理解的问题，可以当场提问并当场解答，这有助于情感交流，易取得真实的调查结果。

（7）访谈时访谈者应避免主观印象，或避免与访谈对象漫无边际的交谈，要提前准备好谈话的方式、提问的措辞及说明、必要的备用方案及规定对受访对象所回答的记录方法。

二、走失

（一）概述

1. 背景

2016年10月9日发布的《中国老年人走失状况白皮书》相关调查数据表明："每年全国走失的老人数高达50万，65岁以上的老人易于走失，比例高达80%，且有5%的走失老人会再次走失。"

2. 概念

在无人知情的情况下，出于多种原因而发生的出走、失踪事件。

3. 走失的危险因素

（1）生理因素：记忆力及智力的退化；老年痴呆、精神疾病；认知定向障碍。

（2）心理因素：对自身疾病缺乏正确的认识，产生抑郁情绪；长期受慢性病折磨引发。

（3）社会因素：缺乏家庭及社会的关爱；环境陌生。

（4）既往走失现象。

（二）评估内容

近30天有2次及以上走失事件发生。

（三）评估方法

1. 询问法

对被评估对象或知情者进行有目的、有计划地系统询问。

（1）询问评估对象目前及既往精神状态。

（2）询问评估对象既往的走失状况。

（3）询问评估对象的社会支持系统，如家人、朋友、亲属等。

2. 观察法

有目的、有计划地通过对被观察者的行为表现直接或间接地进行考察、记录和分析的方法。

仔细观察患者所表现出来的任何非语言线索，以此来判断患者是否正在欺骗或是感到焦虑。

（1）核实资料：评估人员查阅评估对象既往就医记录和用药信息，核实是否存在与走失行为相关的医疗记录。

（2）走访：对评估对象亲属、邻居或居住社区内相关负责人进行走访调查，详细核实评估对象的走失行为。

3. 问卷调查法

向家属、评估对象、照护人员发放问卷，调查评估对象走失情况，可分为当面发放、邮寄发放和网上发放三种。

（四）评估注意事项

同自杀的评估注意事项。

三、昏睡、昏迷

（一）概述

1. 分类及定义

昏睡：患者处于熟睡状态，一般的外界刺激难以唤醒，当检查者给予强刺激（如压迫眶上神经或摇动身体等），患者才能被唤醒，但很快又入睡。醒时答非所问或答话含糊。

昏迷：是最严重的意识障碍，按程度不同又可分为三个阶段：

(1) 轻度昏迷：患者的意识大部分丧失，自主运动消失，对声、光刺激均无反应，当给予疼痛刺激时，患者可出现痛苦表情或者肢体退缩等防御反应。角膜反射、瞳孔对光反射、眼球运动和吞咽反射可被正常引出，生命体征无明显异常。

(2) 中度昏迷：患者对周围事物及各种刺激均无反应，当检查者给予强烈疼痛刺激时，患者可有防御反应。角膜反射减弱、瞳孔对光反射迟钝、无眼球运动，可有生命体征轻度异常以及不同程度排便排尿功能障碍。

(3) 深度昏迷：患者的意识完全丧失、全身肌肉松弛，对各种刺激均无反应，患者可出现瞳孔散大，深、浅反射消失，排便排尿失禁或出现去脑强直。

2. 病理生理

(1) 机体保持清醒状态需要完整的大脑半球功能和网状激活系统唤醒机制的保存。网状激活系统是由脑桥上部、中脑、间脑后部的核团以及核间的连接纤维组成的一个庞大网络系统。因此意识水平降低的原因主要是双侧大脑半球或网状激活系统功能受损。

(2) 单侧大脑半球受损会导致严重的神经功能障碍，但不会产生昏迷，双侧大脑半球功能受损才会引发意识障碍。单侧大脑半球的损害即使范围很大（如左侧大脑中动脉卒中），也很少引发意识障碍，除非对侧半球受损，或者对侧大脑半球受到压迫（如由水肿引起）。

(3) 弥散性病变如代谢异常（如缺氧、尿毒症、低血糖、药物过量等）或中毒可能会导致网状激活系统损伤。局灶性缺血性病变（如上位脑干的梗死）、出血也可直接机械性破坏网状激活系统。

(4) 颅内压增加可降低脑血流灌注而导致继发性脑缺血。继发性脑缺血会引发网状激活系统或双侧大脑半球损伤，造成意识障碍。

3. 症状和体征

(1) 眼球活动异常：瞳孔可出现散大、针尖样或不等大。一侧或双侧瞳孔可固定于正中位。眼球运动可出现不良共轭或缺失（动眼神经麻痹），涉及不正常的模式（如眼球浮动、眼下沉、眼阵挛等）可能引发同侧偏盲。其他异常包括头眼反射、角膜反射及眼-前庭反射消失（即当头部转动或冷热刺激时眼球均不再有反射性活动），视威胁瞬目减少（几乎触眼）。

(2) 自主功能异常：患者可能会出现呼吸模式异常（Biot 呼吸或 Cheyne-Stokes 呼吸）或血压高而心动过缓（库欣反射）及呼吸心搏骤停。

(3) 运动功能异常:迟缓性肌肉松弛、扑翼样震颤、偏瘫、去皮层强直姿势(上肢屈曲内收,下肢伸展)、多部位的肌阵挛、去大脑强直姿势(颈背及四肢伸展)。

(4) 其他症状:脑干受压导致恶心呕吐、枕部疼痛、假性脑膜炎、共济失调及嗜睡等。

(二)评估内容

评估患者是否为昏睡、昏迷状态,且是否伴有日常生活活动能力完全依赖、认知和行为能力重度受损、视听觉和交流能力重度受损。

(三)评估方法

1. 语言、疼痛唤醒刺激法

评估人员可先通过语言唤醒,若无反应,通过触摸评估对象肢体、胸部或背部唤醒。若以上方法均无效,可应用疼痛刺激,如捏挤。

2. 瞳孔评估

同第一章第四节中第五点(老年人的评估)中老年人意识状态和谵妄的评估中的瞳孔评估。

3. 神经反射

(1) 直接角膜反射:将一手食指放于评估对象眼前 30 cm 处,引导评估对象向内上方注视,另一手持细棉签纤维从评估对象眼外侧从视野外向内接近并轻触评估对象角膜,注意避免触碰睫毛,正常可见眼睑迅速闭合,称为直接角膜反射。

(2) 间接角膜反射:将一手食指放于评估对象眼前 30 cm 处,引导评估对象向内上方注视,另一手持细棉签纤维从评估对象眼外侧从视野外向内接近并轻触评估对象角膜,注意避免触碰睫毛,若对侧角膜出现眼睑闭合反应,称为间接角膜反射。

4. 格拉斯哥昏迷评分

同第一章第四节中第五点(老年人的评估)中老年人意识状态和谵妄的评估中的格拉斯哥昏迷评分。

5. 询问法

对被评估对象或知情者进行有目的、有计划地系统询问。询问目击者、朋友或家属以及医疗人员相关疾病信息和诊疗记录。

（四）评估注意事项

（1）评估环境应安静、整洁,光线明亮,空气清新,温度适宜。

（2）查阅并询问既往病史,包括起病方式、首发症状、伴随症状、发生环境等,仔细核实查对患者的用药记录、就诊信息。

（3）评估过程仔细核实评估对象的神经反射及对刺激的反应,确认评估对象为昏睡或昏迷状态。

（4）合理使用沟通技巧,使用患者能够理解的语言或非语言进行沟通。部分患者由于视听等功能下降,智力和思维能力改变,记忆力下降,因而反应速度减慢,在限定的时间内接受新知识和新事物的能力较正常人差。因此,在采集病史资料时,应用简单、明了、易懂的语言与其交流,并可运用肢体语言如手势、写字等方式与其沟通,收集健康资料。

四、完全性截瘫

（一）概述

1. 定义

完全性截瘫即高位截瘫,横贯性病变发生在脊髓较高水平位上,一般指第二胸椎以上的脊髓横贯性病变引起的截瘫。

2. 病因

（1）外伤:交通事故、运动意外、高空坠落、刀伤等造成的脊椎外伤、骨折或脊髓损伤。

（2）脊髓病变

1）脊髓压迫型:骨质压迫所致,如椎间盘突出手术致伤、骨质增生、椎管狭窄等;

2）脊髓变性型:包括脊髓软化、空洞、萎缩,多由炎症或压迫型转化所致;

3）先天型:先天性发育异常、外伤诱发下造成的急性脊髓损伤。

3. 症状

（1）感觉障碍:因白质内神经束受损而导致痛温觉、触压觉等皮肤感觉的丧失。

(2) 大小便失禁:脊髓排尿中枢受损。

(3) 压力性溃疡:是因截瘫长期卧床而引起的并发症。

(4) 失用性肌肉萎缩:患者长期卧床,肌肉活动过少,导致营养和氧供不足,而出现肌肉萎缩。

(5) 肢体瘫痪。

(二)评估内容

评估对象是否为完全性截瘫。

(三)评估方法

1. ASIA(America Spinal Injury Association,美国脊髓损伤学会)损伤分级(表1.8.1)

表1.8.1 ASIA损伤分级

分级	损伤程度	临床表现
A	完全损伤	S4~S5无感觉和运动功能
B	不完全损伤	损伤水平以下,包括S4~S5,有感觉功能但无运动功能
C	不完全损伤	损伤水平以下,运动功能存在,大多数关键肌肌力<3级
D	不完全损伤	损伤水平以下,运动功能存在,大多数关键肌肌力≥3级
E	正常	感觉和运动功能正常

2. 肌力评定

根据肌力的情况,一般将肌力分为以下0~5级,共六个级别:

(1) 0级:完全瘫痪,测不到肌肉收缩。

(2) 1级:仅测到肌肉收缩,但不能产生动作。

(3) 2级:肢体能在床上平行移动,但不能抵抗自身重力,即不能抬离床面。

(4) 3级:肢体可以克服地心引力,能抬离床面,但不能抵抗阻力。

(5) 4级:肢体能做对抗外界阻力的运动,但不完全。

(6) 5级:肌力正常。

3. 感觉功能评定

(1) 浅感觉检查

1) 触觉:嘱评估对象闭目,评估人员用棉签轻触评估对象的皮肤,让评估对象回答有无轻痒的感觉或让评估对象数所触碰的次数。测试时应注意双侧对称部位的比较,刺激的强度应轻,但刺激的速度不能有规律。

2) 痛觉:嘱评估对象闭目,评估人员用针尖端和钝端以均匀的力量轻刺评估对象需要检查部位的皮肤,嘱评估对象说明具体感受或嘱评估对象指明受刺激的部位。若需要区别评估对象病变的不同部位,可嘱评估对象指明疼痛程度的差异。

3) 温度觉:嘱评估对象闭目,评估人员用两支分别盛有冷水(5～10℃)或热水(40～45℃)的试管,随意、交替地刺激评估对象皮肤,试管与皮肤的接触时间应为2～3 s,嘱评估对象指出是"冷"还是"热"。另外评估人员还需注意两侧对称部位的比较。

4) 压觉:嘱评估对象闭目,评估人员用大拇指或指尖用力挤压皮肤表面,压力的大小以使评估对象的皮肤下陷为宜,请评估对象说明感觉。

(2) 深感觉检查

1) 运动觉:嘱评估对象闭目,评估人员在较小的范围内活动评估对象的肢体,如轻握评估对象手指或足趾的两侧,上下移动5°左右,嘱评估对象指明肢体所处位置或移动的方向。

2) 位置觉:嘱评估对象闭目,评估人员将评估对象肢体移动并停止于某一位置,然后让评估对象说明肢体所放的位置;或嘱评估对象用其正常肢体模仿出患侧肢体相同的位置。

3) 振动觉:嘱评估对象闭目,评估人员将震动256次/s的音叉放置于评估对象身体的骨骼突出部位,如锁骨、肩缝、棘突、髂前上棘、内外踝等,然后询问评估对象有无震动感和持续时间,同时评估人员还需注意两侧对称部位的比较。

(四) 评估注意事项

(1) 评估环境应安静、整洁,光线明亮,空气清新,温度适宜。

(2) 合理使用沟通技巧,使用评估对象能够理解的语言或非语言进行沟通。部分评估对象由于视听等功能下降,智力和思维能力改变,记忆力下降,因而反应速度减慢,在限定的时间内接受新知识和新事物的能力较正常人差。因此,在采集病史资料时,应用简单、明了易懂的语言与其交流,并可运用肢体语言如手势、写字等方式与其沟通,收集健康资料。

（3）评估过程中注意保护评估对象的隐私，评估资料要实事求是，不可主观臆断，应如实记录。

五、完全性四肢瘫痪

（一）概述

1. 概念

双侧上下肢的瘫痪称四肢瘫。

2. 病因病理

大脑、脑干和颈髓的双侧锥体束、脊髓的灰质神经根、周围神经的病变（如脑血管病、肿瘤、炎症等），神经肌肉传导障碍及肌肉疾病都可引起四肢瘫痪。引起四肢瘫的病变可同时发生。

3. 临床症状

大脑、脑干及颈髓损害呈上运动神经元瘫痪，其余病变呈下运动神经元瘫痪。

（二）评估内容

评估评估对象是否为完全性四肢瘫痪。

（三）评估方法

1. 肌力评定

同完全性截瘫中的肌力评定。

2. 感觉功能评定

同完全性截瘫中的感觉功能评定。

（四）评估注意事项

同完全性截瘫中的评估注意事项。

第九节 医疗护理项目

一、失禁性皮炎

(一)概述

1. 概念

失禁性皮炎(Incontinence-Associated Dermatitis,IAD)是指会阴部或外生殖器周围的皮肤长期或反复接触尿液和粪便而引发的炎症,表现为皮肤发红,伴或不伴水泡、糜烂、渗液及皮肤的二重感染。

2. 发病机制

(1) 尿液

1) 尿液刺激使皮肤一直处于潮湿环境中;

2) 尿液中尿素氮使皮肤 pH 由弱酸性变成弱碱性;

3) 尿液刺激增加了皮肤与床单衣物间的摩擦力,降低皮肤耐受性。

(2) 粪便

1) 粪便中脂酶和蛋白酶降低了皮肤角质层的防护能力;

2) 成型粪便 pH 呈中性,活性酶含量减少;

3) 水样便中胆盐和胰脂酶含量高,且与皮肤接触面积增加。

3. 危险因素

(1) 失禁类型及频率:大小便刺激是失禁性皮炎发生的直接原因。当患者的局部皮肤同时受到大小便的刺激时,尿液中的尿素及粪便中的消化酶会改变皮肤自身的 pH,从而破坏皮肤的屏障功能。研究表明,潮湿频率 3 次/d 可成为 IAD 发生的危险因素。

(2) 基础疾病:基础疾病主要指基础代谢障碍、免疫功能低下和慢性消耗性疾病。患有基础疾病的患者发生 IAD 的风险较高。

(3) 认知及活动状况:有研究指出,意识障碍严重程度与 IAD 发生的风险呈正相关,原因主要为患者的日常行动受限、感知觉功能下降、无法完成个人卫生的清洁、皮肤易受潮湿刺激等;且意识障碍患者的局部组织因活动受限而长期受压,易出现血液循环障碍,导致 IAD 的发生。

(4)营养失调:包括营养不良和营养过剩,均为 IAD 发生的主要原因。

(5)药物影响:抗菌药物可引起患者抗菌药物的相关性腹泻,增加肛周皮肤损伤的风险;免疫抑制剂如糖皮质激素等会导致患者的皮肤通透性增加,诱发皮肤水肿,皮肤的抵抗力和抗摩擦力减弱,增加 IAD 发生的风险。

(6)辅助工具:临床常用吸收、收集型产品和引流装置等来预防 IAD,但当此类工具使用不当时,也会导致 IAD 的发生。如一次性尿垫、成人纸尿裤等产品,虽能减少粪便、尿液与皮肤的接触,但也会导致皮肤出汗增多,诱发 IAD 的发生。

(二)评估内容

1. 好发部位

好发于会阴部、肛门、骶尾部、腹股沟、大腿内侧、臀部等。

2. 失禁性皮炎的分级

(1)正常:皮肤完整,无色泽变化,无渗出。

(2)轻度:皮肤完整,有轻度发红和局部不适感,无渗出。

(3)中度:皮肤中度发红,有剥脱,有小水疱或小范围皮层受损,伴有疼痛或不适感。

(4)重度:皮肤变暗或深红色,大面积皮肤有剥脱,有水疱和渗出。

(三)评估方法

1. 观察法

观察皮肤的部位、颜色、温度、皮损的面积、程度,确定失禁性皮炎的分级程度。

2. 询问法

询问评估对象的主观感受,如疼痛感、灼热感等。若评估对象无法正常交流,则询问其照护者相关病史资料、就医信息、用药记录等。

(四)评估注意事项

同完全性截瘫中的评估注意事项。

二、压疮

(一) 概述

1. 概念

压疮(Pressure Ulcer,PU)又称压力性溃疡,是由于人体皮肤组织长期受压迫(有时伴随擦伤)导致缺血坏死、溃烂,常见于因瘫痪或手术而长期卧床的人。

2. 病因病理

(1) 压力因素

1) 垂直压力:垂直压力是引起压疮的最主要原因,尤其是患者的身体骨隆凸处。如长期卧床、长期坐轮椅、夹板内衬垫放置不当,石膏内不平整或有渣屑等,当患者的局部组织长时间承受超过毛细血管压(正常为 16～32 mmHg)的压迫,可导致组织发生缺血、溃烂或坏死。皮肤的平均压力可通过公式计算:压力=体质量/皮肤的接触面积或使用压敏设备计算。

2) 摩擦力:摩擦力是两层相互接触的表面相互交错运动时产生的力,易损害皮肤的保护性角质层。当患者在床上活动或坐轮椅时,皮肤可受到床单和轮椅表面的逆行阻力摩擦,引起皮肤的表皮层剥脱或使皮肤更易受到压力和剪切力的侵袭,进而导致皮肤坏死。且如果患者的皮肤发生擦伤,当受到潮湿或污染时则更易导致压疮。

3) 剪切力:剪切力是指施加于相邻物体表面后,产生平行反方向的平面滑动力量。它与体位关系密切,如患者平卧抬高床头时,身体向下滑动,皮肤因摩擦力仍停留在原位的床单贴合处,而骨骼及深部筋膜因重力作用向下滑行,因此两层组织间产生牵拉而形成剪切力。

(2) 营养状况:营养状况是压疮发生的重要因素。营养不良易导致患者软组织损伤和肌肉萎缩,增加了患者的骨性突出,且受压部位缺乏肌肉和脂肪组织的保护而引起血液循环障碍,出现压疮,如长期发热及恶病质等。过度肥胖的患者长期卧床时,其体重对皮肤的压力较大,也易导致压疮。

(3) 年龄因素:老年人因老化过程导致皮肤松弛干燥,缺乏弹性,皮肤抵抗力下降,皮下脂肪萎缩、变薄,最终导致皮肤易受到损害,进而引发压疮。

(4) 其他刺激因素:如潮湿、摩擦等物理性刺激(如石膏绷带和夹板使用不当,大小便失禁,床单皱褶不平等)。

3. 临床分期

(1) Ⅰ期(淤血红润期):皮肤完整,出现红、肿、热、痛或麻木,呈现红斑,指压颜色不会变白。解除压力30 min后,皮肤颜色不可恢复。若在此期及时去除病因,可阻断压疮的进一步发展。

(2) Ⅱ度(炎性浸润期):皮肤的表皮或真皮层受损,受压部位呈现紫红色,皮下有硬结。常出现大小不等的水疱,极易破溃,患者有疼痛感。

(3) Ⅲ度(浅度溃疡期):皮肤的表皮或真皮层全部受损,深及皮下组织,溃疡不超过皮肤全层。表现为水疱进一步破溃,可见黄色渗出液,患者疼痛感加重。

(4) Ⅳ度(坏死溃疡期):大量组织坏死,侵及真皮下层和肌肉层,可累及骨骼,坏死组织因缺血坏死而呈黑色,脓性分泌物增多,可有臭味,感染严重者可引起败血症,甚至引起患者死亡。

4. 压疮与失禁性皮炎的鉴别(表1.9.1)

表1.9.1 压疮与失禁性皮炎的鉴别

内容	IAD	PU
病史	大/小便失禁	暴露于压力/剪切力
症状	疼痛、烧灼、瘙痒、刺痛	疼痛
颜色	鲜红或淡红色	淡红色、压之不褪色的红色或深红色,已有深部组织损伤时可呈现紫蓝色
位置	影响会阴、生殖器周围;臀部;大腿上部内侧和后方;下背;可能会延伸到骨突处	好发于骨隆突处、医疗设备的位置相关处、使用可吸收的垫子产品部位
形状/边缘	受影响区域比较弥散,边缘界限模糊,多为弥散、不规则状	边缘或边界清晰
深度	浅表性,只侵蚀表皮和真皮	可表现为部分至全层皮肤的受损,甚至累及皮下组织、肌肉、骨骼;伤口基底可能含有坏死组织
伤口周围皮肤	红色炎性水肿	一般正常,可触及肿胀
其他	可能出现继发性浅表性皮肤感染(如念珠菌感染)	可能出现继发性软组织感染

（二）评估内容

1. 好发部位

多发生于无肌肉包裹或肌肉层较薄、缺乏脂肪组织保护又经常受压的骨隆突处。仰卧位好发于枕骨粗隆、肩胛部、肘部、脊椎体隆突处、骶尾部及足跟部；侧卧位好发于耳郭、肩峰、肋骨、肘部、髋部、膝关节的内外侧及内外踝处；俯卧位好发于面颊部、耳郭、肩部、女性乳房、男性生殖器、髂嵴、膝部及足尖处。

2. 压疮分级

（1）正常：皮肤完整，无色泽变化、温度变化，无疼痛、无渗出。

（2）轻度：淤血红润期，有红肿热痛和麻木，短时间不消失。

（3）中度：炎性浸润期，皮肤为紫红，皮下产生硬结，表皮出现水疱；水疱破溃后为潮湿红润的创面，伴有疼痛。

（4）重度：浅度或深度溃疡期、不明确分期，浅层组织坏死，形成溃疡，或者侵入真皮下层和肌层，可达骨面，可伴有腐肉或焦痂。

（三）评估方法

1. 观察法

观察皮肤的部位、颜色、温度，皮损的面积、程度，确定压疮的分级程度。

2. 询问法

询问评估对象的主观感受，如疼痛感、灼热感等。若评估对象无法正常交流，则询问其照护者相关病史资料、就医信息、用药记录等。

3. 触诊

轻轻按压患者发红部位，若受压后不能变白则提示为压疮。

4. 评估工具

（1）表皮下含水量检测仪：患者皮下含水量越多，发生压疮的可能性越大。

（2）超声诊断仪：有研究显示无论患者处于压疮的哪一期，均有深部组织损伤的改变。

（3）超声弹性成像检测仪：由于压疮是受持续压力所致的皮肤组织损伤，受损组织一般比健康组织硬，此检测仪可检测受损处组织的弹性。

（四）评估注意事项

同完全性截瘫中的评估注意事项。

三、便秘

（一）概述

1. 概念

便秘指因粪便太硬或是太干而排便不顺或难以排出的状况。正常人一般每日排便 1~2 次或 1~2 日排便 1 次，便秘患者每周排便少于 3 次，并且排便费力，粪质硬结、量少。

2. 病因病理

（1）年龄因素：老年人便秘的患病率较高，随着年龄增加，老年人食量和体力活动减少，胃肠道分泌消化液减少，肠蠕动减弱，腹腔及盆底肌肉乏力，食物在肠道内停滞过久，水分过度吸收引起便秘。

（2）粪便硬结：水摄入不足、低纤维素饮食、药物（如利尿剂及含有铝、铁的药物等）等。

（3）肠道麻痹或肠蠕动减慢：甲状腺机能减退、肛门括约肌受损、低钾血症、药物（如洛哌丁胺、抗抑郁药、阿片类等）及其他原因导致的严重疾病。

（4）排便受阻：机械性肠梗阻，如直肠内脱垂、直肠前突、盆底疝；功能性肠梗阻，如直肠内异物、盆底肌失弛缓综合征等。

（5）精神心理因素：患焦虑、抑郁、强迫症等心理障碍患者易出现便秘。

（二）评估内容

（1）正常：排便顺畅，排便次数（每周不少于 3 次）正常，性状正常。

（2）轻度：排便不畅，连续 3 日未解大便，偶有发生，灌肠每月 1 次。

（3）中度：排便不畅，连续 4~6 日未解大便，常有发生，灌肠每月 2 次。

（4）重度：排便不畅，连续 7 日及以上未解大便，伴有腹胀腹痛，频繁发生，灌肠每月 3~4 次。

（三）评估方法

（1）询问法：询问评估对象排便情况，如次数、性状、主观感受等。若评估对象无法正常交流,则询问其照护人员。

(2) 查阅资料:核实评估对象发生便秘的原因,查阅相关就诊信息、用药记录、医疗诊断等。

(3) 观察法:观察评估对象是否存在腹部膨胀、体重减轻等症状。

(四)评估注意事项

(1) 合理运用沟通技巧,使用评估对象能够理解的语言和非语言性沟通。在采集病史资料时,要用简单、明了易懂的语言与评估对象交流,并可运用肢体语言如手势、写字等方式与评估对象沟通,收集健康资料。

(2) 在评估过程中要注意保温,室内温度以 18～26℃、湿度以 40%～60% 为宜。环境安静、安全;光线柔和、适度,必要时应在私密的环境下进行。

(3) 保证评估资料的完整、客观、真实。

(4) 评估过程中注意保护评估对象的隐私。评估资料要实事求是,不可主观臆断,同时注意评估资料的准确性。

四、鼻饲

(一)概述

1. 概念

鼻饲即将导管经鼻腔插入胃内,从管内灌注流质食物、水分和药物的方法。一般用于长期昏迷或吞咽困难的患者。

2. 目的

患者大多不能由口进食,伴有意识障碍或吞咽障碍,鼻饲是供给患者热能和营养、满足机体代谢需求、维持水电解质及酸碱平衡、促进患者康复和维持患者基本生理需求的重要方法之一。患者在医疗护理机构的鼻饲可由医院护士完成,但当患者出院后需要居家照护人员学会鼻饲的操作要求和规范。

3. 鼻饲的适应证及禁忌证

(1) 鼻饲的适应证

1) 昏迷患者;

2) 口腔疾病或口腔手术后的患者,上消化道肿瘤引起吞咽障碍的患者;

3) 不能张口的患者,如破伤风;

4）拒绝进食的患者。

（2）鼻饲的禁忌证：食道下段静脉曲张、食管梗阻、胃底静脉曲张。

（二）评估内容

观察评估对象是否经鼻胃管进食。

（1）正常：无鼻饲。

（2）重度：有鼻饲。

（三）评估方法

（1）观察法：直接观察评估对象鼻腔内是否有鼻胃管，是否通过鼻胃管进食。

（2）查阅资料：核对医嘱，核实评估对象的病史、用药信息、就诊记录等。

（四）评估注意事项

同便秘中的评估注意事项。

五、保留导尿

（一）概述

1. 概念

（1）导尿术：是指在严格无菌操作下，用导尿管经尿道插入膀胱引流尿液的方法。

（2）保留导尿术：导尿后将导尿管保留在膀胱内引流尿液的方法。

2. 目的

（1）导尿的目的

1）引流尿液（如尿潴留患者），减轻患者痛苦。

2）辅助临床诊断，如留取尿标本（未受污染）作细菌培养；测量膀胱压力、容量及检查残余尿液；进行膀胱或尿道造影。

3）为膀胱肿瘤患者进行化疗。

（2）保留导尿的目的

1）抢救危重或休克患者时准确记录 24 h 尿量、测量尿比重，密切关注患者的病情变化。

2）部分泌尿系统疾病术后留置导尿，利于引流和冲洗，减轻术后切口处压力，促进伤口愈合。

3）为尿失禁或会阴部有伤口的患者引流尿液，保持会阴部皮肤的清洁干燥。

4）为尿失禁患者实施膀胱功能训练。

（二）评估内容

观察评估对象是否保留导尿。

(1) 正常：无保留导尿。

(2) 重度：有保留导尿。

（三）评估方法

(1) 观察法：直接观察评估对象是否有导尿管和集尿袋。

(2) 查阅资料：核对医嘱，核实评估对象的病史、用药信息、就诊记录等。

（四）评估注意事项

同便秘中的评估注意事项。

六、结肠（膀胱）造瘘

（一）概述

1. 概念

(1) 结肠造瘘：即乙状结肠造瘘，是指为治疗某些肠道疾病（如直肠癌、溃性结肠炎等）而在腹壁上所做的人为开口，并将一段肠管拉出开口外，翻转缝于腹壁，从而形成了肠造口。其作用就是代替原来的会阴部肛门行使排便功能。

(2) 膀胱造瘘：因尿道梗阻，在患者耻骨上膀胱行造瘘术，将尿液引流至体外，暂时性或永久性解决患者的排尿障碍。

2. 病因

(1) 原发肠道疾病：如结肠癌、憩室炎等。

(2) 原发妇科疾病：进展期宫颈癌、难产导致的压迫性坏死等。

(3) 术后：子宫切除术后、肿瘤放疗术后或低位剖宫产术后。

(4) 损伤：小肠、结肠、阴道等的恶性肿瘤坏死糜烂、膀胱重度受损导致膀胱周围脓肿的形成，向会阴和腹腔破溃。

3. 临床症状

可出现粪瘘、尿道排气和膀胱刺激症状等，常伴有大便习惯的改变，体格检查可示肠梗阻特征。

（二）评估内容

(1) 正常：无结肠（膀胱）造瘘。
(2) 重度：有结肠（膀胱）造瘘。

（三）评估方法

(1) 观察法：观察评估对象是否需要借助导尿管和集尿袋辅助排尿、结肠造瘘袋协助排便。
(2) 查阅资料：核对医嘱，核实评估对象的病史、用药信息、就诊记录等。

（四）评估注意事项

同便秘中的评估注意事项。

七、鼻导管（面罩）给氧

（一）概述

1. 定义

(1) 吸氧：通过给氧，提高动脉血氧分压和动脉血氧饱和度，增加动脉血氧含量，纠正各种原因造成的缺氧状态，促进组织的新陈代谢，维持机体生命活动的一种治疗方法。

(2) 鼻导管给氧：临床常用的给氧方法，操作简单方便，患者易接受，且不影响进食、咳痰、说话等。其主要方法是将一导管插入鼻腔顶端进行吸氧。

(3) 面罩给氧：将面罩掩盖病人口鼻实施吸氧，其效果比鼻塞和鼻导管吸氧法好些，但可能导致呼吸性酸中毒。

2. 目的

(1) 提高肺泡内氧分压；

(2) 纠正患者的缺氧状态；

(3) 促进代谢，维持生命活动。

3. 适应证

(1) 肺活量降低。

(2) 心肺功能不全。

(3) 昏迷病人。

(4) 各种中毒引发的呼吸困难。

(5) 某些手术前后、失血性休克、分娩时间过长等。

4. 缺氧程度判断

(1) 轻度：$PaO_2 > 50$ mmHg（6.67 kPa），$SaO_2 > 80\%$，无发绀，一般无须氧疗。如出现呼吸困难，可予低流量低浓度（氧流量 1~2 L/min）吸氧。

(2) 中度：PaO_2 为 30~50 mmHg（4~6.67 kPa），SaO_2 为 60%~80%，患者出现发绀、呼吸困难，需氧疗。

(3) 重度：$PaO_2 < 30$ mmHg（4 kPa），$SaO_2 < 60\%$，患者呈现显著发绀、呼吸极度困难、三凹症，为氧疗的绝对适应证。

5. 氧疗分类（见表 1.9.2）

表 1.9.2　氧疗分类

分类	氧浓度	适应证
低浓度	<30%	慢性阻塞性肺疾病、慢性呼吸衰竭（缺氧伴 CO_2 潴留）
中浓度	40%~60%	肺水肿、休克、心肌梗死
高浓度	>60%	成人呼吸窘迫综合征、心肺复苏后
高压氧	100%	CO 中毒、气性坏疽（高压氧舱内）

6. 吸入氧浓度

吸氧浓度与氧流量：吸入氧浓度(%)＝21＋4×氧流量(L/min)。

7. 家庭氧疗注意事项

(1) 注意用氧安全，做好四防：防震、防火、防热、防油。周围禁烟火及易燃品。

(2) 使用氧气应先调节流量再带吸氧管,停氧时则应先拔出吸氧管再关氧气开关,以免大量氧气突然冲入呼吸道而损伤肺部组织。

(3) 氧气须经过湿化瓶湿化,减轻其对呼吸道黏膜的刺激。

(4) 每次使用前应先检查鼻导管是否通畅,最好使用一次性吸氧管。

(5) 高浓度给氧时间不宜过长,当吸氧浓度＞60%,持续 24 h 以上,可能发生氧中毒。

(6) 慢阻肺急性加重期的患者给予高浓度吸氧可导致呼吸抑制而加重病情,一般应给予控制性(即低浓度持续)吸氧。

(二)评估内容

1. 正常

无心肺疾病、中毒、颅脑等各种原因导致的缺氧症状(呼吸困难、发绀等),无须给氧。

2. 中度

缺氧(呼吸困难、发绀等),医嘱给予间歇性面罩或鼻导管给氧。

3. 重度

缺氧(有发绀、呼吸困难、昏睡、昏迷等),医嘱给予持续面罩或鼻导管给氧。

(三)评估方法

(1) 观察法:首先观察评估对象的全身情况,如意识与精神状态,缺氧的程度与表现等;其次观察评估对象的局部表现,如口唇、甲床等部位的皮肤颜色、发绀程度、呼吸困难程度。(呼吸频率、节律、深浅度及有无鼻翼翕动、三凹征等)。

(2) 询问法:询问评估对象呼吸情况,如气喘、憋闷、呼吸费力等。若评估对象无法正常交流,则询问其照护人员。

(3) 查阅资料:核实医嘱,查阅评估对象相关就诊信息、用药记录、医疗诊断等。

(四)评估注意事项

同便秘中的评估注意事项。

八、人工气道

(一) 概述

1. 定义

将导管经上呼吸道置入气管或直接置入气管所建立的气体通道,能够保障呼吸通畅,实现氧气的摄入和二氧化碳排泄。同时也能够为治疗和护理(如吸痰、引流等)提供一定的条件。

2. 分类

气管插管和气管切开是人工气道的两种基本方式。

(1) 气管插管

1) 概念:气管插管是对处于病理状态下的患者进行的一项操作,是用特制的气管导管,经过口腔或鼻腔插入气管内。常用于保持呼吸道通畅(如机械通气、氧疗等)和麻醉。

2) 适应人群:经鼻插管和经口插管的适应人群存在差异。

①经口插管主要用于需要机械通气和引流的患者,也可作为气管切开的过渡措施,如婴幼儿进行气管切开时。

②经鼻插管主要适用于需要建立人工气道但情况不是十分紧急的患者,也适用于需要保留气管导管较长的时间的患者。

3) 用途

①建立人工呼吸或(和)辅助呼吸,改善通气;

②吸引并清除气管内分泌物,畅通气道;

③急救工作中的抢救以拯救患者,降低病死率。

(2) 气管切开

1) 定义:切开患者的气管颈段前壁(甲状软骨上),放入气管套管,从而解除患者的喉源性呼吸困难、呼吸机能失常或下呼吸道分泌物潴留,多用于抢救危重患者。

2) 适应证

①下呼吸道分泌物潴留:各种原因导致的下呼吸道分泌物潴留,为确保吸痰和气道的通畅,可实施气管切开。如重度颅脑损伤、颅脑肿瘤、昏迷、呼吸道烧伤、严重胸部外伤、神经系统病变等。

②喉部及相邻器官的炎症：如急性喉炎、急性会厌炎、急性支气管炎、颈前蜂窝织炎等，另外喉部的特异性感染也易导致急性喉梗阻症状。

③预防性气管切开：对某些口腔、颌面、鼻咽、喉部大手术，为了全身麻醉时防止血液流入下呼吸道，保证术后呼吸道通畅，可实施气管切开。

④喉外伤：如挫伤、挤压伤、化学腐蚀剂烧灼伤等，若损伤后立即出现呼吸困难者，应立即实施气管切开。

（二）评估内容

（1）正常：无气管插管、气管切开。
（2）重度：有气管插管、气管切开。

（三）评估方法

（1）观察法：直接观察评估对象是否有气管插管或气管切开。
（2）查阅资料：核对医嘱，核实评估对象的病史、用药信息、就诊记录等。

（四）评估注意事项

同便秘中的评估注意事项。

第十节　背景参数

一、家庭提供照护支持状况

（一）概述

1. 概念

（1）家庭：是指以婚姻、血缘、收养或同居等关系为基础而形成的共同生活单位。由婚姻组成的家庭，经过生育孩子，产生了以血缘为联系的家庭成员。除此之外，由收养而形成的亲子关系也可以组成家庭。

（2）家庭照护：由家庭中的配偶、子女、亲戚、邻居和朋友等向照护对象提供长期的家庭照护服务。服务内容包括生活照护、医疗护理、经济支持和情感支持等。

(3)家庭支持系统:即维系家庭生存,保证家庭的正常功能,并促进家庭成员发展,使得家庭内与家庭外条件能够有机结合的体系。其按照内容可分四类:家庭成员的内部支持、周边环境(亲属、邻居)的自然支持、社会团体给予的非正式支持、政府或其他机构提供的正式支持。Schalock学者认为支持是指"通过提供一些资源或者策略,来增加一个人的利益,帮助其从统合的工作或生活环境中获得必要的资源、信息与关系,进而使个人的独立性、生产性、社区统合性与满足感都得到提升。"在此基础上,家庭支持系统可理解成以满足家庭需求而构建的支持系统,帮助家庭搜集相关的资源及讯息。其核心理念为:家庭会尽可能采取一切的措施,维护及提升家庭对身心障碍者的照护能力,帮助身心障碍者及其所在的家庭,能够像其他普通家庭一样生活。

2. 家庭的功能

(1)经济功能:家庭是消费与生产并存的单位,包括了劳动等各项活动所得的获取及各种费用的支出。

(2)协调功能:当家庭成员面临角色冲突时,家庭可以帮助其依据自身及其他家庭成员的社会工作情况进行组织分工与安排。

(3)日常照顾功能:提供饮食、穿着、安全、保护、交通、打扫卫生、健康照顾等。

(4)保障功能:家庭成员间可以从家庭中获取物质及精神生活的保障,成员间共同承担抚育子女、赡养老人等责任,并共享家庭成果。

(5)休闲功能:指家庭成员摆脱工作的压力、调整生活状态,储备生活能量的功能。

(6)社会化功能:家庭成员可在家庭中学习到许多价值观、信仰、态度及人际沟通技巧等。

(7)情意功能:家庭成员可在家庭中逐渐学习到如何去表达自己的感情,如喜悦、忧虑、痛苦、怨恨等,最终实现自己情绪的成熟。

(8)自我认定功能:家庭成员可在家庭中逐渐发展出自我认可、自我价值等。

(9)教育功能:家庭可以吸收到外界的相关信息及技能,对家庭成员进行信息分享,从而起到对其教导的功能。

(10)辅导功能:家庭也会运用赏罚的方式对家庭成员的个人行为进行规范,同时通过回馈的方式,帮助其解决生活中所面对的难题。

(11) 社会延续功能：简单说可以理解为子嗣延绵，维持人类社会的持续发展。

3. 家庭支持系统的理论基础

(1) 家庭多元层级系统理论：家庭多元层级系统，包含了主系统及次系统，主系统的内涵包括了其他的次系统。主系统指家庭内的所有成员，次系统是指夫妻、母女、父子、姐弟等。在一个家庭中，除了家庭主要成员外，其他成员间的互动关系同样重要。在多元层级模式下，主要的要素有家庭结构、家庭生命周期及家庭功能。

(2) 社会生态系统理论：1979 年，Bronfenbrenner 站在生态学角度提出了关于人类发展的观点。十年后 Bronfenbrenner 提出"生态系统理论"，将影响个人及家庭发展的因素按照由近及远的方式，分成了微视系统、中间系统、外部系统和巨视系统四个层次。微视系统是指家庭环境最内层，在这一层里，两位家庭成员之间的互动，除了会相互影响，同样也会受到第三位家庭成员的影响。如父子之间的互动，会受到孩子母亲的影响。中间系统是指能够联结微视系统的环境，如学校、家庭等。外部系统指不包含被照护者的社会环境，但会对照护者产生影响，包括了正式组织如工作单位或社区医疗服务等，非正式组织如社交网等。巨视系统是指家庭环境的最外层，如社会价值观、法律和地方风俗习惯等。社会生态系统理论指出这些不同层次的系统之间会相互影响，由近到远。

4. 影响家庭提供长期护理支持的因素

(1) 老年人方面：失能程度、疾病状况、情感需求、社会交往等；

(2) 家庭方面：经济状况、子女数量、子女的愿望、子女工作等。

（二）评估内容

(1) 居家的评估对象，家庭负担其全部的生活照料。

(2) 居家的评估对象，家庭负担其基本的生活照料；入住机构的评估对象，直系亲属或监护人频繁前往机构探视（平均每周≥1 次）。

(3) 居家的评估对象，家族负担其生活照料有较大的困难；入住机构的评估对象，直系亲属或监护人经常前往机构探视（平均每月≥2 次，平均每周＜1 次）。

(4) 居家的评估对象，家族不负担其生活照料；入住机构的评估对象，直系亲属或监护人偶尔前往机构探视（平均每月＜2 次）。

(三) 评估方法

(1) 问卷调查法:向家属、失能老年人、照护人员发放问卷,调查家庭对提供长期护理的支持情况,可分为当面发放、邮寄发放和网上发放三种。

(2) 访谈调查法:调查人员通过口头交流的形式向被调查者了解情况,可分为电话访谈或面对面访谈。

(四) 评估注意事项

(1) 问卷调查时需尽可能选择最有效的方式,当面收集被调查者的问卷。如果被调查者有不理解的问题,可以当场提问并当场解答,这种调查方式有助于情感交流,易取得真实的调查结果。

(2) 问卷调查或者访谈调查都应该注意避免被调查者之间的相互干扰。

(3) 由于调查对象多是失能老年人的家庭,邮寄调查及网上发放问卷的方式实施起来存在一定难度。网上问卷调查与邮寄调查,研究者与被调查者不能直接沟通,被调查者的自身文化水平、理解能力等都会对调查结果产生影响。

(4) 应用访谈调查时的注意事项

1) 访谈邀请时,为了拉近与被访谈者之间的亲密性,使访谈过程能够顺利进行,访谈者应该做到:①穿着整洁大方舒适,称呼恰当;②自我介绍简单明了,开场白不卑不亢;③发出邀请时应该热情,语气中肯正面;④以适当的方式消除被访者紧张、戒备心理,可以在必要的时候出示有效证件。

2) 当访谈被拒绝时,不要沮丧,访谈者应该做到:①有耐心;②不要轻易放弃;③问明白拒绝的原因,采取相应的解决策略。

3) 在实施访谈时,访谈人员应该要做到:①心情愉悦放松,使受访对象有轻松愉快的心情;②创造一个恰当的访谈环境;③不要让受访对象感受到压力;④具备细致敏锐的洞察力、耐心和责任感;⑤客观记录访谈的观点,不对受访对象进行暗示或引导;⑥多角度提问受访对象,对想要探究的问题进行深度挖掘。

4) 访谈需遵循:访谈对象时应该避免主观印象,或与被访谈者漫无边际的交谈,要提前准备好谈话的方式、提问的措辞及说明、必要的备用方案、规定对受访对象所回答的记录方法。

二、家庭支付照护费用状况

（一）概述

1. 概念

照护费用即为了照护失能老年人所产生的各项费用，包括医疗费、手术费、住院费、护理费、医疗设备使用费等多项费用。

2. 影响家庭支付照护费用的因素

（1）照护费用的定价标准：照护费用的定价标准是决定家庭对照护支持情况的最基本因素。照护机构应按照精准原则进行公允定价。过低的定价会提高人们对照护的需求，但是护理成本较高，加上老年人失能风险较高，很容易造成照护机构的经济亏损，无法长期持续发展下去。但过高的照护费用会使一些低收入家庭无法支付，将需要照护的潜在消费家庭限定在了中高收入家庭，抑制人们对长期护理的需求，限制其发展。

（2）家庭的收入水平：这是决定家庭能否支付照护费用的最重要因素。高收入家庭会更愿意为家人提供高质量的生活，低收入家庭会迫于现实条件减少对照护的支付费用。

（3）家庭的观念意识：观念意识可以分三类，第一类是家庭对老年人失能风险的认知情况，第二是家庭对老年人照护的偏好，第三是家庭对老年人养老方式的偏好。首先，老年人随着年龄的增加、身体机能的退化，患有各种慢性病的风险高于其他的人群，比如阿尔茨海默病、糖尿病等慢性病是导致失能老年人需要照护的主要原因。但问题是我国医疗体检的普及程度并不高，特别是在农村及偏远山区，这一部分家庭对老年人健康状况意识薄弱，对支付照护的需求较低。其二是由于我国传统的家庭养老、子女养老观念根深蒂固，甚至部分老年人会将自己的退休工资交给子女，以激励子女对其进行赡养和照护。其三同样受我国传统观念的影响，子女会倾向于自己照护父母，而不愿意支付照护费用。

（4）家庭的受教育水平：一个人的文化水平会影响到消费水平、消费观念。一般高教育水平的家庭会倾向于支付照护费用，以保证老年人可以享受到专业的照护服务。

（5）家庭的结构：家庭养老是我国目前主要的养老方式，家庭结构是实现家庭养老的基础。家庭规模小，赡养老人多时会倾向于支付照护费用，分担照护压力;大规模的家庭,赡养老人的负担相对较轻,会倾向于减少支付照护费用。

(6) 老年人的身体状况:对失能程度较重、疾病复杂、身体状况较差的老年人,因其需要更专业的护理,普通的家庭不能满足老年人的照护需求,会倾向于支付照护费用。

(二) 评估家庭支付照护费用的内容

(1) 评估对象能够支配的财物足以维持其日常生活及未来护理所产生的费用。

(2) 评估对象能够支配的财物基本能够维持其日常生活及未来护理所产生的费用。

(3) 评估对象能够支配的财物不太能够维持其日常生活及未来护理所产生的费用。

(4) 评估对象能够支配的财物完全无法维持其日常生活及未来护理所产生的费用。

(三) 评估方法及评估注意事项

与本节第一点中家庭提供照护支持状况的评估方法及评估注意事项相同。

三、社会参与

(一) 概述

1. 概念

社会参与的概念还没有形成统一标准,目前主要是指参与者通过社会劳动或者社会活动的方式参与社会的互动过程,以实现自己人生价值的行为模式。这包括人际交往、闲暇活动、参与劳动和社会互动等多种方式的活动。联合国在《2002马德里老龄问题国家行动计划》中,强调了"独立、参与、照顾、自我充实和尊严",同时将老年人的社会参与状况正式纳入积极老龄化的发展战略中。

社会参与是积极老龄化的一项重要内容,也是体现老年人社会功能的重要方面。社会参与维持了老年人自我概念的角色,是老年人幸福感的重要源泉。老年人会根据自身的身体条件参与政治、经济、社会、文化与生活,这既满足当代社会发展对老年人所拥有知识、经验、技能的需求,也通过老年人增强了社会网络联系、社会归属感,促进了老年人的自身精神健康,提升了老年人的生命质量。通常可以应用老年人对常见社会活动的参与频率来衡量老年人的社会参与情况。

2. 社会参与的理论基础

(1) 社会支持理论:社会支持(Social Support)最早在社区心理学及流行病学的研究中使用,指"作为提供者与接受者的两个个体之间所感知到的资源的交换,目的是增进接受者的健康"。从微观角度来讲,社会支持主要指家庭、朋友、亲属、邻居、社区的帮助。

关于社会支持与身心健康之间相关性的研究早在19世纪末就已开展,20世纪70年代初,社会支持的概念被引入到精神病学中。研究者认为良好的社会支持对精神病的预防及治疗起积极作用。一方面良好的社会支持对老年人的身心健康有帮助,另一方面也可以对面临压力的个体提供保护,有益于维持良好的情绪体验。20世纪末,国外开始将社会支持理论应用于社会网络的相关研究中。

(2) 活动理论:活动理论(Activity Theory)是积极老龄化的最重要理论之一,其与脱离理论(Disengagement Theory)相对应。脱离理论中提到人的能力会伴随年龄的增加而下降,因此老年人应该承担起完成社会权力交接的重要角色,促进社会的发展。活动理论发展于20世纪60年代,以美国学者R. Havighurst的观点为代表。社会活动是人民生活的基础,对人们保持身体健康、获得社会福利和实现生命价值有非常重要的意义。Havighurst研究者指出参与社会活动贯穿于人类的整个生命历程,这是一个连续不断的过程。老年人通过积极地参与社会活动,可以用新的角色代替因丧偶、退休或其他人生变故而失去的角色,同时通过社会参与来改善老年人因社会角色中断或缺失所引起的情绪低落等不良情绪,从而不断缩小自己与社会之间的距离。

活动理论强调社会参与,为旧的状态或者角色找寻可替代的,从而维持个体自身的活动模式及价值观。这被认为是实现成功老龄化的重要前提,也被看作是老年人维护尊严、满足心理需求和健康长寿的关键。以往有许多研究结果证实积极参加社会活动的老年人,其身心健康状况要比不参加社会活动的老年人更好。我国有研究者在探讨"退休综合征"和社会适应问题相关性时,曾提出社会活动参与度对老年人适应晚年的生活非常重要。参加社会活动是老年人晚年生活的身心需要,这与积极老龄化战略相符。积极老龄化在2002年的第二届世界老龄大会上被作为行动纲领记录到政治宣言中,强调了老年人作为社会的重要资源,有责任、有义务应用自己的技能、资源、经验参与到社会发展与祖国建设中,同年轻人一同共享社会发展。

3. 影响老年人社会参与的因素

(1) 个人影响因素:老年人自身属性变量,比如性别、年龄、性格、兴趣爱好、文化程度、健康状况及退休前所从事的工作等都会对老年人的社会参与产生影响。

1) 年龄:国内外的相关研究指出,年龄是影响老年人社会参与情况的一个重要原因。我国一项研究表明,55到60岁的老年人由于刚刚退休,未适应新的生活方式,不愿参加社会活动,所以社会参与度相对较低;后期随年龄增加,逐渐习惯退休后的生活,老年人开始愿意与人交往,60到70岁的老年人社会参与度最高;70~80岁的老年人社会参与度次之,等80岁以上时,老年人又会因为身体活动受限而降低社会参与度。

2) 性别:性别也是影响老年人社会参与度的一个重要原因。以往研究表明,女性老年人由于需要辅助抚养第三代,闲暇活动时间相对较少,而男性老年人承担的家庭负担相对较轻。因此,与女性老年人相比,男性老年人更能根据自身意愿来增加社会参与度。

3) 性格:国内外多项研究表明,性格与社会参与度之间呈高度相关性。性格外向的老年人社会参与度较高,反之性格内向的老年人社会参与度相对较低。

4) 兴趣爱好:不同的兴趣爱好会影响到老年人的社会参与度,喜爱跳舞、唱歌等偏好动态兴趣爱好的老年人社会参与度更高,喜欢写字、绘画等偏好静态兴趣爱好的老年人社会参与度相对较低。

5) 健康状况:健康状况较好的老人,其所参加的社会活动更丰富多彩,而身体状况不好的老年人更愿意待在自己的家中,很少或基本上不会参加任何的社会活动。

6) 文化程度:文化程度的高低会对老年人社会参与度产生一定影响。通常学历高的老年人精神层次需求会更加旺盛,低学历老年人的精神需求则相反。在社会参与的内容上也有较大区别,高学历者会选择参加一些复杂、需要思考的活动,如下棋等,而学历低者会倾向于选择一些娱乐性活动。

7) 退休前的职业:以往研究表明人在中年时期的生活方式会对老年生活方式产生影响。如果在退休前老年人从事的工作较轻松,休闲时间足够长,如党政机关、企事业单位等,这类老年人会倾向于参加自己喜欢的社会活动。而一些从事工作强度大、休闲时间短的老年人,如工人、服务行业从业者等,其在退休后的社会参与度就会相对较少。

8) 经济收入:经济收入多少与老年人的社会参与度密切相关。退休金高或经济收入高的老年人物质生活富裕,其对精神需求的追求会相对较高,更愿意参加社会活动。反之,退休金低或经济收入较低的老年人会因物质生活没有得到满足,而降低自己对精神生活的需求,社会参与度相对较低。

(2) 社区因素:老年人退休后的活动范围主要是在社区里面,因此社区环境会对老年人的社会参与度产生一定影响。社区环境主要包括基本生活环境及精神文化环境。基本生活环境主要是指社区的基础设施,让老年人能够活动的场地、资源、物质等,这是影响老年人社会参与度的关键因素。精神文化环境主要是指社区中无形的环境,如社区风气、社区理念及社区氛围等。如果社区的社会参与理念浓厚,就会影响到更多的老年人愿意参加社会活动,从而提高整个社区的居民的社会参与度,以实现全民参与。

(二) 评估社会参与的内容

(1) 评估对象经常参加社区或集体活动,经常和亲朋、邻里交往。
(2) 评估对象较少参加社区或集体活动,较少和亲朋、邻里交往。
(3) 评估对象偶尔参加社区或集体活动,偶尔和亲朋、邻里交往。
(4) 评估对象从不参加社区或集体活动,从不和亲朋、邻里交往。

(三) 评估方法及注意事项

与本节第一点中家庭提供照护支持状况的评估方法及评估注意事项相同。

第二章
长期护理保险失能等级评估的实践体系

第一节 长期护理保险失能等级评估工作的目标和意义

长期护理保险失能等级评估,是指在实施长期护理保险政策的过程中,采用规定方法评定参保人的自我照料能力,并按规定纳入相应等级的行为。评估的内容包含了个人基本信息、基本生活活动能力的评估、认知和行为能力的评估、视听觉和交流能力的评估、特殊情况的评估及家庭、社会情况的评估等。通过长期护理保险失能等级的评估确定其长期护理保险的失能等级,根据长期护理保险支付的相关政策,给予符合长期护理保险支付的个体经济补偿或相应的护理服务。

长期护理保险失能等级的评估结果是制定各地区长期护理服务规划和长期护理服务业发展政策,推进长期护理服务个性化和规范化发展的重要依据,用于合理配置机构长期护理服务资源,争取各级财政经费保障。长期护理保险评估作为开展长期护理服务的基础性工作,对推进社会长期护理服务体系建设,提升长期护理服务水平,安排服务对象合理入住相应的护理机构,提升长期护理机构服务质量和运行效率都具有重要作用。

1. 促进居家护理服务个性化和规范化发展

提供居家护理服务的机构可以根据长期护理保险失能等级评估的结果,以护理诊断的优先原则来确定老年人服务需求的排序。在征得服务对象及其监护人同意的前提下,制定个性化的服务方案,提高居家护理服务的个性化和规范化。

2. 用于合理配置机构长期护理服务资源

根据长期护理保险失能等级的评估结果和护理对象的服务需求排序,以及服务对象和监护人的个人意愿,兼顾保障弱势人群的政策,安排服务对象合理入住相应的护理机构,充分发挥不同类型护理机构的专业特长,合理配置机构的护理服务资源,并且作为养老机构建设的立项依据,合理应用建设基金。

3. 借助信息平台构建服务对象健康档案大数据系统

国家应建立统一的数据平台,各地将长期护理保险失能等级的评定结果统

一上报,形成中国长期护理保险失能等级评估的大数据库。通过对数据库的数据分析与挖掘,为长期护理保险的实施提供数据支持,同时实现对服务对象的健康管理和长期跟踪。

第二节 长期护理保险失能等级评估流程管理

一、长期护理保险失能评定的申请——线上、线下多渠道管理

申请方式包括线下服务网点现场受理和"长护保险信息管理系统平台"线上申请,通过多种申请受理渠道来增加参保群众申请的便捷性和有效性。其中线上申请包括独立在线申请和公益型团体协助在线申请;线下申请包括服务网点现场申请和定点护理机构现场申请等。随着科学技术的进步及人们生活方式的改变,未来将会不断显现越发便捷、有效的申请方式与途径。

(一)线上:"长护保险信息管理系统平台"在线申请

根据不同人群对电子设备使用习惯的不同,开发了不同的客户端,如 Web 端系统和移动 APP 等,为使用电脑存在困难的老年人群提供了便利平台。根据申请主体在申请的过程中是否需要协助,长护保险信息管理系统平台分为独立在线申请和公益团体协助在线申请。

1. 独立在线申请

独立在线申请是指申请人或代理人可自行登录"长护保险信息管理系统平台",按要求逐步填写信息、上传相关资料等步骤逐步完成在线申请。该申请方式的适用范围更广、便捷性更高,不受地理位置、办公时间等影响。

2. 公益团体协助在线申请

公益团体协助在线申请是指针对因特殊情况确实无法到服务网点、定点护理机构进行现场申请,同时也无法完成独立线上申请的,可通过社工团体、志愿者团体等公益性组织,协助完成在线申请。该申请方式的影响因素较多,其便捷性及有效性相对于其他申请方式略差。如果社工团体、志愿者团体等公益性组织的覆盖范围广、志愿者人数充足,且每天工作时间延长,则该种申请方式的便捷性及有效性将大幅度提高。

（二）线下：服务网点、定点护理机构现场申请

1. 服务网点现场申请

服务网点现场申请是指申请人或监护人向参保所在地商保机构设置的服务网点受理窗口直接通过书面提出申请。该申请方式的有效性较高，但容易受地理位置、受理工作时间等因素的影响。

2. 定点护理机构现场申请

定点护理机构现场申请是指申请人或监护人可向长期护理保险的定点护理服务机构的受理窗口申请。该申请方式有效性较高，但同样容易受地理位置、受理工作时间等因素的影响，且不同的定点护理机构就内部工作程序及处理申请数量的不同，导致其申请方式和过程可能会略有差异。

二、失能评定的受理、审核、评估——三级评定体系

（一）三级评定体系概述

目前我国社会人口老龄化发展迅速且由于独生子女政策使得家庭小型化的现象普遍，这使得传统的家庭养老越来越无法满足老年照护的需求，对老年照护走向社会化提出了新要求。全国政协委员孙洁提出："长期护理保险是为老年护理服务社会化提供融资的一项保障制度"，由于目前我国长期护理保险失能等级评定体系建设滞后，尽快建立全国统一的评估体系显得十分迫切。

由于长期护理保险的对象是长期失能人员，因此需要对其日常生活失能状况、重大疾病现状、现有的照护情况及家庭支持条件等进行评估，确定长期护理保险对象的失能等级，实现照护服务与长期护理保险照护需求合理匹配。而长期护理保险失能等级评定，就是对有照护需求、提出照护申请且符合现有政策规定的失能人员，按照现有的统一执行的评估标准和流程，依申请对其日常生活失能状况、重大疾病现状、现有的照护情况及家庭支持条件等进行评估，确定其失能等级。

建立的三级评定体系（图 2.2.1），由简入繁，逐级对评估对象的身体状态和生活自理能力进行评估，快速筛选出目标人群，节约评估成本，并且确定评估对象的失能等级，明确其享受的长期护理保险待遇。并且体系中提出对于评估结论有异议的，可以申请复核评定；对于失能状况有变化的，可以申请变更评估；对于有效期满或因抽查、监督发现不符合评估结论的，可以申请重新评估；同时，在

评估对象享受待遇期间，还要进行定期评估。多层次、逐级深入的三级评定体系可以满足不同等级的失能人员的护理服务需求，保障其得到满意的护理服务质量，并保障其合法权益，更可以合理有效地配置国家护理服务资源，保证长护保险工作顺利开展。符合长期护理保险规定条件、有护理需求的参保人可携带相关材料至就近的街镇社区事务受理服务中心进行申请办理，按照三级评定体系的标准流程接受失能等级评估。若有特殊情况，例如处于骨折、脑血管病或帕金森病等重大疾病的稳定期，虽然其生命体征处于平稳，但需要继续治疗或专业护理，而家庭照护无法满足其护理服务需求的失能人员，可以到社区事务受理服务中心的医保服务点申请"绿色通道"评估，并尽快享受到长期护理保险的护理服务。"绿色通道"的评估结果有效期暂定为3个月。评估对象在待遇有效期满后还需要继续享受护理服务的，可在有效期满前20个工作日内，再次申请护理需求评估。

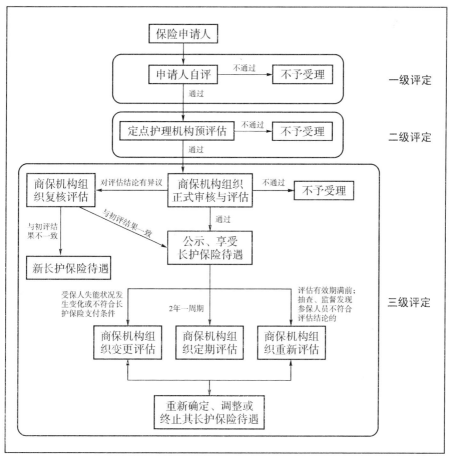

图 2.2.1　三级评定体系模式图

综上所述,为实现长期护理保险失能评定的申请、受理、核实、评估、审核、公示等流程标准化、规范化、精细化,建立长期护理保险失能等级评定三级评定体系,体系包括:一级评定——参保人员自查与提交材料;二级评定——定点护理机构预评估(初筛);三级评定——商保机构组织正式审核与评估、变更评估、定期评估、复核评估以及重新评估。

(二) 三级评定体系内容

1. 一级评定:参保人员自查与提交材料

参保人员自查与提交材料,评定能否进入下一级评定程序。参保人提出失能等级评估时,应按要求和格式如实填写表2.2.1《长期护理保险失能情况自评表》。根据表中的提示,达到失能评估要求的可正式提出失能评估申请,社区事务受理中心将通过长期护理保险信息系统为申请人进行申请登记,由系统出具受理凭证,申请人进行申请信息确认,进入二级评定程序;未达失能评估要求的,不予受理,并当场告知其不符合申请要求的原因。参保人需根据实际情况如实填写,如有不实将纳入参保人个人诚信记录,对其享受社会医疗保险待遇情况及资格进行重点监控。

(1) 参保人员范畴

因年老、疾病、伤残等导致长期失能,生活不能自理,需要长期护理,应符合以下条件之一:

1) 养老机构的:最近一次入住护理(养老)机构6个月及以上。
2) 养老或护理的:最近一次住院治疗,出院6个月及以上。
3) 无法准确判断日期的,由评估机构审核其病史后做出判断。

(2) 参保人自查

参保人提出失能等级评估时,应按要求和格式如实填写表2.2.1《长期护理保险失能情况自评表》。根据表中的提示,达到失能评估要求的可正式提出失能评估申请。

表 2.2.1　长期护理保险失能情况自评表

1. 个人资料						
参保人姓名		参保人身份证号		居住地址		
联系人姓名		联系人身份证号		联系人电话		与参保人关系
2. 自评问题						
问题分类	自评问题			是		否
日常生活自理能力——A 类	能自己吃饭吗？					
	能自己走路吗？					
	能自己上厕所吗？					
	能自己洗澡吗？					
	能自己穿脱衣服吗？					
特殊情况——B 类	是否确诊有精神疾病？					
	是否确诊有老年痴呆？					
说明：满足以下任一选项的，可提出评估申请。 1. A 类自评超过 3 项(含 3 项)为"否"； 2. B 类自评超过 1 项为"是"，且 A 类自评超过 2 项(含 2 项)为"否"。						
友情提醒： 1. 此表由参保人自评打分，仅作为是否申请失能评估的参考依据，最终结果以正式评估结论为准； 2. 请填报者根据实际情况如实填写，如有不实将纳入填报者个人诚信记录。						

（3）参保人员需提交的材料

1) 如实填写表 2.2.2《长期护理保险失能等级评估申请表》；

2) 本人及监护人有效身份证(或户口本)原件、本人社会保障卡原件；

3) 有效的病情诊断证明、按照医疗机构病例管理规定复印或复制的医学检查检验报告、入出院记录等完整病历材料的原件和相关复印件；

4) 长护保险规定的其他材料。

表 2.2.2 长期护理保险失能等级评估申请表（简称申请表）

1. 个人资料				
姓名		性别		
出生日期		年龄		
民族		籍贯		
婚姻状况	①未婚□　②已婚□ ③丧偶□　④离婚□	文化程度	①文盲□　②小学□ ③初中□　④高中□ ⑤大专□　⑥本科及以上□	
身份证号		社保卡号		
医保类别	①城镇职工医保□ ②城乡居民医保□ ③其他□	是否为本地医保	①是□　②否□	
户籍地址				
现住地址				
邮政编码		固定电话		
		移动电话		
		邮箱		
代理人姓名		代理人与申请人关系		
代理人现住地址				
代理人身份证号		邮政编码		
固定电话				
移动电话				
邮箱				
2. 生活与社会参与状况				
经济来源	①退休金□　②子女补贴□　③配偶补贴□ ④父母补贴□　⑤亲友资助□　⑥社会福利补助□ ⑦其他□			

续表 2.2.2

居住形式	①独自居住□ ②非独居□ 配偶□　子女□　父母□　兄弟姐妹□　孙辈□ 其他亲属□　　居家护工或保姆□　　其他非亲属□ 养老机构□
住所性质	①各类产权房、私房□　②各类租赁房□ ③养老院或类似机构□　④护理院或类似机构□ ⑤社区卫生服务中心□　⑥康复医院□　⑦综合性医院□
住所环境	①居家者填写 人均居住面积　居住楼层 楼层有无电梯:有□　无□　室内有无扶手:有□　无□ 室内有无移动辅助装置:有□　无□ 室内有无厕所:有□　无□ 室内有无洗浴设备:有□　无□ ②居住机构者填写 房间类型:单人□　双人□　三人□　三人以上□ 房间楼层 楼层有无电梯:有□　无□　室内有无扶手:有□　无□ 室内有无移动辅助装置:有□　无□ 室内有无厕所:有□　无□
照护需求状况	①不需要□ ②需要　□ 配偶□　子女□　父母□　兄弟姐妹□　孙辈□ 其他亲属□　　居家护工或保姆□　　其他非亲属□ 养老机构和类似机构□
过去1个月,不支付费用的 照护情况(不含陪伴时间)	①提供人数　　位 ②累计时间　　小时
过去1个月,支付费用的照 护情况(不含陪伴时间)	①提供人数　　位 ②累计时间　　小时

续表 2.2.2

家庭提供照护支持状况	①居家的评估对象,家庭负担其全部的生活护理。□ ②居家的评估对象,家庭负担其基本的生活护理;入住机构的评估对象,直系亲属或监护人频繁前往机构探视(平均每周≥1次)。□ ③居家的评估对象,家族负担其生活护理有较大的困难;入住机构的评估对象,直系亲属或监护人经常前往机构探视(平均每月≥2次,平均每周<1次)。□ ④居家的评估对象,家族不负担其生活护理;入住机构的评估对象,直系亲属或监护人偶尔前往机构探视(平均每月<2次)。□
家庭支付照护费用状况	①评估对象能够支配的财物足以维持其日常生活及未来护理所产生的费用。□ ②评估对象能够支配的财物基本能够维持其日常生活及未来护理所产生的费用。□ ③评估对象能够支配的财物不太能够维持其日常生活及未来护理所产生的费用。□ ④评估对象能够支配的财物完全无法维持其日常生活及未来护理所产生的费用。□
社会参与	①评估对象经常参加社区或集体活动,经常和亲朋、邻里交往。□ ②评估对象较少参加社区或集体活动,较少和亲朋、邻里交往。□ ③评估对象偶尔参加社区或集体活动,偶尔和亲朋、邻里交往。□ ④评估对象从不参加社区或集体活动,从不和亲朋、邻里交往。□
3. 健康情况自述	

1) 曾患的重大疾病、外伤史、传染病史:

2) 现有的疾病和病症:

3) 目前正在治疗的疾病和病症:

4) 特殊护理项目:
①保留导尿:有□ 无□ ②造瘘口: 有□ 无□
③鼻饲: 有□ 无□ ④鼻导管(面罩)给氧:有□ 无□
⑤压疮: 有□ 无□ ⑥失禁性皮炎: 有□ 无□
⑦便秘: 有□ 无□ ⑧人工气道: 有□ 无□
5) 身体素质
①身高: ②体重: ③握力: (左)/(右)
④肢体残缺:有□ 无□ ⑤视力障碍:有□ 无□ ⑥听力障碍:有□ 无□

续表 2.2.2

4. 证明材料
5. 承诺书

被调查对象承诺:以上调查中,所提供材料为本人的个人信息和现阶段的生活状况,所有内容真实、有效,无任何虚假申报情况。如不真实,自愿放弃申报资格,并承担由此带来的相应后果。
　　　　　　　　　　　　　　　　　　　　　被调查者签字
　　　　　　　　　　　　　　　　　　　　　年　月　日
 	
  被调查对象的代理人承诺:以上调查中,所提供材料为被调查者的个人信息和现阶段的生活状况,所有内容真实、有效,无任何虚假申报情况。如不真实,自愿放弃申报资格,并承担由此带来的相应后果。
　　　　　　　　　　　　　　　　　　　　　被调查者签字
　　　　　　　　　　　　　　　　　　　　　代理人签字
　　　　　　　　　　　　　　　　　　　　　年　月　日
 	
  评估员承诺:以上调查的信息均为我现场观察和了解的关于被调查者的身体状况,信息可靠真实,无任何伪造、虚假申报的情况。

6. 材料审核意见
□通过 □不通过 原因: 　　　　　　　　　　　　　　　　　　　　　审核员签字: 　　　　　　　　　　　　　　　　　　　　　日期:年　月　日

2. 二级评定:定点护理机构预评估(初筛)

(1)定点护理机构可以根据参保人填写的表 2.2.1 内容确定是否进入初筛。

(2)定点护理机构对参保人提交的身体和失能情况进行初步评测,对不符合表 2.2.1 所设定条件、明显不符合长护保险享受条件的,应解释政策规定,退回申请。

(3)定点护理机构对满足表 2.2.1 失能条件的申请进行初筛,应指导或协助申请人如实填写表2.2.2,按表2.2.3内容,逐项向申请人询问参保人身体和失能情况;有条件的,可简单检查或目测参保人失能情况,如实填入表中。

(4)定点护理机构应在受理待遇申请3个工作日内(含受理当日,下同),将表2.2.2、表2.2.3信息录入长护保险信息系统。

表2.2.3　长期护理保险失能等级评估初筛表(简称初筛表)

1.个人资料					
参保人姓名		参保人身份证号		居住地址	
联系人姓名		联系人身份证号		联系人电话	与参保人关系
2.调查事项					
调查事项	程度选项			分值	初评勾选
进食	独立完成			0	
	使用餐具,在切碎、搅拌等协助下能完成			5	
	使用餐具有困难,进食需要帮助			10	
	不能自主进食或伴有吞咽困难,完全需要帮助(如喂食、鼻饲等)			20	
头部清洁及洗浴	独立完成			0	
	头部清洁能独立完成,洗浴需要协助			5	
	在他人协助下能完成部分头部清洁;洗浴需要帮助			10	
	完全需要帮助			20	
穿衣	独立完成			0	
	需要他人协助,在适当时间内完成部分穿衣			5	
	在他人协助下,仍需在较长时间内完成部分穿衣			10	
	完全需要帮助			20	
大小便及如厕	如厕不需协助			0	
	在适当提示和协助下能如厕或使用便盆			5	
	在很多提示和协助下尚能如厕或使用便盆			10	
	如厕完全需要帮助			20	

续表 2.2.3

移动	独立完成	0
	借助较小外力或辅助装置能完成站立、转移、行走、上下楼梯等	5
	动则气急喘息,借助较大外力才能完成站立、转移、行走,不能上下楼梯	10
	卧床不起;休息状态下时有气息喘息,难以站立;移动完全需要帮助	20
疾病	无帕金森病、中风后遗症等导致上述能力受限的疾病	0
	有帕金森病、中风后遗症等导致上述能力受限的疾病	5
手术、外伤	无因手术、外伤等导致上述能力受限的	0
	有因手术、外伤等导致上述能力受限的	5
走失	无走失事件发生	0
	有走失事件发生	5
自杀	无自杀事件发生	0
	有自杀事件发生	5
合计		

说明1:初评超过40分(含),可参加正式评估;初评小于40分的,不建议参加正式评估。
说明2:此表由定点护理服务机构初评打分,最终结果以正式评估结论为准。

(表格摘自《苏州市长期护理保险失能等级评估参数表和自测表(试行)》)

3. 三级评定:商保机构组织正式审核与评估

参保人提供材料不完整的,受理窗口应一次性告知需要补充的全部材料。经过初筛后符合条件的,商保机构正式受理失能等级评估申请,并及时对参保人员提交的申请材料进行审核。商保机构应每日汇总各途径的初筛信息,申请材料齐全并有效时,应在3个工作日内根据就近原则及评估机构工作量等实际情况,向评估机构分配评估任务。三级评定流程包括:初次评估、变更评估、定期评估、复核评估以及重新评估等。

(1)有下列情形之一的,不予受理失能评估申请:

1)未参加本市长期护理保险的;

2)丧失生活自理能力持续不足6个月的;

3)提供虚假材料的;

4) 未发生新情况,距上次评估结论做出或上次评估终止未满 6 个月的;

5) 按《制度意见》规定不纳入长护保障基金支付范围的情形也不予受理失能评估申请。

其中,被证实提供虚假材料或在评估过程中弄虚作假的,参保人和其监护人列入长护保险失信名单,对其享受社会医疗保险待遇情况及资格进行重点监控,再次被证实有失信行为的,经办机构可以改变其享受社会医疗保险待遇方式。

(2) 评估流程

1) 初次评估:初次评估是指对首次申请长期护理保险的参保人评价其失能等级的行为。其流程包括评估、复核、公示及享受待遇。

①评估

A. 评估:是指对受理的失能评估申请,评估机构及时向工作人员分派评估任务,评估人员收到任务后现场评估申请人的失能等级情况。

B. 评估要求及步骤如下:

B1. 失能等级评估人员(2 名及以上)应在收到任务 7 个工作日内,到参保人员所在的定点护理机构或居住地现场评估参保人生活自理情况。

B2. 评估人员按预约时间现场评估时,应挂牌上岗,申请人和评估人员分别核对对方信息。

B3. 核对表 2.2.2、表 2.2.3 内容,审核参保人申请资格、核实参保情况,包括身份证件、诊断证明、病历(出院小结或病程记载)、检查检验报告等材料和代理人的有效身份证件等,根据失能等级评估管理办法的规定进行评估操作。

B4. 按照失能等级评估标准的内容逐项评分,录入系统,如实记录评估过程中审核的全部资料(含拍摄或录影等)。

B5. 在信息采集过程中,评估人员应拍摄或全程录影,申请人应予配合,并当场将采集的评估信息录入长护保险信息系统,经申请人核对无误后,双方签字确认。

B6. 评估人员将本次评估的采集信息同参保人员本人或监护人进行核对,由双方签字确认。

B7. 依据现场采集的评估信息和《长期护理保险失能等级评估表》,结合参保人员的伤病情医疗诊断情况,信息系统自动生成评估数据,完成现场评估。

B8. 评估机构在开展评估工作时,应按照"一人一档"的要求,做好现场评估情况的记录和相关视频影像、问询记录等资料的保管,按档案管理要求归档,并向商保机构备案。评估档案保存期不得少于10年。

②复核

复核是指商保机构对评估数据根据文件规定按业务流程进行审核,核实无误后,由评估机构做出失能等级评估结论,若发现问题及时提出并要求解决。失能等级评估结论,应在受理申请后30个工作日内做出。

复核除了日常进行外,还要求定期检查,每月及年末对复核情况进行总结,记录复核过程中发现的问题,并提出解决方案,使得评估结果能够准确无误,保障申请人能得到切实所需的长护服务。

对符合长护保险待遇享受条件的,自评估结论做出5个工作日内在经办机构服务网站、商保机构服务点及定点护理机构或参保人所在社区公示,公示期不少于7天。

③公示

公示是指商保机构将评估结论通过各渠道告群众周知。对符合长护保险待遇享受条件的,自评估结论做出5个工作日内在经办机构服务网站、商保机构服务点及定点护理机构或参保人所在社区公示,公示期不少于7天。公示无异议的,由评估机构出具《长期护理保险失能等级评估结论告知书》,同时商保机构向社会公布,并送达申请人;对公示结论有异议的,可提出复核评估申请。

④享受待遇

A. 享受待遇:是指申请人失能等级评估符合长护保险待遇享受条件的,自失能等级评估结论做出次日起享受长护保险待遇。

B. 享受的长期护理保险服务待遇有以下几类:

B1. 社区居家照护:指社区养老服务机构、护理站及门诊部、社区卫生服务中心、护理院等基层医疗卫生机构,为居家老人提供上门服务。服务费用由长期护理保险基金支付90%,个人自付10%。试点阶段,每周上门服务时间为:评估等级二级、三级的,且每周服务时间达到3小时的,每周服务频次应不低于3次;评估等级四级的,且每周服务时间达到5小时的,每周服务频次应不低于5次;评估等级五级、六级的,且每周服务时间达到7小时的,每周服务频次应不低于7次。

B2. 养老机构照护:指养老机构为住养老人提供服务,评估等级为二至六级的参保人员,可以享受养老机构照护。服务费用由长期护理保险基金支付85%,个人自付15%。

B3. 住院医疗护理:指在承担老年护理服务的定点医疗机构中的住院老人,享受到的住院医疗护理服务,服务费用仍按现行的基本医保制度规定分类执行,即居民医保参保人员按居民医保相关规定的比例进行支付,职工医保参保人员按职工医保规定的比例进行支付。

2) 变更评估:变更评估是指已经接受长期护理保险的参保人,因身体状况发生重大变化时,重新评价其失能等级的行为。已享受长护保险待遇的参保人员的失能状况发生变化或不符合长护保险支付条件的,应及时向商保机构再次提出评估申请,商保机构审核后及时组织失能等级评估,调整或终止其长护保险待遇。

3) 定期评估:定期评估是指对已经接受长期护理的个体,每 24 个月实施的失能等级评估的行为,并重新确定其长护保险待遇。评估结论与初次评估结论一致的,享受原长期护理保险待遇,结论有变化的,调整或终止其长期护理保险待遇。

4) 复核评估:复核评估是指因参保人或其监护人对初次评估或变更评估的结论有异议,由指定机构按规定程序开展失能等级评价的行为。开展复核评估的机构将组织人员开展评估调查,录入长期护理保险信息系统,出具评估报告和告知书。参保人员若不按要求配合做好复评工作,则暂缓或取消享受待遇。如果参保人对复核评估结果仍有异议,可通过原受理渠道提出终核申请,由市卫计委、市民政局确定的市级评估机构进行终核评估。终核结论为最终结论,不再进行公示。

①有下列情形的,可按规定申请复核评估:

A. 经公示有异议的,异议人应在公示期内向经办机构和商保机构实名举报。商保机构进行审核,符合复评要求的,在公示期满后 10 个工作日内组织复评;

B. 参保人员或监护人对评估结论有异议的,自公布之日起 10 个工作日内可以向原渠道申请评估的商保机构提出复评申请,并按要求携带相关资料到商保机构进行审核;

C. 经经办机构、商保机构抽查、监督发现参保人员不符合评估结论的,可要求组织复评。

②组织复评

在公示期内收到实名投诉、举报或有异议的,经办机构、商保机构或评估机构应予受理，由商保机构汇总、审核其评估结论和资料，符合复评要求的，商保机构应在公示期满后10个工作日内另行组织复评。

A. 复评专家小组

复评工作由商保机构另行组织具备临床医学、护理、康复、精神、心理、健康管理等资质的相关专家进行。复评专家小组成员一起制定复评计划、复评方案，并按要求保存好复评评估表及相关记录表格。

复评专家小组成员在复评过程中应公正、独立、科学、规范，复评过程中不能将个人的主观臆断、猜测作为复评证据。复评专家小组成员应具备全面的专业素质、能力和判断力，能对大量的评估信息进行有效的识别和分析，做出正确而客观的判断。

复评时必须2人以上同时进行复评工作，小组成员根据分工进行复评，给出复评结论和意见。复评专家小组成员间要做到组织有序、合理分工、及时沟通。

B. 复评办法

复评专家小组可采取多种方法进行复评，以免缺漏有效信息，保证复评结论的科学性、准确性、全面性。

B1. 查看全程录像

评估员对参保人进行失能等级评估时全程录像，复评专家小组进行复评时可以查看全程录像，根据录像中的信息进行复评。查看全程录像的优点是：对有疑虑的地方可以反复观看；可以在给出专家自己评估结果的同时，对评估员的评估结果给出评价和建议。但存在的缺点是：专家无法对参保人提出自己的问题和要求，以致有的能力评估项目无法给出准确的判断。

B2. 远程评估

利用远程设备对参保人进行评估，包含一个专家端APP以及支持其实现失能等级评估的远程平台。复评专家通过该系统能够及时、便捷地完成对参保人的失能等级评估，提高了评估的效率及系统性、准确性。同时该系统能帮助复评专家获得更及时、更准确的参保人各项能力信息，便于快速做出判断。但开发远程评估系统需要花费大量经费，且系统要求高，要具有可行性和实用性。

B3. 现场评估

复评专家在评估现场收集参保人的各项信息，分析、判断参保人的失能等级，并形成复评意见和复评结论。现场评估是发现问题的最直接的手段，可能询问、观察到一些被评估员遗漏的信息，其结果更为真实可靠。但需要更多的经费,花费更多的时间。

C. 复评费用

复评结果与初评结果一致的,复评费用原则上由商保机构承担(其中参保人员提出复评的,其本人承担复评费用);复评结果与初评结果不一致的,评估机构承担复评费用;终核结果与复评结果不一致的,复核评估机构承担终核评估费用。

D. 复评后待遇享受

按规定提出复评的,复评与初评结果一致的,长护保险待遇享受等级和时间维持不变;复评与初评结果不一致的,停止享受原长护保险待遇,自复评结论做出次日起享受新长护保险待遇。

5) 重新评估:重新评估是指因为参保人有效期满或经抽查、监督发现参保人不符合评估结论的,需组织人员重新评定参保人的失能等级,重新确定其长护保险待遇。具体可参照初次评估申请的方式办理。如果参保人在评估有效期满前未申请重新评估,有效期满后,终止其长护保险待遇。

申请重新评估的条件:

①评估结果的有效期暂定为2年,参保人在待遇有效期满后需要继续享受的,可在有效期满前20个工作日内,再次申请护理需求评估。

②参保人因住院暂停社区居家照护或养老机构照护护理服务,出院后仍需护理服务但评估有效期已满的,应重新申请评估。

③社会医疗保险行政部门和经办机构抽查、监督发现参保人员不符合评估结论的,可要求商保机构组织重新评估,在收到重新评估要求的10个工作日内由商保机构组织重新评估,参保人员应予配合,重新评估不得另行收取评估费用。

(三)失能评定工作各环节的时效性

(1)定点护理机构应在受理待遇申请3个工作日内(含受理当日,下同),将《申请表》《初筛表》信息录入长护保险信息系统。

(2)评估机构应在5个工作日内对申请材料进行初步审核,符合条件的,评估机构受理其申请;不符合条件的,及时退回商保机构,由商保机构告知申请人并说明理由。

(3)商保机构应每日汇总各途径的初筛信息,申请材料齐全并有效时,应在

3个工作日内根据就近原则及评估机构工作量等实际情况,向评估机构分配评估任务。

(4)对受理的失能评估申请,评估机构应及时向工作人员分派评估任务。失能等级评估人员(2名及以上)应在收到任务7个工作日内,到参保人员所在的定点护理机构或居住地现场评估参保人生活自理情况;核对《申请表》《初筛表》内容,审核参保人申请资格、核实参保情况,按照失能等级评估标准的内容逐项评分、录入系统,如实记录评估过程中审核的全部资料(含拍摄或录影等),完成现场评估。

(5)评估人员于信息采集结束2个工作日内,将采集的信息(包括照片和视频)上传至长护保险信息系统,评估机构应在现场评估后5个工作日内生成评估数据汇总表。

(6)商保机构在3个工作日内复核评估机构的评估数据汇总表,将复核结果反馈给评估机构,评估机构应在2个工作日内生成评估结论。

(7)经办机构和商保机构将符合享受长护保险待遇条件的人员名单及相关信息,在5个工作日内在经办机构网站、商保机构服务点及定点护理机构或申请人所在社区公示,公示时间不少于7日。评估结论为正常或轻度失能的,不予公示。

(8)在公示期内收到实名投诉、举报或有异议的,经办机构、商保机构或评估机构应予受理,由商保机构汇总、审核其评估结论和资料,符合复评要求的,商保机构应在公示期满后10个工作日内另行组织复评。

(9)社会医疗保险行政部门和经办机构抽查、监督发现参保人员不符合评估结论的,可要求商保机构组织重新评估,在收到重新评估要求的10个工作日内由商保机构组织重新评估,参保人员应予配合,重新评估不得另行收取评估费用。

(10)申请人对评估结论有复评要求的,在收到评估结论书之日起10个工作日内向商保机构提出复核评估(复评)申请。由商保机构另行组织专家复评,复评结论为最终结论。复评结果与初评结果一致的,申请人承担复评费用;复评结果与初评结果不一致的,评估机构承担复评费用。

(11)评估机构在开展评估工作时,应按照"一人一档"的要求,做好现场评估情况的记录和相关视频影像、问询记录等资料的保管,按档案管理要求归档,并向商保机构备案。评估档案保存期不得少于10年。

(12)建立长护保险待遇定期评估机制,暂定每2年对享受长护保险待遇的人员进行复评,重新确定长护保险待遇。

第三节 长期护理保险失能等级评估操作指南

一、评估员职业素养与操守

评估员职业素养是指评估员从事长期护理保险失能等级评估时所必须具备的综合素质和涵养,是在评估工作过程中表现出来的综合品质,是一种内在的规范和要求。其基本特征有伦理性原则、职业性、修养性及慎独性;主要内容包括专业、敬业、诚信及人文等四大方面。

(一)评估员职业素养基本特征

1. 伦理性原则

即在评估的过程中要体现尊重评估对象的人格、保护评估对象的隐私、尊重评估对象的个人利益和生命财产、给予评估对象关爱与帮助。

尊重评估对象的人格是最基本的伦理原则,要求把每一个评估对象视为一个独立的法律主体来看待,不论是何民族、是否富有、是否受过良好的教育等;保护评估对象的隐私要求在评估过程中涉及的评估对象的个人疾病状况、家庭情况、爱好等隐私要受到保护,未经评估对象本人或家属同意不得随意外泄,包括在评估过程中录制的音频、视频等;尊重评估对象的个人利益和生命财产是伦理性原则的最基础内容,强调评估对象的利益和生命安全在任何地点和时间是不容侵犯的;给予评估对象关爱与帮助,要求在评估的过程中要关爱评估对象,并恰当地给予力所能及的帮助,而不是仅仅为了完成评估任务而评估。

伦理性原则的特征包括全人类性与人道主义、继承性与时代性、规范性与可操作性等。全人类性与人道主义,即同类事情同类对待、人人平等,提倡关怀人、尊重人,以人为中心,主张人格平等,互相尊重。要求每一个评估对象应享受同等的评估待遇,不能因其家庭实力悬殊、个人贫富差距等原因而采取不平等的做法。继承性与时代性,简言之,即去其糟粕,取其精华,要求评估人员对待前人积累的评估经验、评估方法等相关知识,不能全盘接受,而是要汲取其精华部分,学习他人的长处和优点是自我发展的动力,唯有如此才能超越前人,同时要立足于自己,汲取对自己有益的评估经验和技巧,而不是生搬硬套;除此以外,评估人员还需加强学习新的评估知识与技巧,注意日常评估经验的积累,善于总结与反思,通过参加相应的继续教育来提升自己的评估能力。规范性与可操作性,即有明确、具体的道德规范和准则,评估人员在评估工作中所遵守的行为准则,即整个社会对评估人员的职业观念、职业态度、职业技能、职业纪律和职业作风等几个方面的行为标准与要求,是一定职业范围内的职业道德要求。

2. 职业性

又称职业特质,是指人与职业行为有关的差异性、内在的个人特点等。职业性也体现在职业道德与特定职业实践活动密切联系,是特定职业活动对从业人员行为的道德要求。评估人员的职业性体现了评估工作的特定范围及服务对象,且当其职业特质与职业方向相符合时,便会对职业产生更大的兴趣,更加全身心地投入,从而在评估工作中不断取得进步,实现相应的社会价值。

3. 修养性

传统的修养性是指仁、义、礼、智、信,即心地善良、讲义气、讲礼仪、有智慧、守信用等,作为评估人员,同样要求注重自身修养,通过有意识、有目的的不断修炼而习得或养成的素养,包括显性素养和隐性素养。其中显性素养为知识、技巧、理解能力、分析判断能力及积累的经验等,隐性素养支撑着显性素养,即注重职业道德与职业态度的修养,如诚实守信、忠诚敬业、尽职尽责等。

4. 慎独性

慎独是一种道德修养,指人们在单独行动、无人监管的情况下,依然不懈怠自己、小心谨慎、自觉自愿,严守道德准则、职业信念,言行一致、正心诚意,不肆意妄行。评估人员要诚实正直、恪守原则,在所有评估过程中,不能受其他任何单位和个人的干预和影响,要在实质上和形式上均保持独立,要对评估对象负责。

(二)评估员职业素养的主要内容

1. 职业素养的三大核心

(1)职业信念:职业信念是指个体认为可以确信并愿意作为自身行动指南

的认识或看法。良好的职业信念应该包括：爱岗敬业，忠于职守，用一种恭敬严肃的态度对待自己的本职工作；忠诚奉献，对自身事业全身心投入、辛勤付出、不计得失；正面乐观，以积极乐观的心态对待工作中的各项挑战、肯定自我、勇于创新；用心工作，善于从工作中的每一个细节总结经验教训；开放合作、解放思想、团结友爱、合作共赢；始终如一、不忘初心、严谨求实。

（2）职业知识技能：职业知识技能是胜任一份职业应具备的专业知识和各项能力。职业人要胜任工作岗位，就必须密切关注行业的发展前沿及趋势走向；具备良好的沟通协调能力，懂得上传下达，能处理好上级、同级、下级等各级关系，能调动各方面的工作积极性，从而达到事半功倍；具备高效的执行力，"以勤治事"，积极主动解决工作中遇到的问题，这是必须修炼的一种基本职业技能。其他还有很多工作中需具备的职业基本技能，如时间管理、职场礼仪及情绪控制等等。各行业都有自己的职业知识技能，学习、修炼、提升职业知识技能是为了更好地胜任工作。

（3）职业行为习惯：职业行为习惯，即职业人通过在工作中长时间地学习—改进—形成，最后成为一种习惯的工作方式。正确的职业信念、良好的知识技能要发挥作用，需要不断地重复练习直到成为职业行为习惯，养成良好的职业习惯是做好每一项工作的前提。良好的职业行为习惯能够决定你是否能高效率、高质量地完成工作，抑或是出色地、完美地达到预期目标。

2. 评估员职业素养的四大内容

（1）专业：即职业知识与技能。评估的专业性要求评估员必须具备一定的医学基础知识和评估专业技能，能够掌握长期护理保险服务的评估标准和评估流程，能够独立根据服务对象的失能状态进行评估，并确定服务对象的失能等级及护理需求。这就要求评估员必须掌握以下内容：一定的医学基础知识，评估标准的制定背景，评估员应遵守的伦理与职业道德，长期护理保险失能等级评定理论基础，评估工作中用到的评估系统、评估工具、常用评估方法、操作细节与真伪甄别技巧，评估用语规范等。

（2）敬业：即乐业、勤业、精业。敬业就是以恭敬、严肃、负责的态度对待工作，兢兢业业、专心致志、全心全意、精益求精地把工作做好。敬业的基本要求，简言之，即乐业、勤业、精业。

1）乐业：古语有云："知之者不如好之者，好之者不如乐之者。"乐业体现在评估员热爱自己的岗位，对职业的热爱是敬业的强大推力，能点燃人们积极的工作热情,激发人们奋进的前进动力;评估员对自己的评估事业充满兴趣和热情,对自己从事的职业全心投入、乐于奉献,在事业发展中实现自我价值;拥有在评估工作中保持积极进取的干劲、拼搏奋斗的激情,努力把评估工作做细、做好、做到极致。

2) 勤业:勤业就是要忠于职守、认真负责、刻苦勤奋、不懈努力,这是干好本职工作、取得成功、实现自我价值的根本途径。拥有强烈的责任感,勇于担当,忠实履行职责,勤恳工作,全心付出。任何一个人无论本领多大、能力多强,凡事推卸责任、拈轻怕重、敷衍了事、偷懒耍滑,就很难有所成就,更无法取得事业的成功。

3) 精业:精业就是要评估员对本职工作业务纯熟、精益求精,力求使自己的知识技能不断提高,并在工作中刻苦钻研,勇于创新,练就高强的本领,能创造性地解决评估工作中遇到的各种问题。反之,一个人无论多么爱岗奉献、工作劳苦,但如果知识水平不高、技术能力平平,也恐怕是"劳苦而不能功高",很难取得事业的成功。

乐业、勤业、精业,三者相辅相成。乐业是敬业的前提,是一种职业情感;勤业是敬业的保障,是一种工作态度;精业是敬业的条件,是一种完美的追求。只有爱岗乐业、勤勉敬业的人,才能在平凡的岗位上铸就不平凡的业绩,发挥自己的能量,实现自己人生的理想。

(3) 诚信:诚信即诚实加守信。诚实:真心实意、实事求是、不虚假、不欺诈;守信:遵守承诺、讲究信用、注重质量和信誉。诚信的要义是真实无欺、真诚待人、践行约定。

诚信的基本要求:

1) 诚实劳动:即评估员在评估工作中,尊重客观事实不弄虚作假,不投机取巧。

2) 真诚待人对己:即评估员在与他人沟通交往中求实不骗人、对己不自欺,反对虚伪和欺骗。

3) 恪守诺言和约定:即信守约定、践行承诺,不仅包括评估人员要履行自己承诺而产生的特定权利和义务,还包括其必须严格遵守现行的各项国家法律法规、道德准则和规章制度。

(4) 人文:即职业信念、职业行为习惯。人本文化,强调理解人、尊重人、爱护人,重视人的创新精神和发挥人的主体能动性,是对人生命存在价值和意义的终极思考和关怀。还有观点认为,人文关怀是细心呵护人的生命和健康,是尊重和保护人性和人权,是容许与提倡人拥有独立思想和自主人格,尽可能创造条件让人活得有尊严、有意义。人文关怀的概念都包含了对人的尊重、关心,都强调重视人的个性和人的主体性。

人文关怀在评估过程中体现为:

1) 良好的职业信念:以良好的职业道德、正确的职业价值观意识和乐观的职业心态为指导,贯彻自己职业生涯始终。以人为本,以评估对象为中心,尊重和关爱评估对象,用心了解、理解评估对象的感受,尊重他们,体会他们的思想和情绪,以正面、乐观的情绪感染他们;尊重评估对象,面对不同的评估对象,以出色的语言沟通能力有效、明确地转达信息,认真倾听并正确地解读评估对象的回答,做出准确判断;营造良好的人文氛围和环境,缓解、消除评估对象内心的紧张和焦虑。

2) 良好的职业行为习惯:以良好的应变能力面对突发情况,临危不乱、沉着冷静、专业正确地应对处理各种问题,高效率、高质量地完成工作,出色地、完美地达到预期目标。充分调动自身的积极性和主动性,不断强化人文知识的学习,拓宽自身知识的广度和深度,使人文关怀演变成自身的一种行为习惯,使自己综合职业素养不断得到提升,保障评估工作的顺利完成。

(三) 评估员职业素养的培养

1. 培养职业意识

职业意识就是对自己职业的未来规划。因此,培养职业意识应明确以下几方面:认识自我:我是一个什么样的人? 职业理想:我将来想做什么? 职业能力:我能做什么? 职业条件:环境能支持我做什么? 然后,着重解决以下几个问题:认识自己的个性特征个性倾向,包括自己的气质、性格、知识和能力,以及自己的个性倾向,包括兴趣、动机、需要、心态、价值观等。再根据以上内容来确定自己是否与理想的评估员职业相符,客观地认识自己的优势和不足,结合环境如长期护理保险市场需求、职业条件、社会资源等确定自己是否要选择评估员行业、明确今后的发展方向,制定相应的职业发展规划。

2. 培养知识、技能等显性职业素养

职业知识、技能等显性职业素养可以通过学校教育和在职培训获得,评估员通过教育和培训获得系统的照护基础知识、专业知识及前沿知识,使得评估员加

第二章 长期护理保险失能等级评估的实践体系

深对照护行业的认知和熟练运用知识的能力,并使评估员获得终生学习能力和良好的职业行为习惯。因此,评估员应该积极按照职业发展相关的培养计划,认真完成学习任务,最大限度地利用学校的教育资源获得知识和技能,并通过后续的各种培训进修加强职业能力,为职业工作需要储备知识技能。

3. 培养职业信念、职业态度、职业作风等隐性素养

核心职业素养包括职业信念、职业态度、职业作风,体现在很多方面,如独立性、责任心、爱岗精神、合作意识、职业操守等。评估员应该有意识地在学习和工作中主动培养独立工作能力、爱岗敬业、勇于担当、团结友爱、不忘初心,发现自己的错误和不足,发扬自己的优点和长处。并加强在思想、情操、意志、体魄等方面的锻炼,同时,培养良好的心理素质,增强应对压力、挫折和挑战的能力。

(四)评估员的培养与自我提升

1. 评估人员的培养:培训与实践

(1)培训是为了确保评估员的素质和能力能够胜任岗位要求,从而实现评估员个人职业发展目标而进行的教育和训练过程,培训工作应由养老机构各部门分工合作。

对长期护理保险服务评估员进行培训,可以充分保障老人权益,提高养老服务机构管理水平,提升对老人的服务质量,协助政府主管部门顺利推进老人健康能力评估工作,促进长期护理保险服务标准化体系的建设。评估员培训不单单是某个部门或某个人的工作职责,应在长期护理保险服务体系总负责人的领导下,对评估员培训进行总体规划,从而建立合理高效的培训机制,分层次、成体系、全方位地加强评估员培训。

培训的目标是建立一支科学规范的评估员队伍,使第三方评估机构及评估员了解、掌握老年人健康能力评估的目标、内容和方法。长期护理保险服务评估员培训是推进长期护理保险服务规范化建设的实际举措。可以强化长期护理保险服务领域管理人才的专业化、职业化建设,使得相关养老机构、养老院、养老社区的运营管理更加科学化、规范化、专业化,实现良性发展的要求。

根据评估员实际情况采取不同的培训目标、培训单位、培训教学手段,以及在不同的时间阶段进行培训。

1)培训目标不同,根据评估员现有的能力开展初级技能培训和进阶技能培训,旨在培养初级评估员和高级评估员。

2）开展培训的单位不同，既可以委托高等教育院校、社会办学机构等专业的培训机构，经过专业培训使得评估员能够掌握长期护理保险的基本概念和评估相关的基本知识、技能，能够独立实施全面的评估，同时通过运用评估技巧对评估结果的真伪做出初步的判断；也可以在评估机构进行上岗前集训，为新职工学习新的工作准则和有效的工作行为搭建平台的同时，还帮助新员工建立与同事及工作团队的友好关系，建立积极的工作态度。

3）培训教学手段不同，可分为现场实地培训、广播电视授课和计算机网络远程授课等。

4）根据培训时间的阶段不同，可分为职前培训、在职培训和职外培训等。

（2）在评估实践中，经常会遇到各种各样的问题，评估员要善于在实践过程中发现问题，并找到解决问题的方案，提升自己在今后评估工作中处理问题的能力。

1）在评估工作中，遇到当时解决不了的情况：服务态度端正，对于当时解决不了的问题，留下老人的联系方式，汇报领导之后及时给予回复。要让老人以及家属体会到党和政府的关心，切实为老人办实事、办好事。老人和家属都很期待享受长期护理保险的权益，所以请示上级领导后，尽快给老人做解释并进行重新评估。

2）评估对象或者家属有主观意向，意图改变评估等级的，或者情绪和行为等影响评估结果的：有的家属认为老人失能评估等级越高，享受到的补贴越多，因此有的家属抢着回答或干扰老人回答问题"老人吃喝拉撒都需要帮忙，你别问他，他什么都不知道，他乱说的"等。评估员在评估前应该给予家属善意的解释，告知其有问题需要他协助回答之外，不要干扰老人回答问题，在与老人互动时，希望家属不要影响老人的正常表现，当需要家属进行回答时，家属再参与评估。

3）老人住院或在外地：老人住院治疗期间尽量不评估，以免影响判断老人的实际能力。如果老人在外地，不能与老人面对面进行评估交流时，最好不要评估，因为用电话或者视频无法判断老人的听力、视力以及反应能力，而且会受到外界的干扰、通信设施的干扰，不能正确评估老人的能力，这样得出来的结果是不科学的。

4）对于有精神异常或者失智症的老人：老人本身已经没有办法正常生活，评估员在评估中一定要注意自己的言行，避免诱发老人犯病。在评估过程中实事求是,有精神问题的人,一般会答非所问,尽量问他们可能感兴趣的话题,不要机械地、生搬硬套地去问。如果病情严重无法配合评估,需要备注失能或者精神疾患,尽量让家属提供精神方面的医疗诊断材料、资料证明等。

2. 评估人员的自我反思和提升

评估人员在评估过程中,不仅需要了解老人的各方面情况,还需要仔细地记录老人的情况,这个过程是长期和复杂的,需要评估员有过硬的职业素养。每一个细节的评估,都是一个学习过程,需要评估员去记录,去反思,丰富自己的阅历,提升自身的职业素养;每天评估工作结束时,评估员要将当天的情况回忆、思考一遍,对发现的问题要及时纠正,对有疑虑的问题要报告评估小组负责人,共同商讨,给出较为准确的答案。

评估既可以说是了解老人情况的过程,也可以说是评估员自我认识、自我成长的过程。在评估中遇到的各种问题和突发事件,要不断总结教训,积累经验,学会灵活运用各种评估技巧。随着对评估方法和技巧的掌握越来越熟练,对自身优势、劣势的认知也越来越清晰。因此,评估是促进评估员成长的关键过程。

与老人的沟通过程中,评估员对于老人的情况越来越熟悉,评估的精确性会越来越高;能真正挖掘出老人日常生活中的能力问题、沟通交流及认知行为障碍,不断探索发现老年人的真正需求,使得老年人失能评估结果更加细致、贴切、精准。评估员通过不断的学习、实践,与他人进行交流分享,提高自身业务水平;积极主动,专业负责,具备充满爱心、耐心的职业精神;能充分理解评估工作的意义及自己的职责,重视团队协作,负责任地执行每项工作。

(五)评估人员基本要求

(1) 为人清白,无不良诚信记录。

(2) 最好有2年及以上相关工作经历,上岗前应参加规定学时的专业培训,经考试合格后上岗。有医疗、护理、康复等专业背景的,应经过不低于20学时的专业培训;有大专及以上非医学相关学历的,应经过不低于100学时的专业培训;专业培训的学时数与内容要根据参加的评估人员的既有基础及既有评估经验适时调整,包括理论知识培训、评估内容与流程实训等;特别是零基础的人员,其培训时长与内容则更应详尽。

(3) 评估人员应按照评估操作规范,通过询问、观察或其他手段测试评估对象,遵照标准规定的评估项目进行评估,如实记录评估结果,必要时可询问照护人员或周边人员,但要注意提醒在旁陪伴的家属未经同意不得有提示或干扰性的动作和语言。

(4) 评估人员应有意识营造良好的评估环境,减少噪音和干扰,评估工作不受外部非相关因素的影响。

(5) 评估人员应该能够控制情绪,不带有任何有可能会影响到评估结果的偏见,如评估时试着去判断评估对象对其自身和健康的态度,准确辨别出评估对象过度担忧病情或将疾病误认为衰老迹象等。

(6) 评估人员与评估对象无利益关系,能够严格按照公平、公正、客观等原则完成评估流程,不受他人或非相关因素的影响,单项评估参数做到实事求是,不应相互作为参考因素。当评估人员与评估对象存在利益关系时,应主动申请回避。

(7) 评估过程始终保持对评估对象的尊重与关爱,发现突发意外或不适,立即停止评估,在确保自己安全的前提下,为评估对象主动提供力所能及的帮助。

(8) 要保护评估对象的个人隐私和评估信息,尤其是评估过程中录制的音频和视频等,未经评估对象或其法定监护人书面授权或许可,不得对外泄露。

(六) 评估标准用语与技巧

评估人员进行评估前应着装规范,佩戴评估员工作证,服务态度亲切和蔼,举止端庄大方。口头语言表达要求评估过程中使用文明礼貌用语,强调重点有条理,评估用语通俗易懂,避免使用专业术语,音量适中,语调明朗、爽快,语速稍慢。评估前应向评估对象及家属介绍自己并说明本次评估的目的、程序等;评估中耐心解答评估对象或家属的疑问;评估结束后应告知评估对象本次的评估结果,并征求对评估结果的意见;若评估对象不同意评估结果,应当告知其可申请复核评估;评估员应当在每次评估结束后签字确认。

1. 做好解释说明及自我介绍

一般从礼节性交谈开始,用适宜的称呼语有礼貌地称呼评估对象,然后进行自我介绍,并说明自己的职责及目的;可采取主动的自我介绍方式,例如:"您好,我是……很高兴见到您。"也可采取被动的方式,即先询问出对方合适的称呼方式后再进行自我介绍,如"您好!请问我该怎么称呼您比较合适呢?"

2. 知情同意及取得配合

在正式评估前要取得评估对象的知情同意,以便配合评估工作的顺利开展;

若评估对象及其家属拒绝回答,则将拒绝情况适时记录在案;稍做调整后再尝试继续评估,实在不配合则直接结束本次评估。

3. 循序渐进,逐步展开

一般先从常规交谈开始,按照评估流程中的评估项目,先选择相对容易回答的问题,避免一开始就涉及私密或难以启齿的问题。

4. 常用的方法与技巧

(1) 采用关心、贴切的语气提出问题,语速恰当,语音清晰,根据评估对象的语言习惯或能力尽量选择相应的语种(普通话或方言),对评估对象始终保持关切的态度,对其遭遇表示理解、认可和同情。

(2) 选用通俗易懂的语言,避免使用医学术语,应使用评估对象能够理解的、熟悉的词汇进行询问与交流,否则容易造成误解或评估的中断,并注意适时停顿和重复,当评估对象回答不确切时,要耐心启发或换一种提问的方式和问法,并给予足够的时间来思考和回答问题。

(3) 避免暗示性/诱导性提问(是指用不恰当的提问方式限制、操控评估对象的回答,评估人员为了获得某一回答而在所提问题中添加有暗示评估对象如何回答的内容,或者将需要评估对象作证的有争议的事实假定为已存在的事实加以提问),采用适当的提问方式,主要包括开放式提问、闭合式提问两种提问方式。开放式提问即直接提问,不提供可选择的答案,可以使评估对象对相应的问题进行更为详尽的描述,从而获得更多的相关信息,是评估过程中运用较多的一种提问方式;闭合式提问即可以用简单的一两个词或字就能回答的,如"是"或"否"。除了年龄、性别等特定问题外,闭合式提问还可以用于特殊的人群,如焦虑、语言受限等。其缺点是不利于评估对象表达自己的感受,不能提供更多的相关信息。

(4) 注意观察非语言性信息及非语言性的沟通技巧,如与评估对象保持合适的距离、目光的接触、必要的手势、触摸、倾听等,增进与评估对象之间的情感交流,消除与评估对象之间的障碍,同时也为辨别真伪提供相应依据。通过头颈、躯干、四肢等不同身体部位的协调活动来传达人物的思想,形象地借以表情达意的一种沟通方式。在评估对象听力或沟通交流能力有障碍时,评估人员应辅以简单的手势动作和肢体语言,动作不要太夸张,帮助评估对象理解询问的问题,以便做出正确的反应。

(5) 注意适时切入或重回主题以保持评估进程的持续进行。如遇评估对象抓不住重点或试图避免谈及某个问题,为了帮助评估对象回到原来的话题,又不至于令其不舒服甚至产生敌对情绪,要适时采用切入/重回主题,可以告知评估对象很愿意与其在稍后的时间里讨论这些问题,现在来继续谈谈之前的问题。

(6) 交流时应礼貌、冷静,要精力专注,不要交流与治疗、康复和护理无关的话题,更不要发表任何与评估结果有关的言论,以免与后期公示的结局有出入而引起不必要的麻烦。

(7) 对老年人或存在功能障碍的评估对象进行评估时,应充分考虑他们因听觉、视觉、记忆等功能衰退而出现的反应迟钝、语言表达不清等情况,适当运用有效的沟通技巧。

(8) 及时核实信息的准确性和可靠性,对含糊不清、存有疑问或出现前后矛盾的内容进行核实与确认。常用的核实方法有澄清(要求评估对象对记录不详的或比较含糊不清的内容做更进一步的解释或说明)、质疑(用于核实评估对象所说的内容与评估人员观察到的内容有出入时,或评估对象自身出现前后所说的内容不一致时)、复述(用不同的表述方式重述评估对象所说的内容)、反问(以询问的口气重述评估对象所说的内容,也可用于描述评估对象的非语言行为,并询问其原因)、解析(对评估对象所提供的信息进行分析和推论,并与其交流)等。

(9) 评估结束时,应有所暗示或提示,如看看表或对本次评估内容做个非结论性的结语等,切忌突然结束话题以免引起评估对象的不适。

5. **特殊人群的评估用语及方法**

(1) 老年人群:老年人因身体机能减退,会出现视力、听力功能降低,或反应迟缓、思维障碍等情况,应注意以下相关技巧:先用简单清晰、通俗易懂的一般性问题提问,注意减慢语速,根据其听力情况逐渐提高音量,留给充分考虑、回忆的时间,必要时做适当的重复;注意观察评估对象的反应,判断其是否听懂或有无认知功能障碍、精神失常等;面对面交流时尽量让其看清评估人员的表情和口型;必要时向家属或主要照顾者收集补充相关资料。

(2) 认知或交流功能障碍的人群:评估对象存在认知功能障碍或因交流能力受损无法有效沟通时,注意询问应简洁得体,可借助书面形式或手势等非语言交流形式与评估对象进行交谈,必要时可由其家属或照顾者协助提供资料,但要反复核实信息的可靠性和有效性。

(3) 情绪异常的人群:对于愤怒与敌意的评估对象,要控制好自己的情绪,采用坦然、平静、理解和不卑不亢的态度,提问应缓慢而清晰,对于比较敏感的问题,询问要十分谨慎,一旦评估对象情绪失控,要注意自身安全。对于焦虑和抑郁的评估对象,应耐心倾听并鼓励其讲出自己的感受,注意其语言和非语言的各种线索,提问时可较多采用直接提问,注意分寸。对于缄默和忧伤的评估对象,应给予安抚、理解以及适当等待,待情绪好转后再继续评估,如由交谈不当引起的情绪异常,则要及时观察并尽量避免。

(七) 评估标准礼仪与行为

1. 仪表与妆容

发型:男士要求不留长发、不剃光头,长度以前不遮额、侧不过耳、后不过衣领,要定期修剪、保持平整,不烫染夸张发色;女士要求长发挽束(不留披肩发),短发拢于耳后,刘海不挡眼睛,不烫染夸张的发型发色等。

面容:男士不蓄胡须,尤其是络腮胡;女士妆容淡雅,不可浓妆艳抹和蓬头垢面。

手部:要求指甲修剪整齐,不可涂颜色突兀的指甲油和戴造型夸张的戒指。

着装:穿着端庄、整洁、清洁、无破损、无污染,扣子完好齐全;全身服饰颜色不超过3种;正式场合着职业装;上岗评估时要求佩戴评估人员工作证。

2. 举止与谈吐得当

用语:接触评估对象时,要求态度和蔼、礼貌用语,要求语速平稳,耐心解答与评估结果无关的评估对象或家属的疑问,不可以各种理由推诿、拒绝或搪塞评估对象,如直接被询问评估结果时,注意拒答要委婉。

眼神:倾听评估对象谈话时,目光专注,适当地回应交流;与评估对象面对面交谈时,坐在与其视线相同的水平上,目光平视,注视的部位是两眼和嘴之间的三角区域,并使其能看清你的表情及口型等。

3. 行为规范与落落大方

(1) 手卫生,防交叉感染:与评估对象密切接触前后均应洗手。

(2) 保持距离恰当:要表示友好,但要注意保持适当的距离,掌握在评估对象可接受的范围内,一般选用个人距离进行交流(个人距离:约一臂长的距离)。

(3) 注意双方安全问题:始终保持对评估对象的尊重与关爱;避免评估对象过度疲乏及损伤,出现意外或不适情况,立即停止评估,协助采取救援措施;在评估情绪或行为异常的评估对象,要注意自身的安全。

(4) 廉洁自律：切忌收取评估对象送予的礼品、红包等，尤其对于入户评估者，还不可随意拿取评估对象家的物品，尊重其财产安全。

(5) 如实记录：评估人员每一次评估均应当清楚、全面、真实记录评估情况，在每次评估结束后签字确认，要求双签，即评估对象或家属及评估人员本人均要签字确认。

二、评估内容概述

（一）评估原则

1. 客观性

客观性指不同的评估员通过运用标准的评估技术、按照标准流程进行评估，评估同一评估对象所获得的数据和记录，如实记录、取得证据，能够得出相同的或相近的结论。这必须通过遵循既定的规则和惯例来满足，即标准的评估技术和流程。评估员按照这些规则和惯例提供评估记录和结果，评估结果使用者（经办单位、护理院）也可以遵循这些规则和惯例来对评估记录和结果的客观性进行印证。在进行分量表的评估和整个评估流程中，评估人员都应该具有一丝不苟、实事求是的精神和态度，不受自身业务能力或他人主客观因素等的影响，如不能因为评估的内容繁多就草草了事，也不能因为评估对象存在交流问题影响了整个评估进度而凭既往经验就随意打分。在综合评估评估对象失能等级时，要较全面地了解其认知能力、语言表达能力、评估时的情绪及周围环境等，避免评估内容与评估对象的实际情况不符。

2. 真实性

真实性即对信息的可靠性进行确认。评估人员、评估对象和照护人员对评估过程、信息可靠性进行确认，尤其是存在骗保嫌疑的现象，要加强甄别技术，如实评估评估对象的真实情况。

真实性要求评估员应当以实际情况为依据进行确认和报告评估结果，如实反映评估情况和相关信息，保证评估结果真实可靠、内容完整。信息能够经得起验证核实，才能认为是具有可靠性的。评估过程中，发现不明确的问题，应反复询问并仔细观察确认。为最大程度上的保证评估结果的真实性，还应遵循两个原则，即个体差异性和动态评估。遵循个体差异性，主要表现为老年人之间的差异更为明显,就不能受以往评估结果或既往评估经验的过多影响,应根据个体的实际情况来评估,且评估要因人而异;而动态评估原则,主要是要注意评估对象的病情变化、功能状态改变,甚至是生活环境发生重大改变等需重新进行评估。

3. 公正性

公正性即工作的独立性,不受干扰,无利益。评估行为对于评估对象具有独立性,评估工作不受外部非相关因素的影响。评估人员与评估对象无利益关系,存在利益关系时要主动申请回避。

评估结果要可靠,就必须是中立的、公正的,即不带偏向的。评估结果要能真实反映评估员所评估的内容,客观、真实地反映评估对象实际的健康状况或失能等级,既不倾向于事先预定的结果,也不迎合某一特定利益集团的需要。如果评估结果经过了选择与取舍以求达到预定的效果或结果,那就不具有公正性,如评估人员因同情评估对象的际遇而趋向于选择失能等级较重的分值,或者因为评估对象的家庭经济富裕而选择失能等级较轻的分值,这些都不能很好地保持中立和公正。某些评估结果即使具有了客观性和真实性,如果不具有中立性,仍然不值得评估对象的信赖。因为这种情况下往往会对某一方有利而损坏了另一方的利益,或者对一方有利的同时并未损害另一方利益,甚至是对各方造成的利益损坏与否没有影响,但明显失之公允的评估结果将会降低评估对象对评估人员的信任度,进而影响评估人员的信誉。因此,在对外报送评估结果时,必须避免偏见。保证公正性,要求评估员的工作保持独立性,不受外界因素的干扰,也没有相关利益冲突。评估公司若与护理院有利益关系的话,必须得第三方评估公司来进行评估。

4. 保密性

保护评估对象的个人隐私和评估信息,尤其是评估过程中由于评估需要录制的音频、视频等,未经评估对象或其法定监护人书面授权或许可,不得对外泄露。

评估对象具有隐私权,隐私必须得到保护,任何人不得因私获取、利用评估对象各类信息资料和评估结果。保护评估对象隐私是临床伦理学尊重原则、有利原则和不伤害原则的体现和要求。由于评估员在评估过程中角色特殊,会主动或被动地了解评估对象的病史、生活活动能力、认知行为能力和交流能力以及个人习惯、嗜好等隐私秘密。因此,评估员在执业活动中,要关心、爱护、尊重评估对象和保护评估对象隐私。

要保护评估对象的隐私,就必须做到:

(1) 妥善保存各种评估记录和档案,不得擅自修改、销毁、对外公布,应严格保管各项评估表,并设专人进行统一管理。

(2) 涉及评估对象姓名、疾病、能力等级等个人隐私时应严格为评估对象保密,严格遵守保密制度,不得向无关人员或单位提供任何评估结果或评估对象的个人情况。

(3) 评估员在职中或离职后,除规定可公开的范围,不得对外泄露、利用一切与评估对象失能评估相关的信息数据,切实保护评估对象的个人隐私。

(4) 保密制度纳入评估公司的年度考核行列,发现问题及时处理,并根据实际情况动态修订保密制度。

(二) 评估具体内容

评估的内容包括基本生活活动能力、认知和行为能力、视听觉和交流能力三大主要内容(18项)和特殊情况、医疗护理项目、背景参数三项辅助内容(16项)等共六大模块、34项评估项目。其中:

(1) 基本生活活动能力(10项):进食、洗澡、修饰、穿(脱)衣、排尿、排便、如厕、体位改变与床椅转移、平地行走、上下楼梯;

(2) 认知和行为能力(5项):近期记忆、定向力、判断力、行为表现、情绪表现;

(3) 视听觉和交流能力(3项):视觉、听觉、沟通交流能力;

(4) 特殊情况(5项):自杀、走失、昏睡/昏迷、完全性截瘫、完全性四肢瘫痪;

(5) 医疗护理项目(8项):失禁性皮炎、压疮、便秘、鼻饲、保留导尿、结肠(膀胱)造瘘、鼻导管(面罩)给氧、人工气道;

(6) 背景参数(3项):家庭提供照护支持情况、家庭支付照护费用状况、社会参与。

(三) 评估方法

1. 观察法

观察法是指运用感官获取评估对象的健康资料和相关信息,是一种有目的、

有计划地通过对被观察者的行为表现直接或间接地进行考察、记录和分析的方法,可直接获得相关信息,能够搜集到部分无法用言语表达的材料。

观察法分为自然观察法和控制观察法或实验观察法。自然观察法是指在自然情景中观察和记录被评估者的行为表现,在日常评估中运用最为广泛。由于所观察的情景是评估对象生活的原本状态,所获得的资料比较真实和客观,但要求评估人员应具有敏锐的观察能力。控制观察法/实验观察法是指在预先控制的情景和条件下,观察和记录评估对象的行为反应,可获得具有较强可比性和科学性的结果,但其结果的客观性容易受到干扰,在评估工作中使用较少。

对于不合作者、言语交流困难者以及精神障碍者,使用观察法显得尤为重要。观察法要求从多方面、多角度、不同层次进行观察。评估过程从入门开始至评估结束,观察法贯穿整个评估过程,观察评估对象的外貌、体态、衣着、妆容、动作、表情、各种反应及随意运动等。

2. 问诊法

问诊法是评估人员通过对评估对象或知情者进行有目的、有计划的系统询问,从而获得评估对象健康相关资料的交谈过程;提问时首先要抓住主要特征,围绕主要特征进行有目的、有步骤的询问,既要突出重点,又要全面了解以获得详细可靠的相关资料。问诊时忌用暗示或诱导。为使问诊有效进行,达到预期目的,评估人员必须遵循一定的原则,运用相应的技巧。问诊技巧不仅与收集资料的数量和质量密切相关,而且还关系到能否与评估对象建立良好的评估关系。问诊法简单、快捷,但可信度有待进一步核实,要与其他评估方法联合运用。如评估某项不便于直接观察或现场演示的动作(大、小便的控制),除了直接问诊外,还要观察评估对象的衣物是否整洁,是否沾有污染物,同时要注意是否存在异味等。

3. 会谈法

会谈法是一种有目的的会晤,是一种通过面对面的谈话方式所进行的评估方法,在会谈过程中可以按照事先准备好的谈话提纲与评估对象进行谈话,也可以灵活提问,使资料收集具有弹性;在倾听评估对象回答问题的同时,注意察言观色,分析环境状况,及时辨别真伪,还可能获得意想不到的信息。会谈法是心理评估最常用的方法,常与观察法结合一起使用。在会谈时要注意不同文化背景下的会谈距离,通常情况下以一臂长的距离为宜,特殊情况特殊对待,如评估对象有暴力行为,则距离要能保证自身安全,同时又不影响正常交谈。

4. 评估工具检测法

运用评估工具进行客观化的检测或评估,提供更为客观、准确的数据,在评估过程中,除了运用到评估量表,还包括一般用具和特殊用具。在复评的过程中还会涉及更精密的医学检测工具进行筛查或甄别真伪。应用量表评估又称为评定量表法,即用一套预先已标准化的测试项目,对评估对象的某项能力或心理品质进行测量、分析和鉴别的方法。依据量表评估的方式可分为自评量表和他评量表两种基本形式。自评量表是评估对象依据量表内容自行选择答案进行判断的方法,能比较真实地反映其内心的主观体验,是长期护理保险三级评定体系中的第一级评定。他评量表则是评估人员根据评估对象的行为观察或会谈结果对其进行的客观评定,长期护理保险三级评定体系中的第二级和第三级评定均采用他评量表。

5. 阅读或查阅法

查阅评估对象的既往就医记录单、病例材料、医疗诊断依据或残疾人证等相关材料,以了解评估对象的整体健康状况、疾病可能导致的某项功能的受损,既作为失能等级评估的客观依据,也为甄别真伪提供凭证。

(四) 评估工具

评估工具的范围比较宽泛,包括评估量表、一般用具及为特殊人群专门开发与研制的特殊用具。其中评估量表包括长期护理保险失能等级评估的固定量表(表2.3.1至表2.3.6)、评估工具一览表(表2.3.7)及简易认知状态量表(表2.3.8)。

表 2.3.1 长期护理保险失能等级评估表:基本生活活动能力

长期护理保险失能等级评估表:基本生活活动能力					
基本生活活动能力					
条目	程度等级			
	正常	轻度依赖	中度依赖	重度依赖
(1) 进食	10分□	5分□	0分□	0分□
(2) 洗澡	5分□	0分□	0分□	0分□
(3) 修饰	5分□	0分□	0分□	0分□
(4) 穿(脱)衣	10分□	5分□	0分□	0分□
(5) 排尿	10分□	5分□	0分□	0分□
(6) 排便	10分□	5分□	0分□	0分□
(7) 如厕	10分□	5分□	0分□	0分□
(8) 体位改变、床椅转移	15分□	10分□	5分□	0分□
(9) 平地行走	15分□	10分□	5分□	0分□
(10) 上下楼梯	10分□	5分□	0分□	0分□
判断评分参考值	评估结论			
100分:基本生活活动能力正常; 61~99分:基本生活活动能力轻度依赖; 41~60分:基本生活活动能力中度依赖; 0~40分:基本生活活动能力重度依赖	1. 评分合计			
	2. 判断等级	1:正常□ 2:轻度依赖□ 3:中度依赖□ 4:重度依赖□		
	3. 结论备注			

表 2.3.2　长期护理保险失能等级评估表:认知和行为能力

长期护理保险失能等级评估表:认知和行为能力				
认知和行为能力				
条目	程度等级			
	正常	轻度受损	中度受损	重度受损
(1) 近期记忆	0分□	2分□	5分□	10分□
(2) 定向力	0分□	2分□	5分□	10分□
(3) 判断力	0分□	2分□	5分□	10分□
(4) 行为表现	0分□	2分□	5分□	10分□
(5) 情绪表现	0分□	2分□	5分□	10分□
注	昏睡:一般的外界刺激不能被唤醒,在强烈的刺激下可被唤醒,唤醒时答话含糊或答非所问,且很快又进入睡眠状态; 昏迷:随意运动丧失,呼之不应。处于浅昏迷时只对疼痛刺激有回避和痛苦表情反应;处于深昏迷时对各种刺激无反应			直接评定为认知行为能力为"重度受损",总分为50分
判断评分参考值	评估结论			
0分:认知和行为能力正常; 1~19分:认知和行为能力轻度受损; 20~34分:认知和行为能力中度受损; 35~50分:认知和行为能力重度受损	1. 评分总和			
	2. 判断等级	1:正常□　　2:轻度受损□ 3:中度受损□　　4:重度受损□		
	3. 结论备注			

表 2.3.3　长期护理保险失能等级评估表:视听觉和交流能力

长期护理保险失能等级评估表:视听觉和交流能力					
视听觉和交流能力					
条目	程度等级				
	正常	轻度受损	中度受损	重度受损	完全受损
(1) 视觉	0分□	1分□	3分□	8分□	18分□
(2) 听觉	0分□	1分□	3分□	8分□	18分□
(3) 交流	0分□	3分□	8分□	18分□	

续表 2.3.3

长期护理保险失能等级评估表:视听觉和交流能力	
判断评分参考值	评估结论
0～2 分:视听觉和交流能力正常; 3～7 分:视听觉和交流能力轻度受损; 8～17 分:视听觉和交流能力中度受损; 18～54 分:视听觉和交流能力重度受损	1. 评分总和 2. 判断等级　1:正常□　2:轻度受损□ 　　　　　　3:中度受损□ 4:重度受损□ 3. 结论备注

表 2.3.4　长期护理保险失能等级评估表:特殊情况

长期护理保险失能等级评估表:特殊情况				
特殊情况				
条目	评估内容		判断评分	评估结论
	阴性	阳性		
近 30 天 2 次及以上自杀事件	无	有	阳性:生活护理等级在原来基础上上升一个等级 阴性:——	阴性□ 阳性□
近 30 天 2 次及以上走失事件	无	有	阳性:生活护理等级在原来基础上上升一个等级 阴性:——	阴性□ 阳性□
昏睡、昏迷	无	有	阳性:日常生活活动能力完全依赖,计 0 分; 认知和行为能力为重度受损,计 50 分; 视听觉和交流能力重度受损,计 54 分 阴性:——	阴性□ 阳性□
完全性截瘫	无	有	阳性:日常生活活动能力完全依赖,计 0 分 阴性:——	阴性□ 阳性□
完全性四肢瘫痪	无	有	阳性:日常生活活动能力完全依赖,计 0 分 阴性:——	阴性□ 阳性□
结论备注				

表 2.3.5　长期护理保险失能等级评估表:医疗护理项目

长期护理保险失能等级评估表:医疗护理项目				
医疗护理项目				
评估事项	程度等级			
	正常	轻度	中度	重度
(1) 失禁性皮炎	0分□	1分□	2分□	3分□
(2) 压疮	0分□	1分□	2分□	3分□
(3) 便秘	0分□	1分□	2分□	3分□
(4) 鼻饲	0分□	——	——	3分□
(5) 保留导尿	0分□	——	——	3分□
(6) 结肠(膀胱)造瘘	0分□	——	——	3分□
(7) 鼻导管(面罩)给氧	0分□	——	2分□	3分□
(8) 人工气道	0分□	——	——	12分□

判断评分参考值	评估结论	
0分:医疗护理0级； 1~3分:医疗护理1级； 4~6分:医疗护理2级； 7~11分:医疗护理3级； 12~33分:医疗护理4级	1. 评分总和	
	2. 判断等级	1:0级□　2:1级□ 3:2级□　4:3级□ 5:4级□
	3. 结论备注	

表 2.3.6　长期护理保险失能等级评估表:背景参数

长期护理保险失能等级评估表:背景参数	
背景参数	
家庭提供照护支持状况	□居家的评估对象,家庭负担其全部的生活照料 □居家的评估对象,家庭负担其基本的生活照料；入住机构的评估对象,直系亲属或监护人频繁前往机构探视(平均每周≥1次) □居家的评估对象,家庭负担其生活照料有较大的困难；入住机构的评估对象,直系亲属或监护人经常前往机构探视(平均每月≥2次,平均每周<1次) □居家的评估对象,家庭不负担其生活照料；入住机构的评估对象,直系亲属或监护人偶尔前往机构探视(平均每月<2次)

续表 2.3.6

长期护理保险失能等级评估表:背景参数	
家庭支付 照护费用状况	□评估对象能够支配的财物足以维持其日常生活及未来护理所产生的费用 □评估对象能够支配的财物基本能够维持其日常生活及未来护理所产生的费用 □评估对象能够支配的财物不太能够维持其日常生活及未来护理所产生的费用 □评估对象能够支配的财物完全无法维持其日常生活及未来护理所产生的费用
社会参与	□评估对象经常参加社区或集体活动,经常和亲朋、邻里交往 □评估对象较少参加社区或集体活动,较少和亲朋、邻里交往 □评估对象偶尔参加社区或集体活动,偶尔和亲朋、邻里交往 □评估对象从不参加社区或集体活动,从不和亲朋、邻里交往

表 2.3.7 长期护理保险失能等级评估工具一览表

序号	评估项目	一般用具	特殊用具
1	进食	不锈钢、碗筷/勺、水杯、可夹物品(纸包糖为宜)	偏瘫辅助碗筷/勺
2	洗浴	毛巾、沐浴椅	
3	修饰	盆、毛巾、牙刷、水杯、梳子、剃须刀、指甲钳	
4	穿(脱)衣	上衣、裤子、鞋子、袜子	评估专用衣
5	如厕	便盆、坐便椅、马桶等	
6	体位改变、床椅转移	拐杖、助行器、床、椅(要求同样高度)、轮椅等	
7	平地行走	拐杖、助行器、轮椅、卷尺(测量步行距离用)等	
8	上下楼梯	拐杖、助行器等	康复用楼梯(上下阶相加 10 阶以上)
9	近期记忆	彩色图片(三样常见、无关联的物体,如苹果、国旗、手表等)	
10	判断力	日常生活中的常见物品(如水杯、香蕉等)	
11	视觉	报纸、图片、不同形状和颜色的物体、手电筒等	特制视力表
12	听觉	机械表、发音设备(如扩音器)等	统一录音(50 分贝播放)
13	沟通交流能力	纸、笔(通过文字交流)	交流板、交流书

表 2.3.8 简易认知状态量表 MMSE

项目	最高分	分数	评分项目
一、定向力	5 5	( ) ( )	1. 时间:现在是何年？何月？何日？星期几？什么季节？ 2. 地方:我们现在在哪里:什么省/市？什么区/县？什么街道/乡？什么地方？第几层楼？
二、记忆力	3	( )	现在我要说三样东西的名称,在我讲完之后,请您重复说一遍。 请您记住这三样东西,因为几分钟后要再问您的。 请仔细说清楚,每一样东西一秒钟。"皮球""国旗""树木",请您把这三样东西说一遍(以第一次答案记分)
三、注意力和计算力	5	( )	请您算一算 100 减去 7,然后从所得的数目再减去 7,如此一直计算下去,请您将每减一个 7 后的答案告诉我,直到我说"停"为止。若错了,但下一个答案是对的,那么只记一次错误,93、86、79、72、65……
四、回忆力	3	( )	现在请您说出刚才我让您记住的那三样东西:"皮球""国旗""树木"
五、语言能力	2 1 3 1 1	( ) ( ) ( ) ( ) ( )	1. 命名:嘱评估对象对手表和铅笔命名。例:(拿出手表)这是什么？ 2. 复述:现在我要说一句话,请您跟着我清楚地重复一遍。 如:我今天中午吃了黄焖鸡。 3. 行为能力:我给您一张纸请您按我说的去做,现在开始:"用右手拿着这张纸,用两只手将它对折起来,放在您的大腿上"(不要重复说明,也不要示范)。 4. 理解:给评估对象看一张大字印着"闭上您的眼睛"的纸,嘱评估对象念句话,并且按上面的意思去做 5. 造句:请评估对象自己写一句话(句子必须有主语、动词、有意义),记下所叙述句子的全文
六、建构力	1	( )	这是一张图,请您在同一张纸上照样把它画下来(图上两个五边形的图案,交叉处又有个小四边形)

(摘自:张桂娟.认知行为—怀旧干预对轻度认知功能障碍老人认知功能的影响研究[D].武汉:华中科技大学,2017.)

三、评估指南——分量表

开始正式的评估工作前要确认评估对象的身份,确认无误后才开始评估流程。要求评估对象的家属或照护人员在旁时不得有干扰性的提示或暗示性的语言和动作,保持安静,未经评估人员询问不得擅自为评估对象作答。

(一)基本生活活动能力

1. 评估内容

评估内容包括进食、洗澡、修饰、穿(脱)衣、排尿、排便、如厕、体位改变、床椅转移、平地行走、上下楼梯等。

2. 评估方法

评估方法包括问诊法、观察法、评估工具测试法及查阅法,根据评估对象的实际情况选择一种或多种方法对评估对象进行评估。

3. 评估前准备

(1) 评估人员准备:衣帽整洁、修剪指甲、洗手。

(2) 环境准备

1) 居家评估环境:清洁、宽敞、明亮、安静,酌情关闭门窗、调节室温,必要时保护评估对象隐私。

2) 机构评估环境:清洁、宽敞、明亮、安静,酌情关闭门窗、调节室温,病室内无其他评估对象进行治疗、护理操作,必要时保护评估对象隐私。

(3) 用物准备:问诊表、观察表、笔、评估工具(见观察表中常用评估工具及特殊评估工具表)。

(4) 评估对象准备:告知评估对象及家属评估的目的、方法、注意事项及配合要点,协助评估对象取舒适、安全的体位,且评估对象的病情稳定。

4. 评估步骤

评估人员根据问诊表和观察表的内容对评估对象的各项基本生活活动能力进行询问、观测、比较和评估。

表 2.3.9　基本生活活动能力问诊表

问诊事项		程度等级	判断评分
1. 进食	(1) 喝水时,你能自己握住水杯吗?	1) 能 2) 不能	1分□ 0分□
	(2) 你能将水无泼洒、平稳地举至口边吗?	1) 能 2) 不能	1分□ 0分□
	(3) 你喝水时会发生呛咳吗?	1) 会 2) 不会	0分□ 1分□
	(4) 吃饭时,你能自己握住筷子/勺子吗?	1) 能 2) 不能	1分□ 0分□
	(5) 你能自己将碗里食物弄碎吗?	1) 能 2) 不能	1分□ 0分□
	(6) 你能将食物无泼洒、平稳地夹取入口吗?	1) 能 2) 不能	1分□ 0分□
	(7) 你能嚼碎食物、咽下食物吗?	1) 能 2) 不能	1分□ 0分□
	(8) 你吃饭时会发生呛咳或吞咽困难吗?	1) 会 2) 不会	0分□ 1分□
	(9) 你自己吃一次饭需要持续多长时间?	1) 很快,十几分钟 2) 一般,半小时 3) 很慢,一小时以上	1分□ 0.5分□ 0分□
	(10) 进食步骤需要他人帮助吗?	1) 不需要 2) 语言帮助或少量动作帮助 3) 大量或全部他人动作帮助	1分□ 0.5分□ 0分□
2. 洗澡	(1) 如果他人处理好洗浴用水情况下,你能自己进出洗浴缸/淋浴房或者坐于沐浴椅上吗?	1) 能 2) 不能	1分□ 0分□
	(2) 你能在洗浴缸/淋浴房里或是沐浴椅上自己将身体清洗干净吗?	1) 能 2) 不能	1分□ 0分□
	(3) 你在洗澡时有没有坐、立不稳,或是头晕等危险情况发生?	1) 有 2) 没有	0分□ 1分□

续表 2.3.9

问诊事项		程度等级	判断评分
2. 洗澡	(4) 洗澡步骤需要他人帮助吗?	1) 不需要 2) 语言帮助或少量动作帮助 3) 大量或全部他人动作帮助	2分☐ 1分☐ 0分☐
3. 修饰	(1) 你能在他人处理好洗脸用水情况下,拧干毛巾,擦净脸面部吗?	1) 能 2) 不能	0.5分☐ 0分☐
	(2) 你能自己握住牙刷清洁牙齿,握住水杯漱口吗?	1) 能 2) 不能	0.5分☐ 0分☐
	(3) 你能自己握住梳子,将手上举过肩,将头发从发际梳至后枕吗?	1) 能 2) 不能	0.5分☐ 0分☐
	(4) 你能在他人处理好洗发用水情况下,自己用双手将头发搓洗干净,并擦干吗?	1) 能 2) 不能	0.5分☐ 0分☐
	(5) 你会使用剃须刀,自己将颌面部、口唇周围的胡须剃除干净,且不伤到皮肤吗?(女性跳过此题)	1) 会 2) 不会	0.5分☐ 0分☐
	(6) 你能在他人处理好洗脚用水情况下,将双脚放入洗脚盆洗净吗?	1) 能 2) 不能	0.5分☐ 0分☐
	(7) 你能在他人处理好用水情况下,弯腰清洗会阴部吗?	1) 能 2) 不能	0.5分☐ 0分☐
	(8) 你会使用指甲钳,自己将手、足部过长的指甲修剪干净,且不伤到皮肤吗?	1) 会 2) 不会	0.5分☐ 0分☐
	(9) 各项修饰动作需要他人帮助吗?	1) 不需要 2) 语言帮助或其中1~2项动作帮助 3) 其中3~5项动作帮助 4) 其中6项以上动作帮助	1分☐ 0.5分☐ 0分☐ 0分☐

续表 2.3.9

问诊事项		程度等级	判断评分
4. 穿（脱）衣	(1) 你能自己解开/扣上纽扣吗？	1) 能 2) 不能	1分 □ 0分 □
	(2) 你能自己解开/拉上拉链吗？	1) 能 2) 不能	1分 □ 0分 □
	(3) 你能自己将上衣袖管从胳膊脱出吗？	1) 能 2) 不能	1分 □ 0分 □
	(4) 你能自己将裤子裤腿从踝部脱出吗？	1) 能 2) 不能	1分 □ 0分 □
	(5) 你能自己将上衣/裤子整理好吗？	1) 能 2) 不能	2分 □ 0分 □
	(6) 你能自己拔上鞋后帮，并系好鞋带吗？	1) 能 2) 不能	2分 □ 0分 □
	(7) 穿（脱）衣步骤需要他人帮助吗？	1) 不需要 2) 语言帮助或第(1)、(2)项步骤需他人动作帮助 3) 第(3)～(6)项步骤或全部需他人动作帮助	2分 □ 1分 □ 0分 □
5. 排尿	(1) 你自己能控制解小便吗？	1) 能，没有发生过排尿困难，或尿失禁 2) 不能，有排尿困难，需要药物的帮助或是导尿等护理 3) 不能，有发生尿失禁，需要纸尿裤及他人的护理等	5分 □ 0分 □ 0分 □
	(2) 发生尿失禁的频率	1) 没有发生 2) 每天少于1次，但每周大于1次 3) 每天大于1次 4) 完全失禁	5分 □ 5分 □ 0分 □ 0分 □

续表 2.3.9

	问诊事项	程度等级	判断评分
6. 排便	(1) 你自己能控制解大便吗?	1) 能,没有发生过排便困难,或大便失禁 2) 不能,有排便困难,需要药物的帮助或是人工排便等护理 3) 不能,有发生大便失禁,需要纸尿裤及他人的护理等 4) 不能,因疾病原因有人工肛门	5分□ 0分□ 0分□ 0分□
	(2) 发生大便失禁的频率	1) 没有发生 2) 每天少于1次,但每周大于1次 3) 每天大于1次 4) 完全失禁	5分□ 5分□ 0分□ 0分□
7. 如厕	(1) 你能自己随手取便盆,将便盆垫于臀下吗?(卧床的参保人)/你能自己上下厕盆或者平稳地坐于马桶上吗?(非卧床的参保人)	1) 能 2) 不能	2分□ 0分□
	(2) 大小便前,你能自己将衣裤解开,拉至膝部吗?	1) 能 2) 不能	1分□ 0分□
	(3) 你在排完大小便后,能自己擦净吗?	1) 能 2) 不能	2分□ 0分□
	(4) 大小便后,你能自己将衣裤整理好吗?	1) 能 2) 不能	1分□ 0分□
	(5) 大小便后,你能冲洗便盆或是马桶冲水吗?	1) 能 2) 不能	2分□ 0分□
	(6) 如厕步骤需要他人帮助吗?	1) 不需要 2) 语言帮助或其中1~2项步骤需他人动作帮助 3) 其中一半以上步骤需他人动作帮助	2分□ 1分□ 0分□

续表 2.3.9

	问诊事项	程度等级	判断评分
8. 体位改变、床椅转移	(1) 你能由坐位自行躺下吗?	1) 能 2) 不能	2分☐ 0分☐
	(2) 你能由卧位自行坐起吗?	1) 能 2) 不能	2分☐ 0分☐
	(3) 你能由坐位转为站立吗?	1) 能 2) 不能	2分☐ 0分☐
	(4) 你能站立后自行坐下吗?	1) 能 2) 不能	2分☐ 0分☐
	(5) 你能自行从床边移动到椅子上坐下,或由椅子上转移到床边吗?	1) 能 2) 不能	3分☐ 0分☐
	(6) 体位改变、床椅转移等步骤需要他人帮助吗?	1) 不需要 2) 语言帮助,或某项活动需1个人的动作帮助,或自主借助辅助装置(如拐杖、扶手等)能完成 3) 某项活动需1人以上的动作帮助,或多项活动需他人的动作帮助,或者因各种原因导致的不可进行上述某项活动	4分☐ 2分☐ 0分☐
9. 平地行走	(1) 你能独立在平地上进行行走吗?	1) 能 2) 少于一半的行走活动需他人搀扶,或自主使用拐杖、扶手、助行器等辅助装置平地行走 3) 不少于一半的行走活动需要他人搀扶,或坐在轮椅上可自行在平地上移动 4) 完全不能	10分☐ 5分☐ 0分☐ 0分☐
	(2) 你在平地上行走时,一次能走多远?	1) 不少于 45 m 2) 少于 45 m	5分☐ 0分☐

续表 2.3.9

问诊事项		程度等级	判断评分
10. 上下楼梯	(1) 你能独立上下楼梯吗?	1) 能	8分□
		2) 少于一半的上下楼梯活动需他人的搀扶,自主使用拐杖、扶手、助行器等辅助装置	3分□
		3) 不少于一半的上下楼梯活动需要他人搀扶	0分□
		4) 完全不能	0分□
	(2) 你在上下楼梯时,一次能走多少级台阶?	1) 少于10个台阶	0分□
		2) 不少于10个台阶	2分□
判断评分参考值		参数项目一评估结论	
100分:基本生活活动能力正常; 61~99分:基本生活活动能力轻度依赖; 41~60分:基本生活活动能力中度依赖; 0~40分:基本生活活动能力重度依赖		1. 评分合计	
		2. 判断等级	1:正常□ 2:轻度依赖□ 3:中度依赖□ 4:重度依赖□
		3. 结论备注	

表 2.3.10 基本生活活动能力观察表

观察项目	常用评估工具	评估标准	观察结果	判断评分
1. 能否自己喝水	水杯、水	(1) 能否握住水杯	能 否	1分□ 0分□
		(2) 有无泼洒、平稳地举至口边	无 有	2分□ 0分□
		(3) 喝水有无呛咳	无 有	1分□ 0分□
2. 能否自己吃饭	碗、筷子、勺子、可夹物品(纸包糖为宜)	(1) 能否手持筷/勺/偏瘫辅助勺	能 否	1分□ 0分□
		(2) 能否搅碎或切断食物	能 否	1分□ 0分□
		(3) 能否准确夹/取食物至另一碗或夹/取食物入口	能 否	1分□ 0分□
		(4) 能否咀嚼、咽下食物,无呛咳	能 否	1分□ 0分□

续表 2.3.10

观察项目	常用评估工具	评估标准	观察结果	判断评分
		上述第1~2项观察项目内容是否需要他人语言或动作帮助	否 是,或少量动作帮助 是,或大部分或全部动作帮助	2分□ 1分□ 0分□
3. 能否自己洗澡	毛巾、沐浴椅	(1) 能否进出洗浴缸/淋浴房 (2) 能否很稳地行走、站立、坐下 (3) 能否完成洗浴动作(洗头除外)如:举手过肩、反手搓背、弯腰洗脚等动作	能 否 能 否 能 否	1分□ 0分□ 1分□ 0分□ 1分□ 0分□
		洗澡过程是否需要他人语言或动作帮助	否 是,或少量动作帮助 是,或大部分或全部动作帮助	2分□ 1分□ 0分□
4. 能否自己洗脸	脸盆、毛巾、水	能否拧干毛巾,擦洗脸面部	能 否	0.5分□ 0分□
5. 能否自己刷牙	牙刷、水杯、水	能否握住牙刷清洁牙齿,能握住水杯漱口	能 否	0.5分□ 0分□
6. 能否自己梳头	梳子	能否握住梳子,手上举过肩,将头发从发际梳至后枕	能 否	0.5分□ 0分□
7. 能否自己洗头	毛巾、脸盆	能否做出低头、弯腰、双手举过头,将头发揉洗、擦干的动作	能 否	0.5分□ 0分□
8. 能否自己剃胡须(女性跳过此项)	剃须刀	能否握住剃须刀,做出在颌面部、口唇周围剃除胡须的动作	能 否	0.5分□ 0分□
9. 能否自己洗脚	脚盆、毛巾	能否做出将双脚抬起、放下,弯腰洗脚的动作	能 否	0.5分□ 0分□

续表 2.3.10

观察项目	常用评估工具	评估标准	观察结果	判断评分
10. 能否自己修剪指甲	指甲钳	能否握住指甲钳,做出修剪指甲的动作	能 否	0.5分□ 0分□
		上述第4~10观察项目是否需要他人语言帮助或动作帮助	否 是,或少量动作帮助 是,或大部分或全部动作帮助	2分□ 1分□ 0分□
11. 能否自己穿(脱)上衣/裤子	上衣、裤子	(1) 能否解开/扣上纽扣	能 否	1分□ 0分□
		(2) 能否解开/拉上拉链	能 否	1分□ 0分□
		(3) 能否将上衣袖管从胳膊脱出	能 否	1分□ 0分□
		(4) 能否将裤子裤腿从踝部脱出	能 否	1分□ 0分□
		(5) 能否将上衣/裤子整理好	能 否	2分□ 0分□
12. 能否自己穿/脱鞋	鞋	能否自己拔上鞋后帮,系鞋带	能 否	2分□ 0分□
		上述第11~12项观察项目内容是否需要他人语言帮助或动作帮助	不需要 语言帮助或系扣、拉链精细步骤需他人动作帮助 衣裤、鞋袜大动作或全部需他人动作帮助	2分□ 1分□ 0分□
13. 有无小便失禁或排尿困难		有无使用纸尿裤	无 有	5分□ 0分□
		有无使用利尿剂等药物帮助排尿或有无留置导尿管	无 有	5分□ 0分□
14. 有无大便失禁或排便困难		有无使用纸尿裤	无 有	5分□ 0分□
		有无使用开塞露等药物帮助排便或有无人工肛门便袋等	无 有	5分□ 0分□

续表 2.3.10

观察项目	常用评估工具	评估标准	观察结果	判断评分
15. 能否自己上厕所	便盆	(1) 能否随手取便盆,将便盆垫于臀下(卧床的参保人)/能否上下厕盆或者平稳地坐于马桶上(非卧床的参保人)	能 否	2 分 □ 0 分 □
		(2) 大小便前,能否将衣裤解开,拉至膝部:	能 否	1 分 □ 0 分 □
		(3) 排完大小便后,能否自己擦净	能 否	2 分 □ 0 分 □
		(4) 能否将衣裤整理好	能 否	1 分 □ 0 分 □
		(5) 能否冲洗便盆或是马桶冲水	能 否	2 分 □ 0 分 □
		上述动作是否需要他人语言帮助或动作帮助才能完成	否 是,或其中的 1~2 项动作帮助 是,其中一半以上或全部动作帮助	2 分 □ 1 分 □ 0 分 □
16. 能否自己进行体位改变		(1) 能否由坐位变换为躺下	能 否	2 分 □ 0 分 □
		(2) 能否由卧位变换为坐起	能 否	2 分 □ 0 分 □
		(3) 能否由坐位变换为站立	能 否	2 分 □ 0 分 □
		(4) 能否由站立变换为坐下	能 否	2 分 □ 0 分 □
17. 能否自己进行床椅之间的转移	拐杖	能否自行从床边移动到椅子上坐下,或由椅子上转移到床边	能 否	3 分 □ 0 分 □
		上述第 16~17 项观察项目内容是否需要他人语言帮助或动作帮助	否 是,语言帮助,或某项活动需 1 个人的动作帮助,或自主借助辅助装置能完成 是,某项活动需 1 人以上的动作帮助,或多项活动需他人的动作帮助,或者因各种原因导致的不可进行上述某项活动	4 分 □ 2 分 □ 0 分 □

续表 2.3.10

观察项目	常用评估工具	评估标准	观察结果	判断评分
18. 能否自己在平地上进行行走	拐杖、助行器	(1) 能独立在平地上行走 45 m (2) 需要他人语言指导,或少于一半的行走活动需他人搀扶,或自主使用拐杖、扶手、助行器等辅助装置平地行走 (3) 不少于一半的行走活动需要他人搀扶,或坐在轮椅上可自行在平地上移动 (4) 完全需要他人的动作帮助		15分□ 10分□ 5分□ 0分□
19. 能否自己上下楼梯	拐杖、助行器	(1) 可独立上下不少于10个台阶的楼梯 (2) 需要他人语言指导,或少于一半的上下楼梯活动需他人的搀扶,或自主使用拐杖、扶手、助行器等辅助装置 (3) 不少于一半的上下楼梯活动需要他人搀扶 (4) 完全需要他人的动作帮助		10分□ 5分□ 0分□ 0分□
判断评分参考值		参数项目一评估结论		
100分:基本生活活动能力正常; 61~99分:基本生活活动能力轻度依赖; 41~60分:基本生活活动能力中度依赖; 0~40分:基本生活活动能力重度依赖		1. 评分合计		
		2. 判断等级	1:正常□ 2:轻度依赖□ 3:中度依赖□ 4:重度依赖□	
		3. 结论备注		

表 2.3.11　基本生活活动能力特殊评估工具表

名称	使用范围	评估中的应用
辅助筷、偏瘫辅助勺、辅助叉	无法使用正常餐具、手抖、僵硬、痉挛的老年人及残疾人群	在评估参保人进食能力时,若其由于各种原因无法使用正常餐具,观察参保人能否通过使用偏瘫辅助餐具来维持正常的进食
移位机	长期卧床老年人及残疾人的移动	在评估参保人体位转变、床椅转移能力时,若其由于各种原因无法正常移动,观察参保人能否通过使用移位机来进行移动
康复用楼梯	上下楼梯能力有缺陷的、虚弱的老年人及残疾人	在评估参保人上下楼梯能力时,为了保证其活动安全,观察参保人能否通过使用康复用楼梯来上下楼梯

(二) 认知和行为能力

1. 评估内容

评估内容包括近期记忆、定向力、判断力、行为表现、情绪表现等。其中定向力包括时间定向、地点定向、空间定向、人物定向等方面;行为表现主要包括漫无目的的徘徊、退缩行为、身体攻击、语言攻击、自杀、不合场合的怪异行为等;情绪表现主要包括焦虑、抑郁、孤独、愤怒等,常表现为无助、绝望性的话语及呼叫,易激惹、情绪不稳定,不切实际的担忧、害怕、恐惧、悲伤及啼哭等。评估情绪表现时,要注意以 30 天为区间,评估评估对象近 30 天的情绪表现,而不是当前所处的情绪状态。

2. 评估方法

评估方法包括问诊法、观察法、会谈法、评估工具检测法(量表评估)及查阅法等,根据评估对象的实际情况选择一种或多种方法对评估对象进行评估。

3. 评估前准备

同基本生活活动能力的评估前准备。

4. 评估步骤

(1) 问诊法

1) 近期记忆:"现在请您看一下这三个物品(展示的物品是日常生活中常见的,且能被认知功能正常的评估对象认知的,且无关联,如苹果、国旗和手表),能告诉我是什么吗? 请努力记住,一会儿还会问您的。"问过几个问题后回忆词语(不必按顺序)。

若3个物品名称均答对,则3~5分钟后让其回忆;若3个物品名称答对0~2个,则全部告知,然后待3~5分钟后请其回忆。回忆出3个,则近期记忆是正常的;回忆出2个,则近期记忆力为轻度受损;回忆出1个,则近期记忆力为中度受损;回忆出0个,则由评估人员再次告知,请其复述,重复以4遍为上限,重复1~4遍后复述正确,则评估对象的近期记忆力为中度受损;若重复告知超过4遍,评估对象仍未全部复述正确,则其近期记忆力为重度受损。

2) 定向力

①时间定向力:"您知道今年是哪一年吗?""现在是什么季节?""今天是几号?""今天是星期几?""现在是几月份?"。

②地点定向力:"您能告诉我现在我们在哪里?""您住在什么区(县)?""您住在什么街道?""我们现在在几楼?""这里是什么地方?"。

③空间定向力:"我现在是站在您的左边还是右边?""呼叫器在(或现场其他物品)什么方向?"。

④人物定向力:"能说出经常看护您的人的名字吗?""有小孩、伴侣吗? 叫什么名字?(孤老排除此题)/有兄弟姐妹、其他亲人吗? 叫什么名字?(孤老做此题)""您知道我是干什么的吗?"。

⑤自我定向力:"知道自己的名字吗?""您是做什么工作的呢?""您现在在做什么呢?"。

在判断定向力的受损程度时要遵守"就重不就轻"的原则,如表2.3.12,横向的定人物、定地点及定时间均为并列关系,只要满足一项即对应相应的受损等级;若定人物为轻度受损、定地点为中度受损、定时间为重度受损,则以重度受损为判断整个定向力的受损程度。

表 2.3.12 定向力受损分级

项目 等级	定人物	定地点	定时间
轻度受损	只能识别近亲和经常接触的人物	知道地点和方位(但不知回去路线)	时间观念略差(年、月清楚,日有时相差几天)
中度受损	只能认识亲人,不能识别关系	只知道地点,但不知道方位	时间观念差(只知道季节)
重度受损	只能认识常同住的亲人(或室友、看护者、保护人)	不知地点和方位,只能在左邻右舍(或相邻的房间)间走动	时间观念很差(只知道上下午)或无时间观念

3) 行为表现:"有出现过漫无目的的走来走去吗?也不知道要去哪儿,就是来回地走来走去?""会表现出害怕、孤单,不愿与其他人交往?更不愿到陌生的环境中去,把自己封闭或躲起来以获得安全感吗?""会出现没有原因的咒骂他人的行为吗?""会出现对自己或他人的敌视、打骂行为吗?""有没有自杀的念头或已经自杀过?""有没有出现一些奇怪的、和之前不太一样的行为?""出现的话,大概是多长时间出现一次呢?"等。必要时,向家属或主要照顾者求证。

4) 情绪表现:"您近来心情如何啊?""您此时和平时的情绪是怎么样的呢?""有什么事情会让您感到特别高兴、担心或沮丧?这样的情绪持续多久了?""您感到生活有意义吗?"等。

(2) 观察法

1) 判断力:观察评估对象的衣着、外表是否存在不合乎常人的地方;对日常生活的内容、时间等能正确做出合理的判断和决定。

2) 行为表现:观察评估对象是否出现退缩行为、语言攻击行为、身体攻击行为、不合场合的怪异行为等。

3) 情绪表现:观察评估对象的面部表情(面部肌肉、眼神等变化)、身体表情(如得意时摇头晃脑、紧张时坐立不安等)及言语表情(音调、速度、节奏等方面的变化)等。

(3) 会谈法

1) 判断力：与评估对象交谈的过程中，判断其对交谈内容的反应及回答是否存在异常。

2) 行为表现：在交谈中体会评估对象是否有自杀的念头，或者无意中透露出自杀的意思。

(三) 视听觉和交流能力

1. 评估内容

评估内容包括：视觉、听觉、交流能力等。在评估视觉、听觉的过程中，要求评估对象尽量保持日常生活的状态，如平时戴助听器或眼镜，则评估的过程中同样要求其佩戴。

2. 评估方法

评估方法包括：问诊法、观察法、会谈法、评估工具测试法及查阅法等，根据评估对象的实际情况选择一种或多种方法对评估对象进行评估。

3. 评估前准备

同基本生活活动能力的评估前准备。

4. 评估步骤

(1) 交谈法

1) 听觉：通过交谈可评估评估对象的听觉，评估人员在距离评估对象约2米远的距离时打招呼，评估评估对象的反应。能进行正常交谈则听觉没有问题；轻声说话或面对面交谈距离超过2米听不到时则为轻度受损；正常交谈有困难，需在安静的环境才能听到或者需要提高声调重新提问则为中度受损；只能在特定的条件下才能交谈，讲话者需大声讲话或讲话很慢才能部分听到则为重度受损；完全听不到则为完全受损。

2) 交流能力：沟通交流能力的评估贯穿于整个评估流程，从评估对象的反应、交流内容等可以判断其交流能力。无困难，能与他人正常交流，为正常；大部分能够交流，但需要增加时间和部分帮助（具体表现为：用词表达、思考需要一定的时间，遗漏的部分交流信息需要他人提醒），为轻度受损；交流困难，提出具体的需求有困难，需他人频繁重复或者用简化的口语、手势表达才能有反应（出现其中情形之一），为中度受损；完全不能表达需求，完全不能理解其他人表达的内容,则为重度受损。

(2) 评估工具检测法

1) 视觉:自制视觉检测工具,由书报的正文字体、大标题等文字内容组成,让评估对象阅读出来(不识字者以能否看清为主或者用字号相同"一、三、二"等代替,让其用手比画)。无视力障碍,能看清书报上的正文字体,在正常环境下能安全照顾自己,为正常;有视力障碍,只能看清书报上的大标题,日常生活活动偶尔需他人帮助,为轻度受损;有视力障碍,看不清大标题,能辨认物体,日常生活活动需要他人帮助,为中度受损;有视力障碍,只能看到光、颜色、物体形状,日常生活活动需要他人帮助,为重度受损;视力完全丧失,日常生活活动需要他人帮助,为完全受损。其中,重度受损和完全受损要查阅其既往病史/外伤记录等。

2) 听觉:采用统一录音内容,将播放音量控制在50分贝(正常交谈40～60分贝),让评估对象听到后复述一下大致内容。或者采用粗测法,即在安静的室内,嘱评估对象闭目静坐,并用手掌堵塞其一侧耳郭及外耳道,评估人员手持机械表(或用拇指和示指相互摩擦),自1m外逐渐移近评估对象的耳部,直至其听到声音为止,测量其距离(同样方法检测另一耳),两侧听力距离相互比较并与标准听力表对照,以确定听力的好坏。正常人一般在1米处即可听到捻指声或机械表滴答的声音。

(3) 观察法

1) 视觉:运用观察法评估评估对象的视觉,主要是观察其眼球是否随着评估人员位置的改变或者视线中出现的某个物体的移动而移动,在评估的过程中有无眼神交流等。

2) 听觉:运用观察法评估评估对象的听觉,主要是观察其对周边声音的反应情况,观察其是否出现头面部转向发出声音的方位等。

3) 交流能力:运用观察法评估评估对象的沟通交流能力,主要是观察其对评估人员提问或谈话的反应及回答情况,观察其面部表情、肢体语言、姿势或随意运动等。

(4) 查阅法

查阅法主要是用于查阅评估对象的就诊记录/医疗诊断或残疾人证,适用于视听觉重度或完全受损的评估对象,核实其是否由于外伤、疾病或先天性等原因导致的相应功能受损。

(四) 特殊情况

1. 评估内容

评估内容包括自杀、走失、昏睡/昏迷、完全性截瘫、完全性四肢瘫痪等。其中需要注意的是对自杀的界定是要求近30天有2次及以上自杀事件才可被评估为存在自杀这一特殊情况;对走失的界定同样是要求近30天有2次及以上走失事件才可被评为是存在特殊情况。对于自杀或走失都要求评估对象提供相关的材料作为评估的佐证,如自杀后的抢救记录、走失后的报案记录或寻人启事等。评估对象若确实存在自杀或走失情况,则原来的生活护理级别要上升一个等级;昏睡、昏迷、完全性截瘫及四肢瘫痪等情况均会直接影响评估对象的生活护理情况或依赖他人协助的等级。在评估的过程中,以医疗诊断记录为准。

2. 评估方法

评估方法包括观察法及查阅法等,根据评估对象的实际情况选择一种或多种方法对评估对象进行评估。

3. 评估前准备

同基本生活活动能力的评估前准备。

4. 评估步骤

(1) 观察法:对于自杀事件的观察,主要是观察评估对象是否留有自杀的痕迹,包括其行为表现、情绪反应以及身体遗留的自杀导致的外伤疤痕等,如割腕者会在腕部留有较深的疤痕。对于走失事件,则观察其是否存在认知障碍的相关表现。对于昏睡/昏迷,则主要观察其精神状态是否符合昏睡或昏迷的特征。对于完全性截瘫、完全性四肢瘫痪,则观察其瘫痪躯体的相应表现。

(2) 查阅法:对于自杀、走失事件,主要查看其抢救记录、走失报案等材料;对于昏睡/昏迷、完全性截瘫、完全性四肢瘫痪等,则主要通过既往病历与现病史、医疗诊断等进行确认。

评估对象若存在自杀或走失情况,则原来的生活护理级别要上升一个等级;若昏睡、昏迷为阳性,其日常生活活动能力需完全依赖他人,则计0分,认知和行为能力为重度受损,计50分,视听觉和交流能力同样为重度受损,计54分;完全性截瘫与完全性四肢瘫痪为阳性,则日常生活活动能力为完全依赖他人,计0分。

(五) 医疗护理项目

1. 评估内容

评估内容包括失禁性皮炎、压疮、便秘、鼻饲、保留导尿、结肠(膀胱)造瘘、鼻导管(面罩)给氧、人工气道等。

2. 评估方法

评估方法包括观察法、查阅法,根据评估对象的实际情况选择一种或多种方法对评估对象进行评估。

3. 评估前准备

同基本生活活动能力的评估前准备。

4. 评估步骤

(1) 查阅法:结合病历/就诊记录与现病史等确认。

(2) 观察法

1) 失禁性皮炎:观察皮肤的完整性、有无局部发红及发红的程度、是否有剥脱及剥脱的面积、是否有水泡或渗出液等。

2) 压疮:观察局部皮肤的颜色、是否出现红肿、硬结或水泡、是否出现溃疡及溃疡面积与深度等。

3) 便秘:观察是否存在与缓解便秘有关的药物,如开塞露、口服果糖等。

4) 鼻饲:观察是否留有鼻饲管。

5) 保留导尿:观察是否留有导尿管与尿袋。

6) 结肠(膀胱)造瘘:观察是否留有造瘘口及便袋等。

7) 鼻导管(面罩)给氧:观察是否使用吸氧及其吸氧方式,如鼻导管、面罩等。

8) 人工气道:观察有无人工气道,如气管插管、气管切开等。

(六) 背景参数

1. 评估内容

评估内容包括家庭提供照护支持情况、家庭支付照护费用状况、社会参与等。需要注意的是在评估背景参数时,要以评估对象的家庭为单位,评估整个家庭在提供照护或经济支持的能力,而不是仅仅针对评估对象。此外,作为评估对

象的背景材料,虽在评估的范围内,但不计分值。

2. 评估方法

评估方法以询问法为主。

3. 评估前准备

同基本生活活动能力的评估前准备。

4. 评估步骤

询问评估对象、家属或其主要照顾者。居家环境下的评估对象,可以通过社区的工作人员来了解其家庭相关的详细情况,机构环境下的评估对象,则可以向其机构的工作人员了解相关情况。

四、长期护理保险失能等级评估中意外情况的应对

（1）评估对象出现跌倒、坠床、突发疾病等其他意料之外的情况时,评估人员需立即停止评估,呼叫医护人员、评估对象家属,并拨打120急救电话寻求帮助。

（2）评估对象拒绝评估或配合度较差,出现情绪激动,如哭泣、大喊大叫、攻击行为等其他让评估流程无法继续进行的情况时,评估人员需停止评估,并呼叫评估对象家属对评估对象进行安抚。必要时,评估人员可拨打120、110寻求帮助。

（3）评估对象家属在评估过程中,出现身体不适及情绪激动,如突发心脏病等其他疾病或情绪激动等其他对评估结果造成干扰的情况时,请评估对象家属离场,如果家属拒绝配合或配合度较差,需停止评估。

（4）评估人员在评估过程出现身体不适及情绪激动,如突发心脏病等其他疾病或情绪激动等其他对评估结果造成干扰的情况时,需停止评估,评估人员离场进行调整。

（5）评估设备出现故障时,评估人员需保留设备故障的证据,如拍摄照片或录视频,在评估结束后对故障设备进行报修并提供证据。在评估现场,评估人员可使用手动评估工具继续进行。

（6）评估现场出现不可抗的突发状况,如自然灾害等对评估对象、评估对象家属、评估人员、评估设备造成人财损害的情况时需停止评估,评估现场人员进行撤离。

第三章
长期护理保险失能等级评估的管理体系

第一节 长期护理保险失能等级评估机构的遴选方案

一、遴选指标体系的构建

（一）构建框架：基本指标体系与发展性指标体系相融合

遴选指标的架构是基于基本指标体系与发展性指标体系相融合的原则，既为评估机构规定了基本的达标条件，同时也为评估机构的未来发展预留空间。其中，基本指标为评估机构的基本准入条件，从评估机构的单位性质、人员配置、场地等方面进行了相关规定。发展性指标为加分指标，主要用于评价评估机构的运行模式、人员培养等经营或管理模式是否具有未来持续发展的潜力，评估其是否能够灵活应对评估工作中有可能遇到的各种困难或意外情况等，同样也是考核评估机构的重点指标。

（二）指标体系内容

1. 基本指标体系

（1）单位性质：依法独立登记的民办非企业单位或企事业单位。依法取得《医疗机构执业许可证》的各级综合医院、各级中医医院、老年专科医院、康复医院、医养结合型医疗机构、乡镇卫生院、社区卫生服务机构；经民政部门许可登记或备案的各类养老（残）服务机构（养老院、福利院）及专业评估机构等。

（2）人员配置要求：评估人员总数不少于 10 人，其中 50% 以上为专职评估人员，且要求具备临床医学、护理学、康复医学、精神病学、心理学、健康管理等专业资格，具有 2 年以上相关专业的工作经历；兼职评估人员要求同时挂靠的评估单位不得超过两家。

（3）机构负责人要求：评估机构负责长护保险业务负责人应为专职评估人员，具备临床医学、护理学、康复医学、精神病学、心理学、健康管理等专业 5 年以上工作经验。

（4）人员素质要求：负责人和评估人员均没有相关违法违规等不良记录且经培训、考核合格。

（5）机构及参保条件要求：评估机构应当参加社会保险，符合参保条件的工作人员应保尽保。

（6）硬件要求：具有稳定办公场所和较好的财务资金状况。

（7）运行机制要求：具有组织、管理和监督评估人员的能力。

（8）系统管理要求：配备符合本市长期护理保险信息系统联网要求的管理系统，并有相应的专职管理人员和操作人员。

（9）机构入选后工作流程：评估机构根据自身服务能力，自愿向商保机构提出申请。商保机构经遴选后，与符合准入条件的评估机构签订评估服务协议，向经办机构备案、向社会公布评估机构名单。通过协议约定双方在履行失能等级评估过程中各自的权利和义务。

（10）评估人员管理要求：评估人员由评估机构聘用，受评估机构委派，专职或兼职从事长期护理保险失能等级评估工作。评估机构将符合条件的评估人员信息录入失能等级评估信息系统，其中纳入信息化管理的人员不得从事长期护理保险失能等级评估工作。评估机构和评估人员应当客观、公正地进行评估工作。与评估对象有亲属或利害关系的，或与评估对象所在定点护理机构有利害关系的，应当回避。

2. 发展性指标体系

（1）评估员招聘方案：考察评估机构的评估员招聘方案，如是否设有明确的知识背景要求、文化程度、年龄、工作经历等条件，是否具有较完善的应聘考核办法与流程等。

（2）评估员业务能力培养：评估员的业务能力直接关系到评估的质量，考察评估机构是否有专门为评估员提供业务能力培训，如参加相关继续教育。

（3）评估员考核体系：考核体系是提升评估员评估质量的重要环节，考察评估机构是否设立健全的考核体系，包括设置的考核方式、内容及考核结果的奖惩措施等，如能否采取定性和定量的分析方法，通过日常考核、季度考核、年度考核等形式对评估员进行日常考核；是否有针对考核结果进行相应的奖励或惩罚措施等。

（4）评估机构运行管理模式：重点考察评估机构经营与管理的模式等是否

有利于评估工作的推进,综合考虑其社会适应性,考察其管理是否能够灵活地适应当前及未来所要面对的评估工作中的困难或意外状况等。除此以外,还要重点评估其未来发展空间与潜力,从长远的角度来考察其可持续发展情况。

(5)待评人数峰值处理能力:待评人数峰值处理能力是考察评估机构的最重要指标,是指评估机构在常规运营情况,最大可同时评估定点护理机构内的参保人人次、居家条件下参保人人次。考察评估机构的待评人数峰值处理能力,主要是为了有效应对申请失能等级评估的参保人以"爆发""井喷"式出现。除了考察评估机构的处理能力,同时还要考察其处理类似应急事件的方案等,考察评估机构在各项突发状况发生的情况下如何保证评估工作的有效开展。

(6)社会声誉:通过统计各项与评估结果直接关联的数据考察评估机构的评估质量,同时通过这些数据情况来实现评估机构的质量控制与管理的反馈,如年均一次评估通过率、复评率等;通过调查群众满意度、投诉情况等来了解其评估工作开展情况,同时也反映了该评估机构评估质量及服务的满意度等。

(7)既往工作经历:通过调查评估机构的既往工作情况来评估其资质及未来可能的发展空间,包括制度建设、人员管理、信息系统管理、工作业绩、工作质量、工作时效及满意度等;同时注意考察其既往评估工作的范畴与种类,是否存在与本标准涉及的评估内容相似或相悖的情况。

(8)专家团队支撑:重点考察评估机构是否具备专家团队的技术支撑,包括专家团队的人数规模、与评估工作相关的行业背景、专家级别等,考察其是否具备足够的实力配合商保机构完成大量的评估工作,能否在评估机构遇到评估疑难问题或突发事件时及时给予指导与技术支撑,从机构内部解决相关评估问题等。

二、遴选方法

(一)广撒网、精挑选,以竞标形式优选评估机构

在符合基本的准入条件后,可以大范围进行公开招标,即由商保机构在报刊、电子网络或其他媒体上刊登招标公告,吸引众多评估机构参加投标竞争,从中择优选择中标单位。按照招标标准,对投标的评估机构进行专家评分,根据最终评分进行排序,优中选优,从而达到广撒网、精挑选的目的。在投标的评估机构超过3家的情况下,可以进行竞争性谈判,要注意其自身的特殊性与灵活性,

尤其是谈判小组的组建,要求是商保机构代表与相关专家不少于3人的单数组成,且应具备采购的专业知识和技能,同时需熟悉评估工作的开展流程等;谈判的要点根据项目不同而不同,一般要包括价格、技术方案及售后等。要注意遵循的原则包括公开、公正、公平及诚实信用等。若招标受阻或投标者不足三家,则启动备用方案,进行意向性招标或邀请招标,又称为有限竞争性招标,是指以投标邀请书的方式邀请特定的法人或其他组织投标。

(二)知根知底,多渠道、全方位调查体系

要对于初步入围的评估机构进行多渠道、全方位的调查,通过网络媒介、现场勘查、周边走访、社会反响等多渠道全面了解该评估机构,除此以外,还要有以下相关材料:

1. 商保调研报告

商保机构可对入选的评估机构进行全面调研,就其相关的内容进行详细评估,并出具相应报告。

2. 同行评议

邀请同行单位对初步入选的评估机构的评估资质、技术支撑、运营管理、考评体系、质控体系等"软硬件"进行判定与评价,并开出评议报告。可根据实际需求或情况选择单隐、双隐或公开评议等形式。单隐即单项隐匿,指入选的评估机构不知道哪家同行单位在评估自己,但受邀负责前来评估该入选评估机构的单位是事前知道要评估的单位的信息的;双隐即双向隐匿,又称为"盲评",是指被评和负责评估的单位均不知道对方的相关信息;公开评议即被评和负责评估的双方彼此知晓,这种方法应用较少,因为较难规避共同利益关系带来的风险。

3. 权威机构对评估机构业务能力的测试报告

请权威机构对初步入选的评估机构进行业务能力测试,并出具测试报告。权威机构包括已经得到公认的评估机构、商保或经办机构等组建的评估专家团队等,要注意公平、公正的原则,最好由处于中立位置的机构进行测试,有效规避利益关系带来的风险。

4. 社会组织团体、个人举报信息汇总

收集社会组织团体、社会民众等的举报、投诉信息,并进行统计与汇总,作为评价该评估机构的相应材料。

第二节　失能评定工作的创新性、多维度、精细化管理体系

一、管理理念：创新性、多维度、精细化

失能评定工作的创新性、多维度、精细化管理体系的管理理念首先体现在管理的面较广，涉及人员管理、机构管理、系统软件管理，还特别提出了特殊情况的管理方案；其次是人员管理与考核体系，有评估人员5级能力等级进阶体系、评估人员"星级制""红—黑"诚信管理体制、形成性评价与结果评价相结合式的定期评价体系等；再次是评估流程从岗前培训、继续教育、任务分配、现场应急方案等，所有涉及流程均做多维度、创新性与精细化的分配与管理。

二、管理目标：实现制度化、能级化、标准化、规范化

通过设身处地制定一系列制度去规范与约束相关人员，对不同岗位的人员分门别类地进行管理，使其在合适的时间、合适的地点，用合适的方法来完成相应的工作，在知识、技能、观念、思维、态度、心理上等实现标准化、统一化、规范化。对人员管理采用能级制，便于分级管理的同时还有利于提高工作积极性与工作质量，对评估机构的长期运营与发展更是重要，有利于评估机构的可持续发展。

三、管理体系的四大管理模块

（一）人员管理模块

人员管理模块作为管理体系的第一大模块，是管理体系的核心所在，包括对评估机构的管理人员和评估人员、评估专家的管理。其中，评估机构的人员管理遵循八大制度，评估专家需要遵循五大核心制度。

1. 评估机构人员管理——八大制度

在对评估机构的人员管理方面，采用了八大管理制度，分别为：分类管理制度；管理人员岗位责任制；评估员的首评制、小组责任制；评估人员5级能力晋级制度；评估员定期考核制度；评估员"红—黑"诚信管理制度；星级评估员奖励制度；评估员"星级制"电子信息库等。

(1) 分类管理制度:根据岗位设置,如明确管理岗与评估岗,各类人员明确岗位职能,各司其职。为更好地提高评估效率、提高评估质量,必要时根据实际情况及时做出调整,如在评估岗位人员紧缺时可临时调动管理岗的部分人员来缓解,但前提是要求评估机构管理人员同样参加评估人员的岗前培训并通过考核;若评估岗位的人员供大于求,则可以选拔优秀的评估员到管理岗位协助管理等。

(2) 管理人员的岗位责任制:要求明确各种岗位的工作内容、相应数量和质量要求,应承担的责任与义务等,以保证各项业务活动能够有秩序地进行。管理人员要做到统筹规划,从组织培训与后续教育、评估任务分配、协助评估员应急方案处理、各阶段考核与评价等,均按照规定严格执行。

(3) 评估员的首评制、小组责任制

1) 首评制:首评制是指第一位接评任务的评估员对其评估的参保人,特别是评估过程突发特殊、意外事件的参保人,要对其评估过程、处理突发事件处理及事件上报等负责到底的制度,切实维护参保人的权益与安全。

2) 小组责任制:小组责任制是指评估员按照一定的能级级别与相应数量进行小组组建,并选出组长,负责整个小组的管理。当组内的评估员遇到评估难题或其他个人完成不了的任务时,需要向组内的上一级评估员上报,尽量凭借小组力量完成难题,如实在完成不了则再往上级汇报请求帮助,小组仍然对组员遇到的难题负责到底。

(4) 评估人员5级能力晋级制度(A0-A4)

1) 概述:评估机构应按照评估员业务能力、技术水平及评估资历等主要指标,同时参考学历、背景专业等因素,将评估员的分层进阶体系分为5级,分别为A0-A4五个技术层级(以下各级指标供参考)。

2) A0-A4级不同等级的指标内容

A0级:通过标准的培训与考核,工作未满一年,基本能独立完成整个评估流程。

A1级:完成A0级岗位培训并考核合格,基本能独立、熟练完成评估工作,有较高的一次性评估通过率,工作满2~4年。

A2级:完成A1级岗位培训并考核合格,能独立、熟练完成评估工作,有较高的一次性评估通过率和一定的真伪鉴别能力、突发事件处理能力等,能独立解决疑难问题,工作满5~8年。

A3级:完成A2级岗位培训并考核合格,能熟练完成评估工作,有很高的一次性评估通过率和真伪鉴别能力、突发事件处理能力等,独立解决疑难问题,能承担部分评估员的培训、指导工作,具备一定的管理能力,工作满9~14年。

A4级:完成A3级岗位培训并考核合格,能熟练完成评估工作,有很高的一次性评估通过率和真伪鉴别能力、突发事件处理能力等,独立解决疑难问题,能承担部分评估员的培训、指导工作,具备较强的管理能力,工作满15年及以上。

(5)评估员定期考核体系

1)构建原则:形成性评价与结果评价相结合的考核体系。形成性评价是相对于传统的终结性评价而言的,是在评估工作的过程中完成的,通过对评估人员的持续考察、记录等做出的发展性评价,强调评估人员的主体参与,有助于帮助评估人员有效调控自己的评估学习过程,在评估中寻找问题所在,并在评估中注意改进与进步。结局评价是相对于形成性评价而言的,考察的是与评估结果直接关联的指标。采用形成性评价与结局评价相结合的考核体系,摒弃了传统的一次性评价/考核方式,不仅能客观地完成考核评价,更重要的是能及时发现整个评估过程中存在的问题或盲点,为评估员不断提高评估业务能力、评估机构进行相应整改提供了客观依据,促进了两者的可持续发展。

2)两大类、八大指标体系

①形成性评价的指标1:一次派单成功率。派单根据盲法匹配原则,理论上为评估员选择了最佳方案,第一次派单的成功率一定程度上反映了评估员的业务能力。

②形成性评价的指标2:评估过程求助率。评估员在评估的过程中,如遇难以做出判断的情况可现场通过远程设备直接向评估专家求助,根据求助频率考核评估员的评价质量。

③形成性评价的指标3:特殊事件上报情况。评估员在评估的过程中如遇特殊事件,要求及时上报并备案,由评估员引起的特殊事件则根据事件轻重酌情定责。

④形成性评价的指标4:督察组抽查情况。督察组由评估小组的专家组成,采用不定期的方式进行线上抽查、现场跟评,对评估员的评估工作进行监督与指导。

⑤形成性评价的指标5:继续教育——两类学分制。为不断提升评估员的评估能力与评估知识,要求评估员利用工作之余参加继续教育,采用学分制督促

评估员学习,要求每人每年10分。该学分分为两类:一类为由评估机构、评估专家组织的专项评估培训,共计5个学分;另一类是社会各学会、医疗机构等举办的相关知识讲座、培训等。

⑥结果性评价的指标1:评价结局。最直接反应评估员业务能力的指标,即一次性评估通过率、复评的比例(包括评估失误的比例、复评与初评结果一致的比例)等。

⑦结果性评价的指标2:社会反响。主要对参保人、监护人或家属,做好回访工作,将满意度调查情况作为对评估员质量评估的一项评价指标。

⑧结果性评价的指标3:经济效益。统计每个季度、年度每位评估员平均每单评估所产生的费用、由于言行不当或评估错误等导致的其他经济损失或赔偿等。

(6)评估员"红—黑"诚信管理制度:评估员的诚信问题也是考评的一项重要指标,构建"红—黑"诚信管理体制,将出现诚信问题的评估员列入黑名单,作为今后的重点考核对象。对于诚信良好的评估员,其姓名则在红名单中,作为奖励的一大考核方面。

(7)设立星级评估员奖励制度:为提高评估员的工作积极性与业务能力,分季度、年度评选星级评估员,与5级进阶等级相对应,从一星级到五星级评估员,给予一定的物质、精神奖励。

(8)评估员"星级制"电子信息库:将评估人员按照学历、学位、职称、专业背景、业务能力、擅长评估的模块、评估资历及能力等级4级进阶级别等进行能力划分,建立相应的评估员资料库,并定期更新该电子信息库,为评估任务分配提供难易程度相匹配的便利条件。

2. 评估专家——五大制度

评估专家作为评估工作中的技术支撑力量,是不可或缺的一部分。为了保障评估工作有条不紊地进行,同样对评估专家进行了相应的制度规范,包括评估知识、技术持续更新与提升制度,同一岗位"A-B"角设置制度,工作达标制度,"红—黑"诚信、廉洁管理制度及"资信"专家库制度等五大制度。

(1)评估知识、技术持续更新与提升制度:为保证评估专家的知识、技能不断更新、与时俱进,要求评估专家参加各种继续学习,时时了解国内外评估知识与技术的动态发展;定期组织专家组交流,以达到相互学习、共同学习的目的。

(2)同一岗位"A-B"角设置制度:评估专家库是由各行业领域的相关专家组

成,并非全部专职评估工作,考虑其社会工作原因,为避免影响评估工作的运转,同一岗位要设有两位专家以防因某一专家不能到评估现场或不在线而影响评估进程。

(3) 工作达标制度:为保障评估工作的正常运转,尤其是在线为现场评估员提供援助的评估专家,其到岗在线是极其重要的,为此,每位评估专家也遵守工作达标制度的约束。根据实际评估工作量进行量性规定,并根据实际情况进行动态调整。

(4) "红—黑"诚信、廉洁管理制度:为提高评估专家的诚信与廉洁,避免出现受贿、做假等行为,每位专家在进入评估专家小组前均需签署诚信、廉洁保证书,并纳入"红—黑"诚信、廉洁管理体制,接受社会公众的监督。

(5) "资信"专家库制度:"资信"即资质与信誉,将评估专家按照学历、学位、职称、行业背景、专长、从事评估资历等多方面进行综合考量,评选资质、诚信等级,并按照级别对应入库,组建"资信"专家库,为迅速解决评估难题、突发事件等提供便利资源。

(二) 机构管理模块

机构管理模块作为管理体系的第二大模块,不仅从机构结构设置、工作程序、应对方案等方面做了相应的管理规定与规范,还从奖惩、激励等政策上做了相应的调整,以期促进评估机构的全面、可持续发展。

1. 机构结构设置优化

(1) 长护评定工作的专门负责人制度:由评估机构的法人来担任,对整个评估机构负责。主要职责包括:梳理并督导落实各项机构管理政策;适时调整机构发展策略,建立资源配置模型;建立机构考核评价体系,进行机构绩效考评与追踪;落实机构综合评价与奖惩;追踪机构整体经营状况与发展趋势;拓展评估队伍,发展团队能力,提升团队绩效等。

(2) 联合工作组制度:由政府职能部门的相关人员、评估机构负责人、评估专家等组成,负责与评估工作相关的重要决策、调整、实施等重要工作,建议采用奇数制 7 人,便于投票表决。

2. 工作程序系统性、精准化要求

(1) 岗前统一、标准化培训与考核

1) 统一性的方言培训:为了能更好地与参保人进行语言沟通,提高评估的精准性,要求评估员在上岗前均需参加统一的方言培训。

2) 根据有无背景专业分班培训:岗前培训针对有无评估相关的医学背景的评估员分为两种课程班,即有专业背景和无专业背景,两者的课程大纲、教案及课件存在差异较大,有针对性地进行培训。培训采用标准化的课程大纲、教案与课件,采用理论、实践相结合的培训方式。

3) 客观化结构化考核模式(护生考核简化版模式):将客观结构化临床考试(Objective Structured Clinical Examination,OSCE)引入到评估人员的考核体系中,采用经过系统、规范化培训的标准化病人(SP),由专业高等护理教育机构制定考核大纲及评分细则,考核评估人员的基本生活能力评估、综合能力评估、安全评估、礼仪规范、沟通技巧等,具体考试分为六站,满分为100分,最终成绩评定采用两级计分制,即合格、不合格。考核不合格的评估人员需重修与补考。

4) 培训与考核过程中的质量控制:考核培训过程中采用身份识别、出勤考核、考教分离度、考题主客观相结合、培训课程标准化与统一化等措施。

(2) 上岗后评估能力提升

1) SP(标准化病人)模拟评估:李飞在其一项研究中提到"标准化病人(Standardized Patients,SP),又称为模拟病人(Simulate Patients),指那些经过标准化、系统化培训后,能准确表现病人的实际临床问题的正常人或病人。"利用标准化病人设置不同场景、疾病情况及疑难问题等进行模拟评估,通过不断增加评估难度来提升评估员的业务能力。

2) 评估员与参保人舞弊案例设置:通过收集或设置各类舞弊案例来不断提升评估员的批判性思维和鉴别能力。

3) 专家现场跟评:有专家组不定期随机到现场跟评,记录评估员的评估行为,进行课后一对一指导。

(3) 人员工作分配——盲法匹配原则

1) 回避原则:评估机构和评估人员应当客观、公正地进行评估工作。与评估对象有亲属或利害关系的,或与评估对象所在定点护理机构有利害关系的,应当回避。

2) 就近、同性原则:根据评估员与参保人的距离进行就近分配,减少交通费用,节约时间成本,为评估员节省不必要消耗的体力等;为参保人匹配同性别的评估员,减少不必要的尴尬情景。

3) 难易、等级匹配原则:根据评估对象的大致情况,匹配相应的评估员,如残疾人或患有精神疾病的参保人,则调动评估员电子信息系统里有这些方面专长的评估员,同时线上专家也做相应匹配。

4) 盲法原则:在到达评估现场前对两名评估员及参保人实行双盲,降低行贿、受贿风险。

3. 评估实施过程应对方案

(1) 应急方案:根据应急事件分门别类制定相应的应急预案,设立各应急预案环节的专门负责组,负责应急事件的预防、监督与管理工作。指挥下级根据各自职责分工及参与到应急工作中。

(2) 协调方案:根据评估工作中涉及的需要协调的方面进行预案,如一次派单失败、现场评估遇到难题、参保人突发意外等,需要现场评估员、后台监控工作人员、指挥人员等按照各自工作职责共同完成协调方案。

(3) 特殊事件上报制度:特殊事件上报是评估员根据规定的要求和途径,上报已经发生的特殊事件,目的是通过上报,收集分析事件发生的原因,从而发现整个评估工作中存在的影响评估质量的因素,进而改进相关流程。要求逐级上报,详细记录事件发生的时间、地点、过程、采取的措施等内容。其他人员对发现的特殊事件可以通过匿名、电话等途径向相关机构举报。

4. 奖惩、鼓励机制

(1) 定期考核,优胜劣汰:对评估机构进行定期考核,每个月、季度及年度上交报表,统计评估的总人数、一次性评估通过率、复评的比例(包括评估失误的比例、复评与初评结果一致的比例)、求助专家次数、突发及紧急事件上报情况等。

(2) "进言献策"实施奖励:对评估机构开放进言献策策略,主要围绕提升评估质量、简化评估流程、新的评估技术与技巧等设置奖项与基金支撑,由评估机构自行申报,并支持实施,在改革中不断提升与进步。

5. 评估机构定期评价机制

(1) 构建原则:形成性评价与结果评价相结合的考核体系。对评估机构的定期评价机制与对评估员的考核体系相一致,通过相对应指标的对比,不仅提高了考核的有效性,同时能更客观地发现评估及管理过程中存在的问题。

(2) 两大类、八大指标体系

1) 形成性评价的指标1:年均一次派单成功率。派单根据盲法匹配原则,理论上为评估员选择了最佳方案,第一次派单的成功率一定程度上反映了评估员的业务能力和评估机构的管理水平。

2) 形成性评价的指标2:年均评估求助率。评估员在评估的过程中,如遇到难以做出判断的情况可现场通过远程设备直接向评估专家求助,根据求助频率考核评估机构的评价质量。

3) 形成性评价的指标3:年均特殊事件上报情况。评估员在评估的过程中如遇特殊事件,要求及时上报并备案,由评估机构引起的特殊事件则根据事件轻重酌情定责。

4) 形成性评价的指标4:督察组抽查情况。督察组由评估小组的专家组成,采用不定期的方式进行线上抽查、现场跟评,对评估员的评估工作及评估机制的管理进行监督与指导。

5) 形成性评价的指标5:继续教育情况。为不断提升评估员的评估能力与评估知识,评估机构应为评估员提供继续教育的机会。统计年均参加继续教育的人次、组织或举办培训的场次等。

6) 结果性评价的指标1:评价结局。年均接单量、年均一次性评估通过率、复评的比例(包括评估失误的比例、复评与初评结果一致的比例)等。

7) 结果性评价的指标2:社会反响。主要对参保人、监护人或家属做好回访工作,将满意度调查情况作为对评估机构质量评估的一项评价指标。

8) 结果性评价的指标3:经济效益。统计每个季度、年度评估机构平均每单评估所产生的费用、由于言行不当或评估错误等导致的其他经济损失或赔偿等。

6. 评估机构电子汇总信息系统——七大指标体系

按照各评估机构的单位性质、单位类别及等级、基本硬件设施、环境条件、人员数量、各类人员比例、部门设置、承担评估工作量、既往评估质量等综合排名等指标体系,全部录入电子信息系统,建立评估机构信息库,要求评估机构按年度上报,及时更新系统内信息。

(三) 软件、信息系统管理

对评估工作涉及的所有软件、信息系统,均与开发商签署协议,对软件与信息系统持续维护、及时检修及定期系统升级等,以保障评估工作的正常运行。平时设有专人管理与日常维护等工作。

(四) 特殊情况管理

1. 异地评估方案

(1) 概述：本地参保人员异地享受待遇的，其失能评估、护理服务等执行本地政策。其中失能等级评估仍按本地要求申请，经评估符合待遇享受条件的，按同档次待遇，限额支付给参保人员。评估机构可上门或委托就医地相关机构按本地的规定进行评估，由评估机构和商保机构核实后，出具《评估结论书》。

(2) 异地评估途径（包括以下三种）

1) 第三方评估与远程评估相结合：通过签有协议的第三方，如当地的评估机构进行上门评估，所有的评估流程与方法均按照规定进行，同时全程录播，通过远程设备的输送，让评估专家在线同步评估，二者出现争议时，评估专家可在线直接提问，仍无法解决可通过专家组讨论。公示及回访等事宜交由第三方负责。

2) 下属评估机构上门服务：评估机构若有当地下属机构可就近上门服务，评估流程与方法均按规定执行。

3) 派遣本地评估机构人员与商保机构联合前往评估：若以上两种方法均不适用，则派遣本地评估机构人员与商保机构联合前往评估。

2. 特殊人群评估管理

(1) 特殊人群分类：根据特殊人群的特征和评估注意事项、评估技巧的不同，分门别类建立特殊人群档案库，在评估时作为重点评估对象，为评估人员分派任务时也提供参考。随着评估数量与评估经验的积累，可再进一步细化人群的类别。目前主要分为诚信异常人群、残疾人及精神病患者三大类。

1) 诚信异常人群：既往有过弄虚作假、提供不真实材料或不配合评估的参保人。

2) 残疾人：具有残疾人证明材料，具体记录残疾等级、残疾部分及造成的相关影响等。

3) 精神病患者：经专业医疗机构诊断，记录病史历程、相关治疗措施等。

(2) 特殊人群评估管理方案

1) 匹配原则：根据特殊人员的问题所在或病种匹配相应的评估人员库，实现病种与专业相匹配。

2）建立各类特殊人群库

①"黑名单"诚信库：对既往有过弄虚作假、提供不真实材料或不配合评估的参保人，日常列入重点考察人群，在评估系统里记录，无论进入哪家评估机构均显示该提醒标签。

②残疾人库：残疾人在评估时存在多项与常人不同的地方，要注意残余肢体功能的发挥程度，分类管理有利于提高评估的效率与准确性。

③患有精神疾病：这类人群的评估需要具备心理学相关知识背景，对评估员的要求相对要更专业。

第三节　失能评定工作的评估质量控制体系

一、定期召开疑难案例收集与分析研讨会制度

通过疑难案例上报制度收集疑难评估案例，经线上、线下相结合的方式定期召开疑难案例研讨会，邀请评估专家、评估员等一同讨论，为了扩大受益评估员的范围，对于不能到场的人员采用线上远程同步进行。会后编制疑难评估案例的解决方案与流程，录入疑难评估案例库。

二、"4G"模块实现全程跟踪评估人员出行路径及时间

通过"4G"模块的应用，可以对每位评估员进行实时跟踪与定位；全程录像，其视频文件自动配有时间、地点的标签，完成对评估员实时考勤外，还提供了最精确的一手资料供后期复核、复评参考。

三、评估员分段式考核与定期评价机制

收集评估员的评估数据，根据评估员的资历、以往评估质量进行分段式统计，如每个月、季度及年度上交报表，统计评估的总人数、一次性评估通过率、复评的比例（包括评估失误的比例、复评与初评结果一致的比例）、能级进阶情况等。对评估机构与评估员进行定期评价，采用形成性评价与结果评价相结合的形式，除了考察其评估结果，更注重整个评估过程。这样的考核方式能更好地反映整个评估流程中存在的问题及导致的结果，从而能更好地采取针对性预防或整改措施。

四、督查体系

督查内容包括：考核制、工作制、工作定额、奖惩体系。督查组由政府职能部门的相关人员、评估机构负责人、评估专家、评估员等组成，负责对整个评估工作的定期督促与检查，进行定期的线上、线下随机抽查。线上即通过后台实时显示的录像进行检查，线下即到现场进行跟评，当场对评估员进行考核。通过对督导的工作量化进行中期考核与年终考核，考核分为自评、他评，最后综合年终考核进行奖惩。

五、建立和完善各种投诉渠道，专人管理

经办机构和商保机构建立长护保险参保人员投诉渠道，接受实名、匿名、电话、短信等多种方式的揭发、检举及投诉，派专人管理，及时受理投诉并将处理结果告知投诉人。

六、社会监督与满意度评价

发挥社会监督的力量，主要是参保人、监护人或家属，做好回访工作，将满意度调查情况作为对评估员质量评估的一项评价指标。

七、全民学习与教育，共同提升评估服务工作

针对不同人群设立对应的学习与教育渠道，上至评估专家，下至评估员、参保人及家属，倡导全民学习，评估专家通过学习不断完善自身能力以便更好地培训、指导评估员，评估员通过学习将最直接地提升评估质量，参保人及家属通过学习将一定程度上监督评估人员与评估机构，促使其不断进步。总而言之，通过发动全民学习来共同提升评估工作质量。

附 录

ICS 03.120.10
A00

DB3202

附录

无 锡 市 地 方 标 准

DB 3202/T1004-2019

无锡市长期护理保险失能等级评估

2019-03-05 发布　　　　　　　　　　　　　　2019-03-15 实施

无锡市市场监督管理局　发布

前　言

本标准按照 GB/T1.1—2009 给出的规则起草。本标准由无锡市人力资源和社会保障局提出。

本标准起草单位：无锡市人力资源和社会保障局、江南大学无锡医学院、国联人寿保险股份有限公司、江苏省荣军医院。

本标准主要起草人：蒋玉宇、钱孝明、陈文晞、任燕、丁兆生、朱大中、刘文涛、刘仪、邱玉宇、孙平平、刘凤兰、郭建兰、王姗姗、滕丽萍、夏淑芳、黄薇、徐建秀、华皎、赵杰。

本标准为首次发布。

无锡市长期护理保险失能等级评估

1 范围

本标准规定了无锡市长期护理保险失能等级评估的原则、评估机构和人员、主要参数项目评判、背景参数、等级划分。

本标准适用于无锡市长期护理保险的失能等级评估。

2 规范性引用文件

下列文件对于本文件的应用是必不可少的。凡是注日期的引用文件,仅所注日期的版本适用于本文件。凡是不注日期的引用文件,其最新版本(包括所有的修改单)适用于本文件。

GB/T31596.4 社会保险术语第4部分医疗保险 GB/T31599 社会保险业务档案管理规范

3 术语和定义

GB/T31596.4、GB/T31599所界定的以及下列术语和定义适用于本文件。

3.1 长期护理

由专业、非专业照护人员在持续的一段时间内为不具备完全自我照料能力的个体提供制度范围内生活护理、康复、医疗护理为主的综合性服务的行为。

3.2 失能等级评估

采用规定方法评价参保人自我照料能力,并按规定纳入相应等级的行为。

3.3 生活照料等级评估

按照规定方法,评价参保人基本生活活动能力、认知和行为能力、视听觉与交流能力和影响日常生活活动的等一系列状况,确定其需要生活照料的等级的行为。

3.4 医疗护理等级评估

按照规定方法,评价参保人对失禁性皮炎、压疮、便秘、鼻饲、保留导尿、结肠(膀胱)造瘘、人工气道的依赖程度,确定其需要医疗护理等级的行为。

4 评估原则

4.1 客观性

评估人员应按照评估操作规范,通过询问、观察或其他手段评价评估对象,遵照标准规定的评估参数进行评估,如实记录评估结果。必要时可询问照护人员或周边人员。

4.2 真实性

评估人员、评估对象和照护人员对评估过程、信息可靠性进行确认。

4.3 公正性

评估工作不受外部非相关因素的影响。评估人员与评估对象无利益关系。

4.4 保密性

保护评估对象的个人隐私和评估信息,未经评估对象或其法定监护人书面授权或许可,不得对外泄露。

5 评估机构和人员

5.1 评估机构

5.1.1 应具备独立法人资格或主管部门授权、认可的单位。

5.1.2 应符合行业主管部门的评估要求。

5.1.3 应负责管理评估人员,做好评估的质量控制。

5.1.4 应配备能满足长期护理保险运行要求的信息管理系统,并有管理和操作人员。

5.1.5 应有稳定的办公场所。

5.2 评估人员

5.2.1 评估人员应符合以下条件,包括但不限于:

——无不良诚信记录;

——有医疗、护理、康复等专业背景的,应经过不低于20学时的专业培训;

——有大专及以上非医学相关学历的,应经过不低于100学时的专业培训;

——有2年及以上相关工作经历。

5.2.2 上岗前应参加规定学时的专业培训,经考试合格后上岗。

6 主要参数项目评判

6.1 基本生活活动能力

6.1.1 进食

6.1.1.1 正常

使用餐具、搅碎或切断食物、夹取食物入口、咀嚼、咽下食物等进食步骤能独立完成的,且进食过程在合理的时间内完成。

6.1.1.2 部分依赖

有下列情形之一的:

a) 6.1.1.1 描述的进食步骤需要语言帮助;

b) 需他人搅碎或切断食物;

c) 其他进食的某一个步骤需要他人少量的动作帮助才能完成。

6.1.1.3 中度依赖

大部分的进食步骤需要他人的动作帮助才能完成。

6.1.1.4 重度依赖

全程喂食,或者留置胃管、肠外营养。

6.1.2 洗浴

6.1.2.1 正常

在他人准备好洗浴用水、处理洗浴用水情况下,进出洗浴缸/淋浴房、洗浴过程(洗头除外)能独立完成的,且在常人认可的基本清洁范围内。

6.1.2.2 轻度依赖

有下列情形之一的:

a) 需要他人语言帮助;

b) 进出洗浴缸/淋浴房需他人动作帮助才能完成。

6.1.2.3 中度依赖

洗浴过程伴或不伴有进出洗浴缸/淋浴房需要他人部分动作帮助才能完成。

6.1.2.4 重度依赖

完全需要他人的动作帮助才能完成。

6.1.3 修饰

6.1.3.1 正常

全程独立完成洗脸、刷牙、梳头、剃须、洗脚、清洗外阴部、洗头、修剪指甲等个人修饰活动,且在常人认可的基本清洁范围内。

6.1.3.2 轻度依赖

有下列情形之一的:

a) 6.1.3.1 描述的个人修饰活动需要他人语言帮助;

b) 1~2项修饰活动需要他人的动作帮助。

6.1.3.3 中度依赖

3项及以上修饰活动需要他人的动作帮助。

6.1.3.4 重度依赖

所有修饰活动完全需要他人的动作帮助。

6.1.4 穿(脱)衣

6.1.4.1 正常

穿脱衣裤、系鞋带、扣扣子及开闭拉链、穿脱鞋袜动作能独立完成。

6.1.4.2 轻度依赖

有下列情形之一的:

a) 6.1.4.1描述的动作需要语言帮助;

b) 系鞋带、扣扣子及开闭拉链需要他人的动作帮助。

6.1.4.3 中度依赖

穿脱衣裤和鞋袜的动作需要他人的动作帮助。

6.1.4.4 重度依赖

6.1.4.1描述的动作完全需要他人的动作帮助。

6.1.5 排尿控制

6.1.5.1 正常

可控制排尿。

6.1.5.2 轻度依赖

偶尔失禁,每天少于1次,但每周大于1次。

6.1.5.3 中度依赖

经常失禁,每天不少于1次。

6.1.5.4 重度依赖

完全失禁,留置导尿。

6.1.6 排便控制

6.1.6.1 正常

可控制排便。

6.1.6.2 轻度依赖

偶尔失禁,每周少于1次。

6.1.6.3 中度依赖

经常失禁,每周不少于1次。

6.1.6.4 重度依赖

完全失禁。

6.1.7 如厕

6.1.7.1 正常

随手取便盆、上下厕盆、解开衣裤、擦净、整理衣裤、排泄物冲水或便盆冲洗等如厕动作能独立完成。

6.1.7.2 轻度依赖

有下列情形之一的:

a) 6.1.7.1 描述的动作需要语言帮助;

b) 1～3项如厕动作需要他人的动作帮助。

6.1.7.3 中度依赖

不少于一半的动作需要他人的动作帮助。

6.1.7.4 重度依赖

如厕动作完全需要他人的动作帮助。

6.1.8 体位改变、床椅转移

6.1.8.1 正常

坐卧位、站立位改变,床椅间的位置转移能独立完成的。

6.1.8.2 轻度依赖

有下列情形之一的:

a) 需他人语言帮助;

b) 某项活动需1个人的动作帮助;

c) 自主借助辅助装置(如拐杖、扶手等)能完成。

6.1.8.3 中度依赖

有下列情形之一的:

a) 某项活动需1人以上的动作帮助;

b) 多项活动需他人的动作帮助;

c) 因各种原因导致的不可进行上述某项活动。

6.1.8.4 重度依赖

完全需要他人的动作帮助。

6.1.9 平地行走

6.1.9.1 正常

能独立在平地上行走 45 m。

6.1.9.2 轻度依赖

有下列情形之一的：

a) 需要他人语言指导；

b) 少于一半的行走活动需 1 人搀扶；

c) 自主使用拐杖、扶手、助行器等辅助装置平地行走。

6.1.9.3 中度依赖

有下列情形之一的：

a) 不少于一半的行走活动需要他人搀扶；

b) 坐在轮椅上可自行在平地上移动。

6.1.9.4 重度依赖

完全需要他人的动作帮助。

6.1.10 上下楼梯

6.1.10.1 正常

可独立上下不少于 10 个台阶的楼梯。

6.1.10.2 轻度依赖

有下列情形之一的：

a) 需要他人语言指导；

b) 少于一半的上下楼梯活动需 1 个人的搀扶；

c) 自主使用拐杖、扶手、助行器等辅助装置。

6.1.10.3 中度依赖

不少于一半的上下楼梯活动需要他人搀扶。

6.1.10.4 重度依赖

完全需要他人的搀扶帮助。

6.2 认知和行为能力

6.2.1 近期记忆

6.2.1.1 正常

对近期发生的事情记忆清晰,能回忆全部。

6.2.1.2 轻度受损

对近期发生的事情记忆模糊,能回忆大部分。

6.2.1.3 中度受损

对近期发生的事情遗忘,在提示下能回忆部分。

6.2.1.4 重度受损

对近期发生的事情经提示也完全无法回忆。

6.2.2 定向力

6.2.2.1 正常

对人物(熟人和陌生人)、地点(常住地、当前地点)、时间(年月日、季节、上下午等)、空间等识别和判断能力正常。

6.2.2.2 轻度受损

有下列情形之一的:

a) 只能识别近亲和经常接触的人物;

b) 知道地点和方位(但不知回去路线);

c) 时间观念略差(年、月清楚,日有时相差几天)等。

6.2.2.3 中度受损

有下列情形之一的:

a) 只能认识亲人,不能识别关系;

b) 只知道地点,但不知道方位;

c) 时间观念差(只知道季节)。

6.2.2.4 重度受损

有下列情形之一的:

a) 只能认识常同住的亲人(或室友、看护者、保护人);

b) 不知地点和方位,只能在左邻右舍(或相邻的房间)间走动,时间观念很差(只知道上下午)或无时间观念。

6.2.3 判断力

6.2.3.1 正常

无论何时何地,对日常生活的内容、时间等能正确做出合理的判断和决定。

6.2.3.2 轻度受损

在新环境中,对日常生活的内容、时间等有困难,表现为判断迟缓、犹豫不决。

6.2.3.3 中度受损

在熟悉环境中,对日常生活的内容、时间等有困难,需他人提示才能做出判断和决定。

6.2.3.4 重度受损

对日常生活的内容、时间等,完全不能或完全错误地做出判断和决定。

6.2.4 行为表现

6.2.4.1 正常

无漫无目的的徘徊,无退缩行为,无语言攻击行为,无身体攻击行为,无自杀念头或行为,无不合场合的怪异行为。

6.2.4.2 轻度受损

有下列情形之一的:

a) 身体攻击行为每月不超过 1 次;

b) 其他某一行为每周都发生,次数不超过 3 次,无自杀念头和行为。

6.2.4.3 中度受损

有下列情形之一的:

a) 身体攻击行为每月都有,平均每周<1 次;

b) 其他某一行为每周都发生,次数为 4~6 次,无自杀念头和行为。

6.2.4.4 重度受损

有下列情形之一的:

a) 身体攻击行为每周都有;

b) 其他行为每天都有发生;

c) 有自杀念头或自杀行为。

6.2.5 情绪表现

6.2.5.1 正常

近 30 天内没有发生焦虑、抑郁、孤独、愤怒等情绪表现。情绪表现包括:无助、绝望性的话语及呼叫,易激惹、情绪不稳定,不切实际的担忧、害怕、恐惧或悲伤、哭啼。

6.2.5.2 轻度受损

某一情绪在近 30 天内有发生,频率每周不超过 4 天。

6.2.5.3 中度受损

某一情绪每周都发生,频率为 5 天/周。

6.2.5.4 重度受损

某一情绪发生频率为 6～7 天/周。

6.3 视听觉和交流能力

6.3.1 视觉

6.3.1.1 正常

无视力障碍,能看清书报上的正文字体,在正常环境下能安全照顾自己。

6.3.1.2 轻度受损

有视力障碍,只能看清书报上的大标题,日常生活活动偶尔需他人帮助。

6.3.1.3 中度受损

有视力障碍,看不清大标题,能辨认物体,日常生活活动需要他人帮助。

6.3.1.4 重度受损

有视力障碍,只能看到光、颜色、物体形状,日常生活活动需要他人帮助。

6.3.1.5 完全受损

视力完全丧失,日常生活活动需要他人帮助。

6.3.2 听觉

6.3.2.1 正常

能正常交谈,能听到电视、电话的声音。

6.3.2.2 轻度受损

在轻声说话或面对面交谈距离超过 2 米时听不到。

6.3.2.3 中度受损

正常交谈有困难,需在安静的环境才能听到。

6.3.2.4 重度受损

只能在特定的条件下才能交谈,讲话者需大声讲话或讲话很慢才能部分听到。

6.3.2.5 完全受损

完全听不到。

6.3.3 交流

6.3.3.1 正常

无困难,能与他人正常交流。

6.3.3.2 轻度受损

大部分能够交流,但需要增加时间和部分帮助。

注:具体表现为用词表达、思考需要一定的时间,遗漏的部分交流信息需要他人提醒。

6.3.3.3 中度受损

有下列情形之一的:

a) 交流困难;

b) 提出具体的需求有困难;

c) 需他人频繁重复或者用简化的口语、手势表达才能有反应。

6.3.3.4 重度受损

完全不能表达需求,完全不能理解其他人表达的内容。

6.4 特殊情况

6.4.1 近30天有2次及以上自杀、走失事件发生。

6.4.2 昏睡、昏迷、完全性截瘫、完全性四肢瘫痪。

6.5 医疗护理

6.5.1 失禁性皮炎

6.5.1.1 正常

皮肤完整,无色泽变化,无渗出。

6.5.1.2 轻度

皮肤完整,有轻度发红和局部不适感,无渗出。

6.5.1.3 中度

皮肤中度发红,有剥脱,有小水疱或小范围皮层受损,伴有疼痛或不适感。

6.5.1.4 重度

皮肤变暗或深红色,大面积皮肤有剥脱,有水疱和渗出。

6.5.2 压疮

6.5.2.1 正常

皮肤完整,无色泽变化、温度变化,无疼痛,无渗出。

6.5.2.2 轻度

淤血红润期,有红肿热痛和麻木,短时间不消失。

6.5.2.3 中度

炎性浸润期,皮肤为紫红,皮下产生硬结,表皮出现水疱;水疱破溃后为潮湿红润的创面,伴有疼痛。

6.5.2.4 重度

浅度或深度溃疡期、不明确分期,浅层组织坏死,形成溃疡,或者侵入真皮下层和肌层,可达骨面,可伴有腐肉或焦痂。

6.5.3 便秘

6.5.3.1 正常

排便顺畅,排便次数(每周不少于3次)正常,性状正常。

6.5.3.2 轻度

排便不畅,连续3日未解大便,偶有发生,灌肠每月1次。

6.5.3.3 中度

排便不畅,连续4~6日未解大便,常有发生,灌肠每月2次。

6.5.3.4 重度

排便不畅,连续7日及以上未解大便,伴有腹胀腹痛,频繁发生,灌肠每月3~4次。

6.5.4 鼻饲

6.5.4.1 正常

无鼻饲。

6.5.4.2 重度

有鼻饲。

6.5.5 保留导尿

6.5.5.1 正常

无保留导尿。

6.5.5.2 重度

有保留导尿。

6.5.6 结肠(膀胱)造瘘

6.5.6.1 正常

无结肠(膀胱)造瘘。

6.5.6.2 重度

有结肠(膀胱)造瘘。

6.5.7 鼻导管(面罩)给氧

6.5.7.1 正常

无心肺疾病、中毒、颅脑等各种原因导致的缺氧症状(呼吸困难、发绀等),无须给氧。

6.5.7.2 中度

缺氧(呼吸困难,发绀等),医嘱给予间歇性面罩或鼻导管给氧。

6.5.7.3 重度

缺氧(有发绀,呼吸困难,昏睡,昏迷等),医嘱给予持续面罩或鼻导管给氧。

6.5.8 人工气道

6.5.8.1 正常

无气管插管、气管切开。

6.5.8.2 重度

有气管插管、气管切开。

7 背景参数

7.1 家庭提供长期护理支持状况

家庭提供长期护理支持状况由下列选项得出:

a) 居家的评估对象,家庭负担其全部的生活照料;

b) 居家的评估对象,家庭负担其基本的生活照料;入住机构的评估对象,直系亲属或监护人频繁前往机构探视(平均每周≥1次);

c) 居家的评估对象,家族负担其生活照料有较大的困难;入住机构的评估对象,直系亲属或监护人经常前往机构探视(平均每月≥2次,平均每周<1次);

d) 居家的评估对象,家族不负担其生活照料;入住机构的评估对象,直系亲属或监护人偶尔前往机构探视(平均每月<2次)。

7.2 家庭支付长期护理费用状况

家庭支付长期护理费用状况由下列选项得出:

a) 评估对象能够支配的财物足以维持其日常生活及未来护理所产生的费用;

b) 评估对象能够支配的财物基本能够维持其日常生活及未来护理所产生的费用;

c) 评估对象能够支配的财物不太能够维持其日常生活及未来护理所产生的费用;

d) 评估对象能够支配的财物完全无法维持其日常生活及未来护理所产生

的费用。

7.3 社会参与

社会参与由下列选项得出：

a) 评估对象经常参加社区或集体活动,经常和亲朋、邻里交往；

b) 评估对象较少参加社区或集体活动,较少和亲朋、邻里交往；

c) 评估对象偶尔参加社区或集体活动,偶尔和亲朋、邻里交往；

d) 评估对象从不参加社区或集体活动,从不和亲朋、邻里交往。

8 等级划分

8.1 失能等级评估时主要参数项目分值设定

8.1.1 日常生活活动能力：

——正常分值设定为 100 分；

——轻度依赖分值设定为总分 61～99 分；

——中度依赖分值设定为总分 41～60 分；

——重度依赖分值设定为总分 0～40 分。

8.1.2 认知和行为能力：

——正常分值设定为 0 分；

——轻度受损分值设定为总分 1～19 分；

——中度受损分值设定为总分 20～34 分；

——重度受损分值设定为总分 35～50 分。

8.1.3 视听觉和交流能力：

——正常分值设定为 0～2 分；

——轻度受损分值设定为总分 3～7 分；

——中度受损分值设定为总分 8～17 分；

——重度受损分值设定为总分 18～54 分。

8.1.4 医疗护理的程度：

——正常分值设定为 0 分；

——轻度分值设定为总分 1～3 分；

——中度分值设定为总分 4～6 分；

——重度分值设定为总分 7～11 分；

——极重度分值设定为总分 12～33 分。

(注1:背景参数不列入分值计算中;注2:6.4.2的评分情况见附录A表A.4。)

8.2 生活照料、医疗护理及失能等级划分

8.2.1 生活照料的等级划分

单项分值加权处理后,生活照料等级划分规则:

——总分为0分,生活照料等级为0级;

——总分为1~11分,生活照料等级为1级;

——总分为12~15分,生活照料等级为2级;

——总分为16~22分,生活照料等级为3级;

——总分为23~26分,生活照料等级为4级;

——总分为27~32分,生活照料等级为5级。

8.2.2 医疗护理的等级划分

医疗护理等级划分规则:

——总分为0分,医疗护理等级为0级;

——总分为1~3分,医疗护理等级为1级;

——总分为4~6分,医疗护理等级为2级;

——总分为7~11分,医疗护理等级为3级;

——总分为12~33分,医疗护理等级为4级。

8.2.3 长期护理保险的失能等级划分

——生活照料0级判定为无失能;

——生活照料1级、2级判定为轻度失能;

——生活照料3级判定为中度失能;

——生活照料4级、5级判定为重度失能。

(注:6.4.1的内容为生活照料等级上调一个等级的条件。)

9 评估实施和结果

9.1 评估时应使用《无锡市长期护理保险失能等级评估表》(附录A表A.1~表A.5),得出主要参数项目中日常生活活动能力的分值(A),认知和行为能力的分值(B),视听觉和交流能力的分值(C)。

9.2 将上述的3项分值根据公式加权处理后得出最后的总分($\sum$),即

$$\sum = A \times f(k0) + B \times f(k1) + C \times f(k2)$$，$f(k0)$、$f(k1)$、$f(k2)$为相应的加权系数计算式。

9.3 根据生活照料等级的划分标准,确定生活照料的等级。如果有特殊情况(如6.4.1),生活照料的等级上升一个级别。

9.4 根据生活照料的等级,确定长期护理保险的失能等级,评定结果录入评估汇总表(附录B中 表B.1),形成评估总结报告(附录B中表B.2)。

附录 A
无锡市长期护理保险失能等级评估参数表

表 A.1 基本生活活动能力

无锡市长期护理保险失能等级评估表1：基本生活活动能力					
基本生活活动能力					
条目		程度等级			
		正常	轻度依赖	中度依赖	重度依赖
(1)进食		10分☐	5分☐	0分☐	0分☐
(2)洗澡		5分☐	0分☐	0分☐	0分☐
(3)修饰		5分☐	0分☐	0分☐	0分☐
(4)穿(脱)衣		10分☐	5分☐	0分☐	0分☐
(5)排尿		10分☐	5分☐	0分☐	0分☐
(6)排便		10分☐	5分☐	0分☐	0分☐
(7)如厕		10分☐	5分☐	0分☐	0分☐
(8)体位改变、床椅转移		15分☐	10分☐	5分☐	0分☐
(9)平地行走		15分☐	10分☐	5分☐	0分☐
(10)上下楼梯		10分☐	5分☐	0分☐	0分☐
判断评分参考值		评估结论			
100分:基本生活活动能力正常; 61~99分:基本生活活动能力轻度依赖; 41~60分:基本生活活动能力中度依赖; 0~40分:基本生活活动能力重度依赖		1. 评分合计			
^		2. 判断等级	1:正常☐ 2:轻度依赖☐ 3:中度依赖☐ 4:重度依赖☐		
^		3. 结论备注			

表 A.2 认知和行为能力

无锡市长期护理保险失能等级评估表2：认知和行为能力				
认知和行为能力				
条目	程度等级			
	正常	轻度受损	中度受损	重度受损
(1) 近期记忆	0分☐	2分☐	5分☐	10分☐
(2) 定向力	0分☐	2分☐	5分☐	10分☐
(3) 判断力	0分☐	2分☐	5分☐	10分☐
(4) 行为表现	0分☐	2分☐	5分☐	10分☐
(5) 情绪表现	0分☐	2分☐	5分☐	10分☐
注	昏睡：一般的外界刺激不能被唤醒，在强烈的刺激下可被唤醒，唤醒时答话含糊或答非所问，且很快又进入睡眠状态； 昏迷：随意运动丧失，呼之不应。处于浅昏迷时只对疼痛刺激有回避和痛苦表情；处于深昏迷时对各种刺激无反应			直接评定为认知行为能力为"重度缺失"。 总分为50分。

判断评分参考值	评估结论	
0分：认知和行为能力正常； 1~19分：认知和行为能力轻度受损； 20~34分：认知和行为能力中度受损； 35~50分：认知和行为能力重度受损	1. 评分总和	
	2. 判断等级	1：正常☐ 2：轻度受损☐ 3：中度受损☐ 4：重度受损☐
	3. 结论备注	

表 A.3 视听觉和交流能力

无锡市长期护理保险失能等级评估表3：视听觉和交流能力					
视听觉和交流能力					
条目	程度等级				
	正常	轻度受损	中度受损	重度受损	完全受损
(1) 视觉	0分☐	1分☐	3分☐	8分☐	18分☐
(2) 听觉	0分☐	1分☐	3分☐	8分☐	18分☐
(3) 沟通交流	0分☐	3分☐	8分☐	——	18分☐

判断评分参考值	评估结论	
0~2分：视听觉和交流能力正常； 3~7分：视听觉和交流能力轻度受损； 8~17分：视听觉和交流能力中度受损； 18~54分：视听觉和交流能力重度受损	1. 评分总和	
	2. 判断等级	1：正常☐ 2：轻度受损☐ 3：中度受损☐ 4：重度受损☐
	3. 结论备注	

表 A.4 特殊情况

无锡市长期护理保险失能等级评估表 4:特殊情况				
特殊情况				
条目	评估内容		断评分	评估结论
	阴性	阳性		
近 30 天 2 次及以上自杀事件	无	有	阳性:生活护理等级在原来基础上上升一个等级 阴性:——	阴性☐ 阳性☐
近 30 天 2 次及以上走失事件	无	有	阳性:生活护理等级在原来基础上上升一个等级 阴性:——	阴性☐ 阳性☐
昏睡、昏迷	无	有	阳性:日常生活活动能力完全依赖,计 0 分; 认知和行为能力为重度受损,计 50 分; 视听觉和交流能力重度受损,计 54 分 阴性:——	阴性☐ 阳性☐
完全性截瘫	无	有	阳性:日常生活活动能力完全依赖,计 0 分 阴性:——	阴性☐ 阳性☐
完全性四肢瘫痪	无	有	阳性:日常生活活动能力完全依赖,计 0 分 阴性:——	阴性☐ 阳性☐
结论备注				

表 A.5 医疗护理项目

无锡市长期护理保险失能等级评估表 5:医疗护理项目				
医疗护理项目				
评估事项	程度等级			
	正常	轻度	中度	重度
(1) 失禁性皮炎	0 分□	1 分□	2 分□	3 分□
(2) 压疮	0 分□	1 分□	2 分□	3 分□
(3) 便秘	0 分□	1 分□	2 分□	3 分□
(4) 鼻饲	0 分□	——	——	3 分□
(5) 保留导尿	0 分□	——	——	3 分□
(6) 结肠(膀胱)造瘘	0 分□	——	——	3 分□
(7) 鼻导管(面罩)给氧	0 分□	——	2 分□	3 分□
(8) 人工气道	0 分□	——	——	12 分□
判断评分参考值	评估结论			
0 分:正常; 1~3 分:轻度; 4~6 分:中度; 7~11 分:重度; 12~33 分:极重度	1. 评分总和			
	2. 判断等级	1:0 级□　2:1 级□ 3:2 级□　4:3 级□ 5:4 级□		
	3. 结论备注			

表 A.6 背景参数

无锡市长期护理保险失能等级评估表 6:背景参数	
背景参数	
家庭提供照护支持状况	□居家的评估对象,家庭负担其全部的生活照料 □居家的评估对象,家庭负担其基本的生活照料;入住机构的评估对象,直系亲属或监护人频繁前往机构探视(平均每周≥1次) □居家的评估对象,家族负担其生活照料有较大的困难;入住机构的评估对象,直系亲属或监护人经常前往机构探视(平均每月≥2次,平均每周<1次) □居家的评估对象,家族不负担其生活照料;入住机构的评估对象,直系亲属或监护人偶尔前往机构探视(平均每月<2次)
家庭支付照护费用状况	□评估对象能够支配的财物足以维持其日常生活及未来护理所产生的费用 □评估对象能够支配的财物基本能够维持其日常生活及未来护理所产生的费用 □评估对象能够支配的财物不太能够维持其日常生活及未来护理所产生的费用 □评估对象能够支配的财物完全无法维持其日常生活及未来护理所产生的费用
社会参与	□评估对象经常参加社区或集体活动,经常和亲朋、邻里交往 □评估对象较少参加社区或集体活动,较少和亲朋、邻里交往 □评估对象偶尔参加社区或集体活动,偶尔和亲朋、邻里交往 □评估对象从不参加社区或集体活动,从不和亲朋、邻里交往

附录 B
评估汇总与总结报告表

表 B.1 评估汇总表

评估汇总与总结报告表 1:评估汇总表						
内容		评估分值参考	失能等级评分参考	评估总分	失能等级
生活照料	基本生活活动能力	正常:100 分□ 轻度依赖:61~99 分□ 中度依赖:41~60 分□ 重度依赖:0~40 分□	正常:0 分□ 轻度:1~11 分□ 中度 1 级:12~15 分□ 中度 2 级:16~22 分□ 重度 1 级:23~26 分□ 重度 2 级:27~32 分□		0 级:无失能; 1 级、2 级:轻度失能; 3 级:中度失能; 4 级、5 级:重度失能
	认知和行为能力	正常:0 分□ 轻度受损:1~19 分□ 中度受损:20~34 分□ 重度受损:35~50 分□			
	视听觉和交流能力	正常:0~2 分□ 轻度受损:3~7 分□ 中度受损:8~17 分□ 重度受损:18~54 分□			
特殊情况	近 30 天内 2 次自杀事件	阳性:生活护理等级在原来基础上上升一个等级□ 阴性:——□		阳性□ 阴性□	
	近 30 天内 2 次走失事件	阳性:生活护理等级在原来基础上上升一个等级□ 阴性:——□		阳性□ 阴性□	
	昏睡、昏迷	阳性:基本生活活动能力 0 分,认知和行为能力 50 分,视听觉和交流能力 54 分□ 阴性:——□		阳性□ 阴性□	
	完全性截瘫	阳性:基本生活活动能力 0 分□ 阴性:——□		阳性□ 阴性□	
	完全性四肢瘫	阳性:基本生活活动能力 0 分□ 阴性:——□		阳性□ 阴性□	

续表 B.1

评估汇总与总结报告表 1:评估汇总表						
内容		评估分值参考	失能等级评分参考	评估总分	失能等级	
医疗护理	失禁性皮炎	正常:0分□ 轻度:1分□ 中度:2分□ 重度:3分□	0级:0分□ 1级:1~3分□ 2级:4~6分□ 3级:7~11分□ 4级:12~33分□		0级:0分□ 1级:1~3分□ 2级:4~6分□ 3级:7~11分□ 4级:12~33分□	
	压疮	正常:0分□ 轻度:1分□ 中度:2分□ 重度:3分□				
	便秘	正常:0分□ 轻度:1分□ 中度:2分□ 重度:3分□				
	鼻饲	正常:0分□ 轻度:0分□ 中度:3分□ 重度:3分□				
	保留导尿	正常:0分□ 轻度:0分□ 中度:3分□ 重度:3分□				
	结肠(膀胱)造瘘	正常:0分□ 轻度:0分□ 中度:3分□ 重度:3分□				
	鼻导管(面罩)给氧	正常:0分□ 轻度:0分□ 中度:2分□ 重度:3分□				
	人工气道	正常:0分□ 轻度:0分□ 中度:0分□ 重度:12分□				
备注						

表 B.2 评估总结报告

评估汇总与总结报告表 2：评估总结报告			得分	评估总分	失能等级
参数项目		评估分值参考			
生活护理	基本生活活动能力	进食	正常☐ 轻度☐ 中度☐ 重度☐		
		洗浴	正常☐ 轻度☐ 中度☐ 重度☐		
		修饰	正常☐ 轻度☐ 中度☐ 重度☐		
		穿脱衣	正常☐ 轻度☐ 中度☐ 重度☐		
		排尿	正常☐ 轻度☐ 中度☐ 重度☐		
		排便	正常☐ 轻度☐ 中度☐ 重度☐		
		如厕	正常☐ 轻度☐ 中度☐ 重度☐		
		体位改变、床椅转移	正常☐ 轻度☐ 中度☐ 重度☐		
		平地行走	正常☐ 轻度☐ 中度☐ 重度☐		
		上下楼梯	正常☐ 轻度☐ 中度☐ 重度☐		
	认知和行为能力	近期记忆	正常☐ 轻度☐ 中度☐ 重度☐		
		定向力	正常☐ 轻度☐ 中度☐ 重度☐		
		判断力	正常☐ 轻度☐ 中度☐ 重度☐		
		行为表现	正常☐ 轻度☐ 中度☐ 重度☐		
	视听觉和交流能力	视觉	正常☐ 轻度☐ 中度☐ 重度☐		
		听觉	正常☐ 轻度☐ 中度☐ 重度☐		
		交流能力	正常☐ 轻度☐ 重度☐		
特殊情况	近30天内2次自杀事件 || 阳性☐ 阴性☐	—		
	近30天内2次走失事件 || 阳性☐ 阴性☐	—		
	昏睡、昏迷 || 阳性☐ 阴性☐	—		
	完全性截瘫 || 阳性☐ 阴性☐	—		
	完全性四肢瘫 || 阳性☐ 阴性☐	—		

续表 B.2

评估汇总与总结报告表 2：评估总结报告					
参数项目		评估分值参考	得分	评估总分	失能等级
医疗护理	失禁性皮炎	正常□ 轻度□ 中度□ 重度□			
	压疮	正常□ 轻度□ 中度□ 重度□			
	便秘	正常□ 轻度□ 中度□ 重度□			
	鼻饲	正常□ 重度□			
	保留导尿	正常□ 重度□			
	结肠（膀胱）造瘘	正常□ 重度□			
	鼻导管（面罩）给氧	正常□ 中度□ 重度□			
	人工气道	正常□ 重度□			
背景参数	家庭提供照护支持状况				
	家庭支付照护费用状况				
	社会参与				
备注					

参考文献

[1] 陈锦秀.康复护理学[M].北京:人民卫生出版社,2016.

[2] 柴慧琛.城市退休老人的社会参与状况及影响因素研究[D].济南:山东大学,2013.

[3] 杜睿,江光荣.自杀行为的分类与命名:现状、评述及展望[J].中国临床心理学杂志,2015(04):124-128.

[4] 戴卫东.长期护理保险的基本属性[J].社会保障研究(北京),2015(1):180-189.

[5] 郭桂芳.老年护理学(双语)[M].北京:人民卫生出版社,2012.

[6] 化前珍.老年护理学[M].北京:人民卫生出版社,2012.

[7] 韩彩艳.马克思主义哲学人文关怀研究综述[J].山东青年,2016(7).

[8] 胡延颖.我国城镇老年护理保险设立基础探析[D].北京:首都经济贸易大学,2012.

[9] 罗碧如,李宁.健康评估[M].北京:人民卫生出版社,2017.

[10] 李建梅,卫勇平.上海市长期护理保险制度的筹资与待遇支付浅析[J].中国医疗保险,2017(10):50-53.

[11] 李飞,陈琳,李静.浅谈标准化病人剧本的撰写[J].科教导刊,2019(16):157-158.

[12] 李小寒,尚少梅.基础护理学[M].北京:人民卫生出版社,2015.

[13] 罗昌春,邓宝凤,李海芳,等.老年综合评估的应用与研究现状[J].实用老年医学,2015,29(02):160-162.

[14] 宋岳涛.老年医学的核心技术——老年综合评估[J].中国现代医生,2012,50(23):9-11.

[15] 石磊.我国长期护理保险制度模式研究[D].北京:首都经济贸易大学,2018.

[16] 苏秀燕.脑瘫儿童早期干预家庭支持系统建构与成效研究[D].重庆:重庆师范大学,2011.

[17] 王玉龙.康复功能评定学[M].2版.北京:人民卫生出版社,2013.

[18] 王明旭.行为医学[M].北京:人民卫生出版社,2011.

[19] 王昕,廖凤林.认知治疗[M].北京:开明出版社,2012.

[20] 徐敬惠.长期护理保险的理论与实践[M].上海:复旦大学出版社,2018.

[21] 许洪伟,庞灵.康复护理学[M].北京:北京大学医学出版社,2017.

[22] 徐晓茹,柴静,胡志,等.国内外老年人群多维健康评估研究进展[J].南京医科大学学报(社会科学版),2018,18(04):287-291.

[23] 徐桂华.健康管理视域下养老机构老年人分级照护模型研究[J].中国全科医学,2019,

22(04):457-461.
[24] 席淑新.眼耳鼻咽喉口腔科护理学[M].北京:人民卫生出版社,2002.
[25] 杨栋.体育健康促进服务体系研究[M].北京:新华出版社,2015.
[26] 杨婷,蒋琪霞.失禁相关性皮炎流行特征及危险因素研究进展[J].中华现代护理杂志,2018,24(23):2729-2733.
[27] 杨琛,王秀华,谷灿,等.老年人健康综合评估量表研究现状及进展[J].中国全科医学,2016,19(09):991-996.
[28] 姚红霞.城市老年人社会适应及其差异性研究[D].北京:中央民族大学,2012.
[29] 杨彦平.社会适应心理学[M].上海:上海社会科学院出版社,2010.
[30] 张桂娟.认知行为—怀旧干预对轻度认知功能障碍老人认知功能的影响研究[D].武汉:华中科技大学,2017.
[31] 中华医学会老年医学分会.老年患者术后谵妄防治中国专家共识[J].中华老年医学杂志,2016,35(12):1257-1262.
[32] 张洁.长期护理保险制度的国际比较[D].唐山:华北理工大学,2018.